中國現代教育社團史

周谷城題

"中国现代教育社团史"丛书编委会

丛 书 主 编：储朝晖

丛书编委会：（按姓氏笔画排序）

于书娟　马立武　王　玮　王文岭　王洪见
王聪颖　白　欣　刘小红　刘树勇　刘羡冰
刘嘉恒　孙邦华　苏东来　李永春　李英杰
李高峰　杨思信　吴冬梅　吴擎华　汪昊宇
宋业春　张礼永　张睦楚　陈克胜　陈梦越
周志平　周雪敏　钱　江　徐莹晖　曹天忠
梁尔铭　葛仁考　韩　星　储朝晖　楼世洲

审读委员会：（按姓氏笔画排序）

王　雷　王建梁　巴　杰　曲铁华　朱镜人
刘秀峰　刘继华　牟映雪　张　弛　张　剑
邵晓枫　范铁权　周　勇　赵国壮　徐　勇
徐卫红　黄书光　谢长法

"中国现代教育社团史"丛书书目

《中国现代教育社团发展史论》
《中华教育改进社史》
《中华平民教育促进会史》
《生活教育社史》
《中华职业教育社史》
《江苏教育会史》
《全国教育会联合会史》
《中国教育学会史》
《无锡教育会史》
《中国社会教育社史》
《中国民生教育学会史》
《中国教育电影协会史》
《中国科学社史》
《通俗教育研究会史》
《国家教育协会史》
《中华图书馆协会史》
《少年中国学会史》
《中华儿童教育社史》
《新安旅行团史》
《留美中国学生联合会史》
《中华学艺社史》
《道德学社史》
《中华教育文化基金会史》
《中华基督教教育会史》
《华法教育会史》
《中华自然科学社史》
《寰球中国学生会史》
《华美协进社史》
《中国数学会史》
《澳门中华教育会史》

推进教育治理体系和治理能力现代化……推动社会参与教育治理常态化，建立健全社会参与学校管理和教育评价监管机制。

——《中国教育现代化 2035》

当前，我国改革开放正在逐步地深入和扩大，激发社会组织活力，在整个社会治理体系建设中具有重要作用。现代教育治理体系的建设，也迫切需要发挥专业的教育社团的积极作用。在这个大背景下，依据可靠的历史资料，回溯和评价历史上著名教育社团的产生、发展、组织方式和活动方式等，具有现实意义和社会价值。总的来说，这个项目设计视角独特，基础良好，具有较高的学术价值、实践价值和出版价值。

——石中英

教育社团组织与中国教育早期现代化，既是一个有丰富内涵的历史课题，更是一个极具现实意义的重大课题。由中国教育科学研究院储朝晖研究员领衔的学术团队，多年来在近代教育史这块园地上努力耕耘，多有创获，取得了可喜的成果，积累了深厚的知识储备。现在，他们选择一批有代表性、典型性、产生过重大影响的教育社团组织，列为专题，分头进行深入的研究，以期在丰富中国教育早期现代化研究和为当代中国教育改革服务两个方面做出贡献，我觉得他们的设想很好。

——田正平

国家出版基金项目
NATIONAL PUBLICATION FOUNDATION

中国现代教育社团史　丛书主编/储朝晖

中国教育学会史

张礼永　著

西南大学出版社

图书在版编目(CIP)数据

中国教育学会史/张礼永著. -- 重庆：西南大学出版社，2023.12(2024.1重印)
（中国现代教育社团史）
ISBN 978-7-5697-2064-8

Ⅰ.①中… Ⅱ.①张… Ⅲ.①教育学会－历史－中国 Ⅳ.①G523

中国国家版本馆CIP数据核字(2023)第220710号

中国教育学会史
ZHONGGUO JIAOYU XUEHUI SHI

张礼永　著

| 策划组稿：尹清强　伯古娟 |
| 责任编辑：杨　萍　尹清强 |
| 责任校对：王传佳 |
| 装帧设计：观止堂_朱璇 |
| 排　　版：陈智慧 |
| 出版发行：西南大学出版社（原西南师范大学出版社） |
| 　　　　　重庆·北碚　邮编：400715 |
| 印　　刷：重庆市正前方彩色印刷有限公司 |
| 幅面尺寸：170mm×240mm |
| 印　　张：16.5 |
| 插　　页：4 |
| 字　　数：310千字 |
| 版　　次：2023年12月　第1版 |
| 印　　次：2024年1月　第2次 |
| 书　　号：ISBN 978-7-5697-2064-8 |
| 定　　价：76.00元 |

总序

在中国教育早期现代化的历史进程中，无论是清末，还是北洋政府和国民政府时期，在整个20世纪前期传统教育变革和现代教育推进波澜壮阔的历史舞台上，活跃着这样一批人的身影，他们既不是清王朝的封疆大吏、朝廷重臣，也不是民国政府的议长部长、军政要员，从张謇、袁希涛、沈恩孚、黄炎培，到晏阳初、陶行知、陈鹤琴、廖世承，有晚清的状元、举人，有海外学成归来的博士、硕士，他们不居庙堂之上，却念念不忘国家民族的百年大计；他们不拿政府的分文津贴，却时时心系中国教育的改革与发展。是"研究学理，介绍新知，发展教育，开通民智"这样一个共同理想和愿景，将这些年龄悬殊、经历迥异、分散在天南海北的传统士人、新型知识分子凝聚在一起，此呼彼应、同气相求，结成团体，组织会社。于是，从晚清最后十年的江苏学务总会、安徽全省教育总会、河南全省教育总会，到民国时期的全国教育会联合会；从中华职业教育社、中华新教育共进社、中华教育改进社，到中华平民教育促进会、生活教育社、中国社会教育社、中华儿童教育社、中国教育学会……在短短的半个世纪里，仅省级以上的和全国性的教育会社团体就先后有数十个，至于以县、市地区命名，以高等学校命名或以某种特定目标命名的各式各样的教育会社团体，更是难以计数。所有这些遍布全国各地的教育会社团体，通过持续不断的努力，从不同的层面，以不同的方式，冲击着传统封建教育的根基，孕育和滋养着现代教育的因素。可以毫不夸张地说，在传统教育变革和现代教育推进的历史进程中，从宏观到微观，到处都留下了这些教育会社团体的深深印记，它们对中国教育早期现代化的贡献可谓功莫大焉！

大约从20世纪90年代开始，中国近代教育会社团体的研究，渐渐进入人们的学术视野，20多年过去了，如今关于这一领域的研究，已经风生水起，渐成气候，取得了相当的成果，并且有着很好的发展势头。说到底，这是当代中国教育改革的需要和呼唤。教育是中华民族振兴的根基和依托，改革和发展中国教育，让中国教育努力赶上世界先进水平，既是中央政府和地方各级政府义不容辞的职责，也必须依靠广大教育工作者的自觉参与和担当。从这个意义上讲，中国近代教育会社团体与中国教育早期现代化研究，既是一个有丰富内涵的历史课题，更是一个极具现实意义的重大问题。中国教育科学研究院储朝晖研究员，多年来在关注现实教育改革的诸多问题的同时，对中国近代教育史有着特殊的感情，并在这块园地上努力耕耘，多有创获，取得了可喜的成果，积累了深厚的知识储备。现在，他率领一批志同道合的中青年学者，完成了"中国现代教育社团史"的课题，从近代以来数十上百个教育社团中精心选择了一批有代表性、典型性、产生过重大影响的教育社团，列为专题，分头进行了深入的研究。我相信，读者诸君在阅读这些成果后所收获的不仅仅是对教育社团的深入理解和崇高敬意，也可能从中引发出一些关于当代中国教育改革的更深层次的思考。

　　是为序。

田正平
丁酉暮春于浙江大学西溪校区

目录

绪　论 /1

第一章　酝酿期的中国教育学会(1927—1932) /17
　　第一节　别有隐情的成立 /19
　　第二节　"筹委得力说"之怀疑 /21
　　第三节　民族危机与教育学者 /23
　　第四节　"教育学危机"与教育学者 /25

第二章　成立期的中国教育学会(1933) /41
　　第一节　教育学者的自由结合 /43
　　第二节　教育学会的组织机构 /58
　　第三节　教育学会的运作机制 /65
　　第四节　完成立案及备案的手续 /69

第三章　会务进行期的中国教育学会(1933—1937) /71
　　第一节　发展个人会员并吸纳团体会员 /73
　　第二节　地方分会的研究活动 /77
　　第三节　调查教育实况 /83

　　　　第四节　提倡教育实验　/87

　　　　第五节　审定教育名词　/90

　　　　第六节　围绕中心问题展开研究　/95

　　　　第七节　倡言《中国教育改造》　/97

　　　　第八节　综论生产教育问题　/100

　　　　第九节　集中阐述师资训练问题　/102

　　　　第十节　搜集教育资料　/106

　　　　第十一节　发刊教育书报　/110

　　　　第十二节　贡献教育主张　/112

　　　　第十三节　拟具《民族复兴与教育方案》　/115

第四章　团体联合期的中国教育学会（1937—1947）　/119

　　　　第一节　应对第七届世界教育会联合会会议　/121

　　　　第二节　中国拒绝出席世界教育会议　/127

　　　　第三节　十二教育学术团体首次联合年会　/129

　　　　第四节　学会与编译馆再续前缘　/137

　　　　第五节　学会为战时教育政策贡献智慧　/140

　　　　第六节　学会建言"今后三年之教育建设"　/143

　　　　第七节　学会设立中国教育调查所开展教育调查　/147

　　　　第八节　设立监事会以完善学会领导体制　/149

　　　　第九节　学会重建分会以开展教育研究　/152

　　　　第十节　中国教育学术团体联合会之解散　/156

第五章　专业自觉期的中国教育学会（1947—1948）　/161

　　　　第一节　建议各级教育行政机关增设评议机构　/163

第二节　专业组织与专业道德规约　/167

　　第三节　构建中国的教育道德规约　/168

　　第四节　"全国教育专业道德规约"的大讨论　/172

第六章　式微及消退期的中国教育学会(1949—1950)　/177

　　第一节　两支教育大军的会师　/179

　　第二节　又一次的教育七团体　/181

　　第三节　中国教育工会的兴起　/185

　　第四节　教育学在中国的转型　/191

第七章　综论　/197

　　第一节　中国教育学会的生命之路　/199

　　第二节　中国教育学会的关系网络　/208

　　第三节　中国教育学会与中国教育研究　/213

附　录　/219

参考文献　/239

后　记　/247

丛书跋(储朝晖)　/250

绪 论

本书主要以民国时期的中国教育学会为研究对象，考订其由来，回顾其发展，介绍其成就，通过纵的分析与横的比较，看当时最权威、最典型的教育社团是如何开展教育研究，进而对中国教育学术发展做出相应贡献的。不可否认的是，此学会也留下了一些缺陷及不足，留待后人去克服、去突破。

一、学会与学术

事物或制度的起源问题是历史研究必须要回答的要项，就中国教育学会而言，对此问题的回答，又得从"正名辨义"入手，正如中山大学老校长许崇清之言，此乃"研学之始"及"肇事之基"也。[①] 就中国教育学会的构词而言，可拆为"中国""教育""学会"三个词，三者之间的关系，正如图0-1所示："教育学会"与"学会"两者构成种属关系，前者为后者之一种，所有的"教育学会"都在"学会"之下，但所有的"学会"不一定都是"教育学会"，因为还有"政治学会""经济学会""伦理学会""道德学会""文化学会"等；

图0-1 学会、教育学会、中国教育学会三者关系示意图

"中国"也是一个限定词，这是诞生在中国、活动在中国、影响在中国的"教育学会"，而非"日本教育学会""韩国教育学会"，所以这六个字、三个词的要点应该落在"学会"上。那么"学会"究竟从何而来呢？

---

① 许崇清：《国民教育析义》，载许锡挥编《许崇清文集》，中山大学出版社，2004，第1页。

有人认为这是学习西方世界的产物,也就是舶来品。有人以为这是自古相承的东西,属于旧有物,如梁启超在《变法通议·论学会》(1896年)一文中说:"学会起于西乎?曰:非也,中国二千年之成法也。"①这判断可谓是斩钉截铁,并且他还给出了两大类看似极有说服力的例证。第一类是儒家的经文,并举了四句,一是"君子以朋友讲习",源于《易经》,二是"有朋自远方来",出自《论语·学而》,三是"君子以文会友",出自《论语·颜渊》,四是"百工居肆以成其事,君子居学以致其道",出自《论语·子张》;第二类是古代典故,举了"孔子养徒三千","孟子从者数百",子夏设帐西河,曾子居武城等。当时,经学仍居至高无上的地位,经文中的观点往往被认为是最权威的,且又有孔子、孟子、子夏、曾子等大儒贤达为代表,得出学会为"二千年之成法"的结论似乎毋庸怀疑,也有点不容置疑的意味,可是仔细推敲一下,可以发现例证与结论之间在逻辑上并不能对应,缺乏一致性。像孔子、孟子、子夏和曾子等人,身后有不少弟子追随,他们所组成的团体,今人大都冠以"学派",其实更准确的称呼实为"学门"——可惜辞典不曾收录这个称呼。这种团体为教学团体,而非纯粹的学术团体,不可否认的是在教学过程中会探讨到学术的问题,如人性、天道等,并且探讨的过程有时师生双方都受益,如孔子与子夏在探讨《诗经》的过程中,子夏的见解很好,孔子都不禁感慨"起予者,商也"(《论语·八佾》),可见传道为其最重要的功能,而探讨学术并非其最主要的职责。另外,这种教学团体的紧密性也是有不足的,弟子跟随先生的时间不定,有长有短。所举之经文也无法证明讲习、会友是一次就行,还是多次的。简言之,梁启超的举例是有问题的。

或许有谓,梁启超若换些例子,举一些文人结社的案例,那么结论的可靠性自可增高。中国的诗人是喜欢结社的,关于这一点,18世纪诞生的《红楼梦》中曾有描绘,见第37回"秋爽斋偶结海棠社 蘅芜苑夜拟菊花题",贾探春提议创立一个诗社,并且写了帖子分发给大家,得到一致附和,贾宝玉甚至说:"可惜迟了,早该起个社的。"李纨说:"雅的紧!要起诗社,我自荐我掌坛……"众人还给自己和他人起了"雅号",什么"稻香老农"啦,什么"秋爽居士"啦,什么"潇湘妃子"啦,等等,还约定"每月初二、十六这两日开社",且是"风雨无阻"的。②或许

---

① 梁启超:《变法通议·论学会》,载《饮冰室合集》(第1册),中华书局,1989,第31页。
② 曹雪芹、高鹗:《红楼梦》,人民文学出版社,1996,第486—494页。

还有谓,尽管胡适主张"杂记与小说皆无意于造史料,故其言最有史料的价值,远胜于官书"①,可是小说毕竟有杜撰的成分,"海棠诗社"的故事未必全属事实,可能是真伪夹杂的。

好在近代名画家齐白石叙述了他早年间参与结社的一些经历,可以用来比照参考一番。齐白石本是一个会雕花的木匠,也自学过一些绘画,在当地小有名气。韶塘的乡贤胡自倬很欣赏他,便收他为徒,传他绘画的本领,还让齐白石拜家中教读的老夫子为师,这样文化与绘画齐头并进。胡自倬性情慷慨,爱好风雅,时常邀集朋友,在名为"藕花吟馆"的书房内举行诗会。齐白石在学习了一段时间之后,也得到了邀请,在会上试作的七绝,尤其是"莫羡牡丹称富贵,却输梨橘有余甘"句,给众人很大的惊喜,可谓是头炮放响,大家评

图0-2 孙温绘"秋爽斋偶结海棠社"（出自《梦影红楼》）

价道:"别看他根基差,却有性灵。"②后来,他受邀去长塘的黎家绘遗像,遇见了一批志同道合的人,也组织了一个诗会,起初人少,就四五个人,随时聚在一起,谈诗论文兼及字画篆刻,随着热情的增高,便正式成立了"龙山诗社",且有固定的活动场所——从五龙山上的大杰寺处借了几间房子。在相隔几十里路的地方,另有其他文人组织了"罗山诗社",两社之间不仅不敌对,反而时常相互吸纳,齐白石自述"两山相隔,有五十来里地,我们跑来跑去,并不嫌着路远"③,堪称当地文坛的一段佳话。

梁启超舍弃了当时文人雅士喜结诗社——这一常见的现象,而独取先秦的

---

① 胡适:《与陈世棻书论中国教育史》,载白吉庵、刘燕云编《胡适教育论著选》,人民教育出版社,1994,第199页。
② 齐白石:《齐白石自述:画出苦滋味》,天津人民出版社,2015,第55-58页。
③ 齐白石:《齐白石自述:画出苦滋味》,天津人民出版社,2015,第68-71页。

古文及古事,他并非迷信"今不如昔",也不是"信而好古",而是别有用心,不得不如此。对此,不可不知。清王朝晚期,面对滚滚而来的西潮,守旧的士大夫及统治者是难以认同的,形势已经迫使王朝需要进行变革了,可是中国自来只有"以夏变夷",未尝"以夷变夏",这种认识根深蒂固且势力庞大,有识之士为了维新、为了改革、为了存亡续绝,有时明知两事根本不同,但通过一些相似性,尤其是在古籍中能找到一些痕迹时,硬将两事说成一事,再通过"礼失求诸野"的理由以期说服守旧者,进而达成改革目的,这种委婉的方式统称为"托古改制"。只是,后人再来阅读时,有些就难以理解先贤为何会做出似是而非的结论,只好认定这些人虽然是率先睁眼看世界的,但终究与世界还是有隔膜,历史的阶段性是难以避免的;有些就不太能够分辨出其中的差别,甚至还会被这种认识方式所同化,导致大部分精力都用来论证"古已有之",忽视事物的发展及变化,如关于教育社团,就有后学认为"中国历来就有结社的传统……热心新式教育的各界人士也开始组织属于自己的团体,集思广益,共谋新式教育的发展"[①]。当然,也有些人能够体会前辈的良苦用心,在那崇尚暴力、手段残忍、没有现代意识的时代,"托古改制"几乎是能推动这古老国度往前迈步的唯一方式了。

学会"古已有之"的说法,既然是可疑的,那么是不是源于西方世界呢?当然,也不必回溯到古希腊、古罗马的时代,那会儿有些社团,但不是纯学术性的,纯学术社团的出现要晚一些,差不多是17世纪的产物。自培根(1561—1626)的遗作《新大西岛》(亦名《新亚特兰提斯》)发表以后,在英国知识分子心中种下了一颗种子,而这颗种子日后逐渐萌发,并逐渐长成参天大树。培根的这部遗作,风格较特殊,有别于他说理性的文章,是一部小说,是一部未完稿的科幻小说,充满了乌托邦的色彩,却是他一生中最重要的作品之一,或许因为后人已经基本实现了其中的幻想,所以作者的寓意也就没有那么深刻了。但在当时却是石破天惊之论,培根对欧洲的旧传统——以亚里士多德"三段论"为代表的演绎逻辑及经院哲学不满意,提出要创建新的科学方法之外,还对旧知识产生的机制不满意,想构建一套新的机制。

书中有一假想的岛国叫作本色列(Bensalem),这个国家建立了一个特殊的

[①] 刘登秀:《清末教育会研究》,硕士学位论文,四川大学,2004,第8-9页。

机构叫作"所罗门之宫"①(Solomon's House),所罗门的事情,《圣经》曾有记载,他是古以色列的国王,以非凡的智慧而著称,这个机构既以此命名,其职责自然也是关乎智慧的,正如培根在书中通过"所罗门之宫"的元老之口说出的:"这个机构的目的是探讨事物的本原和它们运行的秘密,并扩大人类的知识领域,以使一切理想的实现成为可能。"②

培根在书中详细地叙述了"所罗门之宫"的措施和设备,拥有众多的附属机构,可以进行多种科学研究。如位于地下的洞穴,除了进行凝结、僵化、冷冻和保存各种物体之外,在那里还可仿造各种天然矿物以及生产出人造金属;地上的高塔,除了进行曝晒、冷却、保存之外,还可用来观察风、雨、雪、雹等气象;咸水湖和淡水湖,除了养鱼养鸟之外,还进行一些掩埋的试验,也可以将盐水转化为淡水,或反过来将淡水变为盐水;海港,可以进行利用海上的空气与雾气的工作;还有瀑布,提供了许多动力,以发动各种机器,包括借助风力来发动的试验也有;巨大的果园和花园,进行改良土壤的试验,使其能种植各种树木和花草;动物园,养育着各种鸟兽,除了观赏之外,也用于解剖和试验,并将从中得到的知识应用到人体上;药房,备有药草制剂、药材和药品;还有能制造纸张、布匹、羽毛制品、燃料和其他物品的工厂;保持不同热度的熔炉,可以仿造太阳热和天体热;光学馆,可做各种颜色的光线和辐射的试验;音乐馆,可做各种声音和发声的试验;香料室,能制造各种香味;机器馆,备有各式各样的装置,做出各种各样的机器和工具;数学馆,有制造得非常精美的几何学和天文学的仪器;等等。③通过这些机构得出的知识,自然是有别于演绎的,而是归纳的,充满了科学的精神。

培根还借元老之口表彰"所罗门之宫"的兴建和创办,"是世界上一个最崇高的组织,也是这个国家的指路明灯"④。这些奇思妙想触动了英国的一批科学家,他们时常聚在一起探讨培根所提出的新科学,集会的时间开始固定,地点也渐趋稳定,聚会的质量也逐渐上升,因为会上各人都需要拿出自己的研究所得

---

① 培根:《新大西岛》,何新译,商务印书馆,2012,第32页。
② 培根:《新大西岛》,何新译,商务印书馆,2012,第32页。
③ 培根:《新大西岛》,何新译,商务印书馆,2012,第32—39页。
④ 培根:《新大西岛》,何新译,商务印书馆,2012,第19—20页。

来交流。到了1660年,这个"无形学院"获得了官方的认可,得到"伦敦皇家自然知识促进协会"的命名,并于1662年得到了英国皇家的特许证,成为英国最高的学术机构[①],一直运作到今天。受英国的启发,欧洲其他国家也开始出现相似的组织。因当时学科尚未细分,故而早期学会多属综合性的。到了18世纪后叶与19世纪全期,学会开始进入兴盛之期,此时分科已精,故而专门性的学会得以逐渐设立。

分析了学会之由来后,再看学会为何物。《汉语大词典》将其解释为"由研究某一学科或某个学术领域的人组成的学术团体"[②]。这种见解,既令人明白,又令人糊涂,因为若追问一句,什么是"学术团体"(Learned Society)呢,似乎又茫然了。故而若不明白"学术团体"之所指,似乎很难明白学会究竟为何物。据《西方教育词典》,学术团体是指某一特定学术学科(Discipline)内学者的联合会,通过研究和出版致力于推进该学科的知识。[③]明乎此,则基本上可以解决心中的困惑——"他们为何要组成学会","他们组成学会意欲何为",所以"学会系一种学术团体,而以交换智识,研究学术为宗旨"[④]这样的界定似乎更贴切。

二、教育学会与教育学术

教育学会是学会中的一类,性质为专门学会,主要想解决教育学术研究的规范问题,它与教育学的发展密切相关。那么,教育学与教育学会谁先谁后?这并不是"先有鸡,还是先有蛋"的难题,而是很明确:先有教育学,然后再有教育学会。

众所周知,1806年,赫尔巴特的《普通教育学》的问世,标志着教育学的建立。第一个教育学会,即科学教育学学会(Verein für Wissenschaftliche Päda-

---

[①] 冉奥博、王蒲生:《英国皇家学会早期历史及其传统形成》,《自然辩证法研究》2018年第34卷第6期,第75页。

[②] 汉语大词典编辑委员会、汉语大词典编纂处编纂《汉语大词典》(第4卷),汉语大词典出版社,1989,第249页。

[③] 德·朗特里编《西方教育词典》,陈建平、杨立义、邵霞君、杨寿宁、杜维坤译,上海译文出版社,1988,第165页。

[④] 唐钺、朱经农、高觉敷编纂《教育大辞书》,商务印书馆,1930,第1510页。

gogik),则诞生于1868年①。两者之间,有着60多年的时间差,依照逻辑,组合一些概念,将其化为一门学科,并尝试建立一种学科体系,在工作室里就可以完成,可是将这学科放到实践中去验证时,就不是这么简单了。先有教育学,后有教育学会,也是事物发展的自然结果。科学的教育学会的首任会长为齐勒尔(Tuiskon Ziller),后任为福格特(Theodor Vogot)和赖恩(Wilhelm Rein),都是赫尔巴特的弟子及再传弟子。所以这一教育学会,是赫尔巴特弟子们为研究和宣传其学说而建立起来的,曾遍及德国诸州,并扩展至奥地利,在各地广设分会,以隔年召开大会的形式活动。因之,德国既是教育学的故乡,也是教育学会的故乡。

在19世纪80年代,美国一批学者,如德加莫、利尤、麦克默里兄弟相继去德国学习与考察,回国后陆续发表一批介绍赫尔巴特教育学的著作,引起反响。在1892年,全美教育协会(National Education Association)的部分会员为了推进对赫尔巴特学说的研究而组织了全美赫尔巴特俱乐部(National Herbart Club),1895年为了促进教育问题的科学研究,此组织更名为全美赫尔巴特学会(National Herbart Society),一般认为在1901年(亦说1902年)更名为全美教育学会(National Society for the Study of Education),随后便闻名于世了。而据日本学者的考证,这一学会的更名较频繁,1899年先更名为全国教育科学研究赫尔巴特学会(National Herbart Society for Scientific Study of Education),1901年才正式更名为全美教育研究会,1906年时名称中再次加入了"赫尔巴特",到了1909年又改了回来。之所以如此多变,是因为当时在美国教育哲学体系仍然采用赫尔巴特主义已经不足信了,而赫尔巴特学会更改了它

图0-3 赫尔巴特著《普通教育学》中文版书影

---

① 教育大辞典编纂委员会编《教育大辞典·外国教育史》,上海教育出版社,1991,第229页。书中误为1869年。

的信仰,并且将教育研究从哲学领域推向了科学领域。[1]这一组织之所以闻名于世,是因为其针对教育问题的研究方式,选定问题后组织专门委员会加以细致研究,并邀请一流专家执笔。故而每年发行的年鉴,被誉为最权威的教育文献。[2]这一方式,对后来的中国教育学会影响很深。

就中国而言,在戊戌变法的高潮时,国内诞生了不少冠以"学会"的新社团,如强学会、南学会等,这些学会有自己的宗旨、有首脑、有内容,还有活动成果,如发行书报等;且难以否认的是"戊戌学会"在输入新知、开启民智方面做出了一些成绩;但在政治与教育这对天平之间,他们更偏向于政治,并不研究纯学术的教育问题,政治社团的意味要浓于教育社团。本书就不将它们作为探讨的对象。

图0-4 《强学报》第一号

随着戊戌变法的失败,戊戌学会也逐渐烟消云散了,在清末新政期间代之而起的是致力于发展地方教育的教育会,起初也有命名为学会者,如"江苏学会""闽省学会"之类,这类社团已经不像"戊戌学会"那样政治意味特别明显了,有些甚至回避政治问题,如江苏学会就以"专事研究本省学务之得失,以图学界之进步,不涉学外事"[3]为宗旨。尽管已经明言了"不涉学外事",但清廷对此仍颇为忌惮,也颇踌躇,一方面,朝廷希望各地能大力建立及发展新式学堂,可是地方官员能力有限,只好借助民间的力量;另一方面,朝廷对于士绅们组织学会或学务会的做法也存有戒心,怕"君子结党"的历史再次重演,于是由学部出面上《奏定各省教育会章程折》,将这些社团统一命名为"教育会",并规定其宗旨

---

[1] Harlow G. Unger, *Encyclopedia of American Education* (New York: Facts on File, Inc.1996), p p.653.

[2] Edward L. Dejnozka & David E. Kapel, *American Educators' Encyclopedia*. (Westport Connecticut: Green wood, 1991), pp.385-386.

[3] 朱有瓛、戚名琇、钱曼倩、霍益萍编《中国近代教育史资料汇编·教育行政机构及教育团体》,上海教育出版社,2007,第278页。

为"期于补助教育行政,图教育之普及"。①将其定位为行政的补充和辅助,用意不消说,也是有所防备的。辛亥以后,它们也改换了性质,变为"以研究教育事项,力图教育发达为目的"②了。

到了20世纪第二个十年,因新式教育在中国的发芽生根,加上中国社会的转型,问题迭出,特别是学用分离等状况,引起有识之士的警觉,而兴起组建新式教育社团的运动,这批社团有别于此前的教育会,不是局限在地方上做事业,无法顾及全国一盘棋,而是更期望能在全国范围内做一些改进,这些新教育社团大都以"社"来定名,如中华职业教育社、中华新教育社等,也直接体现了"同志者入会,无地方关系,即不以地为限制,千里之外,声应气求"③的性质。

概观教育会与教育社,它们对新式教育在中国的落地生根、发芽抽叶、开花结果都起了一定的作用,但也有一定的局限,特别是在学理的建设上,存有不足,以至于发展过程中有不少的冲动,甚至是盲动,或许是试错,或许是顿悟,中国的教育学者意识到了问题所在,于是有结成一个纯学术的且专门研究教育学理问题的动机——时代的进步,教育的发展,已经使得学者们明白依靠个人的力量能做出的成绩太有限,因为教育是社会的一部分,教育问题触及社会许多的部门,需要群策群力,仔细研究,认真设计。只有这样才有可能实现变革的愿望。

三、充满谜团的中国教育学会

在近代中国教育社团中,中国教育学会是开展教育研究的重要力量,处于金字塔的顶端,被评为"全国唯一教育研究之中心"④。它虽为民国时期"唯一的一般性的全国性的教育专业组织"⑤,然而长期以来,对其研究几乎处于忽视的

---

① 朱有瓛、戚名琇、钱曼倩、霍益萍编《中国近代教育史资料汇编·教育行政机构及教育团体》,上海教育出版社,2007,第256页。
② 中国第二历史档案馆编《中华民国史档案资料汇编·第三辑·教育》,江苏古籍出版社,1991,第726页。
③ 陆尔奎:《论教育会之性质》,《教育杂志》1909年第1卷第9期,第113页。
④ 程其保:《举三事与中国教育学会同人共勉》,《中央日报》1948年1月3日 第4版。
⑤ 朱经农:《中国教育学会的时代使命》,《教育杂志》1948年第33卷第1号,第1页。

境地。

《中国大百科全书·教育》卷中设有"教育科学学术团体"[1]的词条，主要分为两个部分，一是介绍国外的情况，一是介绍国内的情况。就字面意义言，词条介绍的是致力于学术研究的教育科学团体，然而前者却包含了"基督教学校兄弟会""基督教知识普及协会"等宗教性组织，而最接近词条本身的，如德国的由赫尔巴特弟子所组织的科学的教育学会（Verein für Wissenschaftliche Pädagogik）、美国的赫尔巴特学会（National Herbart Society）及其后续全美教育学会（National Society for the Study of Education）、英国教育学会（Education Society）、日本教育学会以及中国教育学会等，均不见踪影。就后者而言，以时间为线依次出现了本国教育史上众多教育社团。令人不解的是，这么多组织中，唯独不见"中国教育学会"的身影，也没有中国教育学会联合国内其他教育社团组织的"中国教育学术团体联合会"，如此，似不符合"教育科学学术团体"的限定。

中国教育史研究常用的好几套教育史料里也都没有中国教育学会的身影，舒新城的《近代中国教育史料》初版于1928年，当时教育学会并没有正式产生，还在酝酿期中，尚可理解。《中国近代教育史资料汇编·教育行政机构及教育团体》以1922年"新学制"的施行为节点，故而其中也没有中国教育学会的只言片语。只有《中国现代教育史教学参考资料》中编入教育学会的章程一则，其他记录则阙如。直到《中华民国史档案资料汇编·教育》的出版，中国教育学会的记录才逐渐为世人所知。这套档案资料汇编，全是原始档案，史料价值不可谓不高，然受限于馆藏本身，有什么样的存档就整理成什么样，没办法查缺补漏，且其所转录的中国教育学会的记录也只有数篇，有些还予以删节，故而使用上有不便及不满之处。

简言之，中国教育学会的身上蒙着厚厚的历史尘埃，也有不少的谜团有待解开，如该会因何而组织，又是如何而组织，怎样进行活动，怎样推进中国教育学术的进步等。

---

[1] 中国大百科全书总编辑委员会《教育》编辑委员会、中国大百科全书出版社编辑部编《中国大百科全书·教育》，中国大百科全书出版社，1985，第166-167页。

四、研究中国教育学会的方式与方法

以中国教育学会为对象的研究,似有别于传统的教育史之选题,它不属于严格意义上的教育制度史范畴,也无法归入教育思想史的范畴,与教育人物史也有距离,因其不是某位人物或某派人物(如"职教派""乡教派"),而是一群人物。然细比较之,其中却又触及教育制度,既包括教育学会自身的制度构建,也包括国民政府的管理制度;也触及教育思想,如何研究中国的教育问题,离不开思想的指导,如何提高中国教育研究的水准,更是要直面教育思想;也还触及教育人物,学会会务的展开以及声誉的获得,都离不开具体人物的活动。从研究方法上,它近乎个案的研究,但也有以点带面的可能,所以是有机会成长为一种新的研究范式。关键在于研究该如何开展?

十多年以前,曾有学者对教育社团的研究发出了"鸡肋"之叹[1],意为"言之无味,弃之可惜",这感慨也有一定的客观因素,因为相较于其他学科的社团史,教育社团史的研究及其成果少且产生慢。中国物理学会在建会60周年时编辑出版了《中国物理学会六十年》[2],70周年时又予以补充增订,编辑了《中国物理学会七十年》[3]。在此期间,张剑以中国科学社为研究对象,先后完成了硕士学位论文及博士学位论文,并在2005年时正式出版。[4]数年后,上海交通大学出版社推出了"学会史丛书",内有《中国数学会史》《中国物理学会史》《中国化学会史》《中国天文学会史》《中国农学会史》《中国海洋学会史》《中国林学会史》《中国力学学会史》《中国营养学会史》《中国土木工程学会史》《中国环境科学史》《中国电子学会史》《中华中医药学会史》《中国药学会史》《中国气象学会史》《中国心理学会史》16个科学社团的发展历程。此后,又有综论性质的专著问世,如范铁权的《近代中国科学社团研究》[5]。与之相比,教育社团的研究可谓是

---

[1] 郑新华:《近代中国教育如何可能——以江苏省教育会的实践为例(1905—1927)》,博士学位论文,华东师范大学,2006,第1页。
[2]《中国物理学会六十年》编写组编《中国物理学会六十年》,湖南教育出版社,1992。
[3]《中国物理学会七十年》编写组编《中国物理学会七十年》,中国物理学会,2002。
[4] 张剑:《科学社团在近代中国的命运——以中国科学社为中心》,山东教育出版社,2005。
[5] 范铁权:《近代中国科学社团研究》,人民出版社,2011。

起步晚、成果少，张伟平的研究虽较早，且正式出版了[①]，但存有局限，其后只有一些硕博学位论文触及此题[②]，但正式出版的不多，谷秀青的博士论文于2009年出版，定名为《清末民初江苏省教育会研究》[③]，此后便是周慧梅的《中国社会教育社研究》[④]，虽说已经有所改观，但质和量两方面都要赶上其他社团史，仍是任重而道远。

概观上述成果，他们对于具体的学会之研究似乎存在着两种取向。一种是先会史后专题式，用一章或两章的篇幅介绍该学会的由来及发展，然后分成若干专题，如学会的组织架构、会务活动、社会影响等，每个专题按其历史阶段的表现加以叙述，各个专题之间呈若即若离的状态；另一种则是阶段式的，按照特定的标准，或政治事件，或社会事件等，将学会的发展分为若干阶段，前一阶段发展的如何，在哪些方面表现较为突出，到了下一阶段，又有怎样的变化，等等。后者似乎占多数，上海交通大学出版社的"学会史丛书"基本上都是采用了这种思路。

中国教育学会已经是历史之名词，它的历程不算特别长，从1933年初正式诞生至1949年后停止活动，为时只有17个年头而已，不像"学会史丛书"中的那些学会，有些也是诞生在民国时期，但至今仍在活动，年份较长，似乎不太适用第二种研究方式，应采用第一种研究方式。只是，中国教育学会的历程虽短，但其自身也有大的变化，如起初不收团体会员，后来也接收；一开始只有理事会和常务理事会，后来又发展出监事会。可见，教育社团自身的变化，发展也好、完善也好，也有一个历史的过程。第二种研究范式，如果处理得好，可以实现历史的与逻辑的相结合，更能反映学会本身发展的事实。但是这种范式要求也高，

[①] 张伟平：《教育会社与中国教育近代化》，浙江大学出版社，2002。

[②] 卢浩：《中华教育改进社——中国近代教育模仿美国的主要推动者》，硕士学位论文，华东师范大学，2003。

赵洁：《中华教育改进社与近代中国教育》，硕士学位论文，北京师范大学，2005。

郑新华：《近代中国教育如何可能——以江苏省教育会的实践为例（1905—1927）》，博士学位论文，华东师范大学，2006。

梁尔铭：《全国教育会联合会研究》，博士学位论文，华南师范大学，2008。

何树远：《中华教育改进社与民国教育界（1919—1928）》，博士学位论文，中山大学，2008。

[③] 谷秀青：《清末民初江苏省教育会研究》，广西师范大学出版社，2009。

[④] 周慧梅：《中国社会教育社研究》，北京师范大学出版社，2019。

实施起来，颇为不易，最重要的一点，也是必须要解决的，便是分期及其合理性的问题。

关于分期，史家的态度不一，有的不赞同划分阶段，有的则坚决主张划分阶段，也有的持为难的态度。中国教育学会作为一个历史的遗迹，其渊源流变，清楚可考，故而应当加以分期。

如何进行分期呢？研究基于中国教育学会自身的历程，将其分为酝酿期、成立期、会务进行期、团体联合期、专业自觉期、式微及消退期。这六个时期前后贯通，犹如常山之蛇，同时各自成章，共同构成全书的主体部分。

其中酝酿期(1927—1932)是教育学会的前史阶段；成立期(1933)，主要包括学会的组织架构及其创会会员组成，包括对分工作具体的分析；会务进行期(1933—1937)，主要是复原教育学会在抗战全面爆发以前的会务及其研究情况，抗战全面爆发后，它随国民政府一路西迁，前期的会务及研究受到冲击，将其划分一段，似无不妥；团体联合期(1937—1947)，当时中国教育学会为应对世界教育会联合会第七届年会，联合国内其他教育社团组成了"中国教育学术团体联合办事处"，促成了全国教育社团的大联合，在战时他们集中开年会，贡献智慧给教育行政当局；战后，教育学会一方面为推进教育民主化而努力，另一方面则进一步推进自身的建设，趋于更加专业，于是拟定了《全国教育专业道德规约》，并促成了全国性的大讨论，所以这一时期为专业自觉期(1947—1948)；中华人民共和国成立后，着力发展的是教育工会，其性质与任务与教育学会有别，此时的教育学会逐渐走向式微及消退，最终消失在历史长河中，然其经验及作法尚有值得取法之处，其精神及风格尚有值得学习之处，故对其展开如此详细的研究。

六个时期叙述完毕后，又增了一"综论"章，这也算是学习往圣先贤的一个尝试。孔子自言"述而不作"(《论语·述而》)，然都说他手编了一部《春秋》，且充满"微言大义"，甚至留下了"春秋笔法"的美名，当然给后世学者出了不少的难题，何处有"微言"，"大义"又为何，聚讼不已；而《春秋内传》(即《春秋左氏传》)与《春秋外传》(即《国语》)却一反此体例，叙述事实之外，篇末数次出现的"君子曰"以表明作者之态度，到了司马迁的笔下，"太史公曰"可谓集大成者，为《史记》增色不少，惟其位置并不固定，或在篇末，或在篇中，又有移至篇首者。新史学以后,研究的对象、研究的范式都产生了巨大的变化,史评仍是不可或缺的,但又有了新意,特别是所研究的课题还处在发展变化之中,未成为历史之死物者,免不了要交代未来之趋势,如陈青之的名著《中国教育史》最后一章便尝试回答"中国教育今后之出路"问题;已成为历史之死物者,虽不必回答未来,但只交代其来龙去脉,似嫌不足,故而会有综论之设。本书即仿此例。

至于研究所依据的材料,主要是学会公开发行的书刊,特别是学会发行的内部通讯,中国教育学会前后出版了两份通讯,一为《中国教育学会会友通讯》,一为《中国教育学会会务通讯》,还有就是散见于当时报纸期刊上的记录,同时也参考了部分亲历者的回忆,力求全面广博。然时隔久远,再加上天灾人祸,不少记录还是散失掉了,所以只能就有限的材料去还原中国教育学会的生命历程,其实这本是历史研究常见的困难,史家的创造力往往也由此而体现。当然,不同的史家因所持史观及所用史法之不同,其创造表现也不一样。至于本书的成效如何,还望海内大雅不吝赐教。

酝酿期的中国教育学会
（1927—1932）

第一章

"一切社会团体的建立,其目的总是为了完成某些善业。"[①]这是希腊先贤亚里士多德的判断,这话本是不差的,但放在汉语语境里可能会引起误会。其实,只要紧扣"社会团体"的概念,不泛化,就不会出现理解上的差池。名副其实的"社会团体"在中国属于新生事物,它们都是为了促进社会各项事业的进步。

第一节　别有隐情的成立

在民国教育史上占据重要地位的中国教育学会,它的产生自然也是为了完成教育上的"善业"。只是它欲完成的"善业"是什么样子的呢?它为何要来完成这些"善业"?它又是如何来完成这些"善业"的?它有没有完成这些"善业"呢?这些问题,以往的学术研究,没有能够很好地解答,以至于形成一个又一个的历史谜团。

首先解释它为何而成立。关于这一问题,不妨看看中国教育学会自己是如何表述的,其《会务报告》中有这样一段文字:

十六年(1927)秋,沪上研究教育同人,佥以我国教育界,缺少适当组织,无以利研究事业之进行,而谋教育学术之进步,拟发起中国教育学会;

[①] 亚里士多德:《政治学》,吴寿彭译,商务印书馆,1965,第3页。

十七年(1928)秋,复有是议,均以同人聚散无常,致未能积极进行;十九年(1930)夏,福建教育厅等举办暑期学术讲演会,京、沪、平、粤各地教育界同人,赴闽讲演者达二三十人,讲学之余,亦提议发起组织中国教育学会,当即推员筹备,洽商进行,会后,同人星散,会务遂亦停止;及廿一年(1932)秋,京、沪、平各地教育界同人,在京晤谈,又觉中国教育学会之组织不能再事迁延,当即推杨亮功、常导之、罗廷光、刘湛恩、陈鹤琴、郑西谷君等为筹备委员,分函征求各地研究教育同人为发起人,至十二月止,先后得各地同人函允加入为发起人者计有一百二十余人,即由京、沪两地同人积极进行筹备组织,并定一月廿八日至三十日在沪举行成立大会,于是中国教育学会始正式诞生。①

有研究者根据这几百字,得出这样一则推断:

> 中国教育学会在五年的酝酿中没有成立,主要是没人组织和筹备,最后推举出六位筹备委员后,经过不到半年的筹备,学会便得以成立。这一方面说明当时教育学术界确有成立全国性专业学术团体的迫切愿望,另一方面也说明这六位筹备委员工作得力和服人,而这六位筹备委员——杨亮功、常导之、罗廷光、刘湛恩、陈鹤琴、郑西谷是清一色的留美生。②

这一段文字将中国教育学会的产生归因于"迫切愿望"及"筹备委员工作得力"(以下简称为"筹委得力说")两个要素,又以后者为矛盾的主要方面。1927年北伐之后,正是开始各项建设的大好时机,至1937年抗战全面爆发前,中国社会走入了所谓的"黄金十年"。教育的发展似乎也得到了较好的机缘,但是却"缺少适当组织",以至于"不利研究事业之推行",倒也是事实。因为此前非常重要的两个全国性教育社团——全国教育会联合会和中华教育改进社均因形势的改变而偃旗息鼓,成为明日黄花,确实需要一个新兴的教育学术团体来填补空白,进而提高教育学术。所以"迫切愿望"之说是可以成立的。

但"无人筹备"之说就要再议了。美国哲学家、教育家杜威曾告诫研究者"任何时候我们想要讨论教育上的一个新运动,就必须特别具有宽阔的或社会

---

① 中国教育学会:《会务报告》,《中华教育界》1934年第21卷第7期,第181页。
② 陈志科:《留美生与中国教育学》,南开大学出版社,2009,第150页。

的观点",为何要如此要求呢？不如此,我们会把学校制度和传统的变革看成是某些教师的任意创造。[①]对于教育社团的研究,何尝不该持此种视角呢!"三次酝酿"都没有能够实现,原因何在呢？仅仅是有人或没有人筹备吗？

第二节 "筹委得力说"之怀疑

细观中国教育学会《会务报告》中的几百字,可以发现当中至少有两处与事实存在出入,这或许可以解开它半幅神秘面纱。

第一处出入是"第三次酝酿"的年份,福建教育厅举办的暑期学术讲演会不是在1930年夏举行的,而是1929年夏。参加此次讲演会的教育学者着实不少,据当时《中央日报》的报道,讲演者的姓名及单位大部分可考[②],即：

表1-1 福建暑期学术讲演会讲师名单及其单位一览表

姓名	单位
许寿裳	中央研究院
孟宪承	中央大学教育学系
郝更生	华北运动会
李小缘	东北大学图书馆
孙贵定	厦门大学教育科
庄泽宣	广州中山大学教育研究所
汪懋祖	苏州中学
熊佛西	北平大学
邰爽秋	广州中山大学
崔载阳	广州中山大学

[①] 杜威：《学校与社会》,载杜威：《学校与社会·明日之学校》,赵祥麟、任钟印、吴志宏译,人民教育出版社,2005,第25页。

[②]《中国教育学会成立》,《中央日报》1929年8月3日第9版。

续表

姓名	单位
邱　椿	厦门大学
杜佐周	厦门大学
朱君毅	厦门大学
陈科美	暨南大学
何昌祺	沪江大学
程时煃	福建教育厅
钟道赞	福建教育厅

　　报道中共列举了17位,虽与学会所称"赴闽讲演者达二三十人"有差距,但着实也不少了。

　　另外,当时谋划这个讲演会的程时煃对此事也有回忆,他说:"主持福建教育的时候,曾在福州办了一次大规模的暑期讲习会……有一次,我向同人提议组织中国教育学会,当经一致赞成,公推邰爽秋、邱大年、许寿裳、汤茂如诸先生和我(尚有几位记不清了)为筹备员……但经过数年,学会并未成立。"[①]"第三次酝酿"筹备员的姓名大都可见,邱大年就是邱椿,邰爽秋、邱椿、许寿裳、程时煃四人在报道中亦有,平民教育家汤茂如未见报道,可能有他因。如此"无人筹备"一说显然不能成立。

　　再有,"第三次酝酿"之时,与会诸人曾有决议:"以首都为明年第一次年会地点,以普及教育为年会讨论之中心问题。先由各地会员分工研究,俾向党国作整个具体之贡献云。"[②](当时的首都是南京)至此,可见"第三次酝酿"已经接近成功,可是最终为何会流会? 在时隔20多年后,程时煃也未明说,似乎有难言之隐。

　　周予同的回忆或许可以说明问题之所在。1930年12月16日国民政府公布了《出版法》,对于图书、杂志、报纸的出版及发行有着很多的限制,周予同所主持《教育杂志》之"评论"专栏,立意"用犀利的文字指摘教育的病态",不料遇上

[①] 程时煃:《对于教育学会之期望》,《中央日报》1948年1月2日第8版。
[②] 《教育界消息·中国教育学会之成立》,《教育杂志》1929年第21卷第9期,第142页。

新法及新政，不得不取消。事业受到了打击，心情颇郁闷。为了解除这种苦闷，他"抽出一部分的时间去追随一般社会所谓教育家与名流之后，组织教育学会"，主要是"想由这学会产生一种理念与行动，以建作未来中国的教育轨辙"。然而给他的感觉却是"一种幻灭的悲感，我显然不能自卑地或自欺地去追随他们"。因为"他们有些太自信了；他们对于国际与中国，既没有纵的历史的观察，也没有横的社会的讨索；他们坚持着主观的见地，将自己变成英雄与先知者样的人物；然而他们只是脱离大众的英雄与超越世间的先知者而已"。最后，他这样批评道："容我说一句露骨的话，是太龌龊了；他们自命为领导者，颇想利用这集团，以攫取教育行政或学校行政的地盘。"①

可见，即便时代、社会有着这样的需要，他们的初始动机也是为了教育学术，这无疑是纯洁的、崇高的，即为了完成"善业"，可是在传统文化根深蒂固的中国，喝了洋墨水、吃了洋面包的留学生们也难以免俗，建设真正的学术团体绝不是轻而易举之事，好在后来事情有了转机。

第三节　民族危机与教育学者

只是转机产生之时，正是国家及民族遭遇大不幸的时刻。对于国家来说，处于危难之中；对于民族而言，再次处于存亡之际；对于教育学来说，也处于"危机"之中。

上言学会的《会务报告》有两处与事实有出入，第二处便是成立会的日期。中国教育学会的确于1933年1月28日至30日在上海开成立会，不过，原先预定的日子却不是这几日。关于此节，《申报》和《中央日报》的报道可以为证。

1933年1月2日，该报的"教育消息"栏告知各界一消息：

> 中国教育学会……为研究教育而发起，已呈经中央执行委员会民众运动委员会核准备案，指令该会将工作计划补呈，以凭考核。该会现已发出

---

① 周予同：《忆教育杂志》，《东方杂志》1932年第29卷第4号，教育栏第2页。

通函,定一月二十五日在上海开成立大会,京沪各地教育界闻人,届时多数参加云。①

半个多月后,又一则短讯:

中国教育学会……中央党部业已批准立案,昨交通、铁道二部,更核准颁发本届会员乘车乘船优待证书。本届大会,决于本月25日,在沪举行。②

当时,《中央日报》也有一则相关报道:

中国教育学会,定本月二十五日在沪举行年会,现正积极筹备开会事宜,该会会员约有数百人,现均分住各省区,刻已分别通知各会员,如期到会,并函请交通、铁道两部,准予依照优待学术团体办法,核减会员赴沪开会之车船费用,现交部已经照准,令招商局遵照办理,铁部据呈后,现尚在核办中。③

两报俱言25日开会,可见25日开成立会是确切的消息,后至28日才举行。至于为何延迟了,是在等人？还是等日子？已无法确知了。倒查万年历,发现25日为腊月三十,即大年除夕,按照社会风俗,游子要归乡,家人要团圆,此日聚会不大可能。而往后延迟几日,仍在春节假期之中,大家本就有走亲访友的习惯,聚在一起也更容易一些。所以,会议延期数日,既可能是在等人,也可能是在等日子。并且选了一个非常值得说道的日子。

当日为"一·二八"一周年,开幕式行礼如仪后,即有向死难将士周年祭静默三分钟的安排。④其后由会议主席刘湛恩致开幕词,叙述了该会的宗旨及开会之意义,词曰:

"一·二八"为我国空前之国难纪念,最近日人又向我热河节节进攻,国势日危,国难日亟,眷念前途,能不寒心！同人等专攻教育,并从事教育,深

---

① 《中国教育学会立案》,《申报》1933年1月2日第13版。
② 《即将举行之中国教育学会》,《申报》1933年1月19日第12版。
③ 《教育学会筹开年会》,《中央日报》1933年1月13日 第7版。
④ 《纪第一二日中国教育学会》,《申报》1933年1月30日第15版。

信欲纾国难,端赖教育,此本会所以于"一·二八"纪念举行成立大会。①

刘湛恩在致辞中已经提到了当时国家的形势,热河吃紧,而之前一年上海发生了"一·二八",再往前一年东北又发生了"九一八",真是"国势日危,国难日亟"。教育学会成立于此时,自然是有其深刻的社会原因。

但教育学会本身是学术组织,并不是纯粹的抗日组织,所以它的成立还有其他因素。这些因素跟教育及教育之学密切相关。

第四节 "教育学危机"与教育学者

教育作为国家的方针政策之一,但教育研究主要是在大学之中进行的。当时中国大学中研究教育学的,主要有两类,一类是师范大学,另一类是大学中的教育学院。当时,国家遭遇如此重大的危机,教育学也遭遇了"危机",颇有些"覆巢之下无完卵"的感觉,只是这种景况并非完全出于外界因素的刺激,更主要是因为对当时教育的不满,由此产生了生存危机。为了便于讨论,将其概称为"教育学危机"。

一、师范大学停办风波

师范大学当时就只一所,即北平师范大学,由北京高等师范学校升级而来。说起高等师范学校,民国初年,北京国民政府除了将"优级师范学堂"更名为高等师范学校之外,还曾力推"高等师范分区制",集中力量在国内建设"六大高师",以此来解决中学教育缺乏优良师资的问题。然而"五四"以后,潮流为之一变,名流先进们更认可另一种培养模式,即交由大学来训练,于是不少人或发声或撰文诋毁高师制度;恰逢新学制改革,高师究竟是保持原样,还是升级为师范大学,还是改制为综合大学,纷争不下;最终达成书面的共识,在以"大总统令"

---

① 中国教育学会:《中国教育学会会章、会员录、成立会纪录》,编者刊,1933,第20页。

公布的《学校系统改革案》中明确表示:"依旧制设立之高等师范学校,应于相当时期内提高程度,收受高级中学毕业生,修业年限四年,称为师范大学校。"①

然而吊诡的是"六大高师"多数舍"师范"而奔"综合",如南京高师并入了东南大学,沈阳高师与公立文学专门学校合并改组为东北大学,广州高师与广东法政大学、广东农业专门学校合并改组为广东大学,武昌师范大学的招牌只挂了一年,随即改换为武昌大学,成都高师则在成都大学与成都师范大学之间徘徊,只有北京高师坚持师训本色,升级为北京师范大学(1928年,南京国民政府设立北平特别市,师大也随之更名为北平师范大学)。

只是"升级"之后,不仅没有获得肯定,反而屡遭歧视。如1925年间,中国著名植物学家胡先骕曾撰文批评师范大学制度,称其为"先进国所无或稀有者",揶其为"非驴非马"②,孟宪承曾撰文与之辩。③这场论争虽未对师范大学制度形成致命性的影响,但当时认为"中学师资可由普通大学供给之,不必有独立设置之师范大学"④的主张一直没有消退过。

按理国难既如此深重,更应当抓紧时间作育人才,特别是为中等教育培养师资的高师教育,更属重中之重,然而或出于学术之见,或出于派别之分,硕果仅存的北平师范大学却被迫处于不断的动荡当中,单1932年就相继发生了"校长人选""停止招生""停办师范大学"等风波,导致"学校不能安心教学,处在风雨飘摇之中"。⑤

(一)师大校长人选问题

在师大徐炳昶校长(1931年2月至1932年5月)辞职照准后,至李蒸接任(1932年7月)⑥前,存有一段空白。当时师大学生为校长人选问题,与行政院以及

---

① 璩鑫圭、唐良炎:《中国近代教育史资料汇编·学制演变》,上海教育出版社,2007,第1011页。
② 胡先骕:《师范大学制平议》,《甲寅》1925年第1卷第14号,第9—12页。
③ 孟宪承:《教育学科在大学课程上的地位》,载周谷平、赵卫平编《孟宪承教育论著选》,人民教育出版社,1996,第82—84页。
④ 李蒸:《北京师范大学历史上的存废之事》,载李溪桥主编《李蒸纪念文集》,中国社会科学出版社,1996,第59页。
⑤ 李蒸:《北京师范大学历史上的存废之事》,载李溪桥主编《李蒸纪念文集》,中国社会科学出版社,1996,第70页。
⑥ 北京师范大学:《历任校长》,http://www.bnu.edu.cn/gk/lrxz/index.html,访问日期:2014年6月30日。

教育部起了争执。学生对于行政院议定的人选不满意,想自行选择,致使学潮发生。

表1-2 北平师范大学校长人选问题风波概述(1932年4月至6月)

时间	事件
4月30日	行政院第26次会议上,教育部长朱家骅提出"北平师大校长徐炳昶辞职照准,另请李建勋为国立北平师范大学校长案",议决:通过
5月	师大学生对行政院的决议表示坚决反对,并表示想请示改任该校同学所拟想之校长
6月6日	师大开学生大会讨论校长问题,议决:三日内无办法,全体罢课,并将全体赴京索取校长
6月9日	对于学生的意见并无答复,师大学生自治会于当日下午开会讨论南下请愿事宜,并决定10日起罢课
6月11日	师大学生欲南下,北平警察百余名,闻讯将师大包围,监视学生、断绝交通,学生在师大门前以砖瓦石子向警察乱击,伤三警,双方相持不下
6月17日	中午,教育部政务次长段锡朋为调查师大与北平大学学潮抵平,师大学生代表20余人,在车站即将其围住,质问部为何不就学生拟定人选中择一为校长,还有李建勋屡辞校长,为何不允。段允诺次日晨将赴该校会晤全体同学
6月18日	晨,师大学生五百余人齐集操场等候,久等未至,后有函到,称:此来并非专处理风潮,望学校早日恢复常态。于是学生决定再派代表下午往访。然而所派代表拜谒段锡朋未遇,学生决定19日晚再派代表持函谒汪兆铭,请就学生所拟人选中择一人长校
6月20日	汪函复师大学生,称"校长问题,俟返京与教部商洽解决"
6月24日	行政院开第44次会议,对于北平师大校长问题,议决:照准李建勋辞职,并请李蒸担任该校校长

资料来源:依据《申报》1932年5月1日、19日,6月7日、10日、11日、18日、19日、21日、25日相关报道整理。(见张礼永:《高师教育的"盐铁论"——政学两界关于北京师范大学命运的大论战之探析(1932)》,《湖南师范大学教育科学学报》2016年第1期。)

李蒸到校之后,师大受此次风波冲击呈现无政府的状态——"学生罢课,各学院院长、教务长均在辞职中",经过他的耐心劝导,众人愿意复职。为使学校逐步走上轨道恢复常态,由李蒸牵头组织了"校务整理委员会",并讨论了整理方针,师大光明的前途显然可以预见,然而新的风暴随即袭来,李校长也遭遇到了就任后的"第一次打击"[①]。

[①] 李蒸:《北京师范大学历史上的存废之事》,载李溪桥主编《李蒸纪念文集》,中国社会科学出版社,1996,第64页。

(二)师大停止招生风波

是年7月22日,教育部长朱家骅在行政院第51次会议上提出一案,称:"北平师范大学有3院12系。近年来学潮迭起,内容复杂,每令办学者深感困难,均应从事整理……本年拟令饬停止招生,以便整理工作之进行,请公决案。"议决:"通过。"①

随后,朱家骅向新闻界介绍此次为何如此这般整理大学,他说道:

> 师范大学,约有学生一千六百人,本为造就中学师资之目的,然按诸现在内容,竟与普通大学无异,颇患名实不符之病。……政府此次对于……整理办法,皆经极长时间之讨论而审慎决定之,举凡所定裁并整理与暂停招生之办法,表面看来似近消极方面之行动,存恶意者,或甚至诋为摧残现有之教育,其实积极意义至为宏深,一切皆为学生本身之学业,以及热心办学者之便利而立计。②

一个教育机关的生命在于川流不息、生生不止,一批学生毕业,另一批新生入学,有进有出,方能长久;若只出不进,意味着行将就木。教育部的做法自然引发了师大人的大恐慌,校长李蒸当即打电报至教育部陈述意见,属校"学潮已息,现组'校务整理委员会'切实改进,拟恳钧部对于本年停止招生一节酌于变通,以利进行"③。随后,他又拟具呈文,告知此举"不可者"有五,希望"重加考虑,以重师范教育事"④。师大教授也联名致教育部快邮代电,问道:今年投考的新生,与学潮又有什么关系呢?认为教育部的"惩创所及,更在池鱼之外"⑤。

让师大停止招生,发生在校长人选问题之后,教育部方面"秋后算账"的意图很明显。舆论界对此也甚表不平,如署名千里的就表示"在朱氏整理案中,使

---

① 《行政院议决案:整顿全国教育》,《申报》1932年7月23日第8版。
② 《朱家骅对于目前政府整理大学办法之说明》,《大公报》1932年7月26日第4版。
③ 李蒸:《北京师范大学历史上的存废之事》,载李溪桥主编《李蒸纪念文集》,中国社会科学出版社,1996,第64页。
④ 李蒸:《北京师范大学历史上的存废之事》,载李溪桥主编《李蒸纪念文集》,中国社会科学出版社,1996,第64-66页。
⑤ 李蒸:《北京师范大学历史上的存废之事》,载李溪桥主编《李蒸纪念文集》,中国社会科学出版社,1996,第69页。

吾人最不满意者,第一为师大停止招生",他指出世界各国对于师资训练机关"只有扩张而无缩小,只有改进而无裁减",所以严厉批评教育部,特别是朱家骅,"安能照其一时意气、片面理由,遂令师资最高学府而受其摧残耶!"①

不久李蒸为此事又亲赴南京,同教育部方面接洽,面陈一切,予以变通。②然而,师大"停止招生"已成定案,无法更改。是年9月12日的开学典礼上,李蒸愤愤地说道:"一校的生命,赖学生新旧延续下去,每年有许多新的同学进来,许多旧的同学毕业出去,学校才能不断地向前发展,现在我们必须说,为什么我们学校要受如此打击?"③可奇怪的是,师大在此后的办学岁月中一而再、再而三、三而四地遭遇重重打击。

(三)"师训改制"大论战

到了秋季,没有新生入学,师大的校园略显空旷,而风波却接连不断。

这一年的10月间,媒体再捅出重磅炸弹,称:教育部感于我国二十年来,教育之倾向全系个人主义之发展及美国式之抄袭,以致形成今日教育之穷败现状,因拟就《改正我国教育之倾向及其办法》一文,即将呈送中央采择。其中对于师范教育,主张另辟途径,拟将"现行者一律取消。小学师资,以中学毕业受一年师资训练者充之;中学师资,以大学毕业再受一年高等师范教育者充之"。④此报道,随即引发学界的大争论。

署名天健者对于教育部摧残"夏季最后一朵玫瑰花"的政策表示十分不解,他说:"我自认冥顽不灵,也委实想不出什么理由来。"⑤师大教授邱椿、李建勋等38人,联名具呈教育部,反对取消师大及变更学制,并给出五大理由:

> 第一,中学师资,非受师大之专业训练不能胜任;
> 第二,教师之教师,尤非受师大之专业训练不能胜任;
> 第三,师大之课程与普通大学之程度相当,而性质全异;

---

① 千里:《为教育界说几句话》,《探讨兼批判》1932年第1卷第5期,第3页。
② 《北师大校长李蒸来京》,《申报》1932年7月30日第11版。
③ 李溪桥:《纪念父亲诞辰100周年,逝世20周年》,载李溪桥主编《李蒸纪念文集》,中国社会科学出版社,1996,第19页。
④ 《改革全国教育 养成整个民族观念》,《大公报》1932年10月16日第4版。
⑤ 天健:《师大制度之批评的批评》,《师大月刊》1932年第1期,第1页。

第四，师大之环境又与普通大学之环境不同，不能以大学之教育学系替代之；

第五，师大年限只应延长，不能缩短，大学毕业而仅受一年或二年之师范训练，定感不足云云。①

同属"独立评论派"的科学家任鸿隽读后，表示："这些话，说来似乎都有相当理由，但细按之，没有一个理由可以说是十分确定不易，因其所谓'专业'、所谓'性质'、'环境'，皆不免失之于笼统，不容易得一个明确的观念的原故。"他认为取消师范大学"不过是历史演进的继续和学制改革的尾声"②。

出于"独立评论派"一贯的主张，即"永远保持一点独立的精神，不倚傍任何党派，不迷信任何成见，用负责任的言论来发表我们各人思考的结果"③，任表示："因为这个问题的重要，甚愿以局外的观察，贡献一点旁观的意见。"④

由于存在理论上的分歧，他着重提出"根本问题，那便是，师范教育的本身，是否必须要一个特殊的大学来实施与进行"，或者说"现今师范大学所施行的训练及研究，是否可由普通大学来代替"，对此，他持否定意见，并从"智识的本身""技术的训练""教育学的研究"三方面加以论证，得出"凡现今师范大学所施行的训练与研究，无不可拿普通大学来代替"的结论。⑤

此外，他还引用曾任师大校长的徐炳昶（字旭生）的意见："对于这样大不合理的事项，如果想有所改正裁并，那就要群起大哄，说我们学校有特别的历史。……殊不知……历史就是现实的自身，它本身就是不完备的、恶的。无论怎么样好的组织制度，如果贪恋着它，它一定要渐渐地变成一文不值的空壳子，以至于为社会进化的障碍。"⑥认为"这话是完全对的"，实际上是从"历史的观念"上来否定。

任的文章虽标明作者为"叔永"（任鸿隽之字）一人，但文中处处可见"我们"——"我们以为""我们晓得""我们得到""我们希望"等，曾有人打趣说"作者一

---

① 《教部改变学制，平师大教授表示反对》，《大公报》1932年11月10日第4版。
② 叔永：《教育改革声中的师范教育问题》，《独立评论》1932年第28号，第7页。
③ 《引言》，《独立评论》1932年第1号，第2页。
④ 叔永：《教育改革声中的师范教育问题》，《独立评论》1932年第28号，第6页。
⑤ 叔永：《教育改革声中的师范教育问题》，《独立评论》1932年第28号，第7-9页。
⑥ 旭生：《教育罪言》（二），《独立评论》1932年第27号，第15页。

再用复数代名词'我们'"①,实际上已经表明全文非个人之见,而是"独立评论"这一派的共同认识。

这一见解,随即引起北平师大教授的强烈不满,他们又联名写了一篇"驳论",也从任鸿隽提出的三点加以反驳,详情参见下表。②

表1-3 任鸿隽与北平师大教授会的意见对照表

	任鸿隽的意见	北平师大教授会的意见
智识的本身	看不出普通大学的物理、化学或英文、算术和师范大学的有什么性质上根本不同的地方 我们以为目下大学的教育,既然同是向专的方向走,那么,他们对于智识本身的目的,可以说是一致的,更不必有什么普通大学、师范大学的分别	普通大学(普大)课程注重文化的提高,师大注重文化的持续与推广。普大注重学术的理论,师大注重学术的应用。普大设系及课目要"包罗万象",师大要"取精守约"。普大以普通工具学科或文化学科为其共同基础,师大以教育学科为其共同基础。普大各科学的内容代表"文化的材料",师大各科学的内容代表"教化的材料"
技术的训练	我们以为一个学校所能给予学生最大的环境影响,莫过于先生的学问与人格,其余的都可以说是次要	教师的学问是文化的材料,还是教化的材料;他的人格是学者的孤立的人格,还是教师的社会的人格。学者的人格和教师的人格是完全不同的
	就师范教育说,一个善于教学的先生,他自己的教学方法,就是一个活的榜样。从他受教的人,当然在不知不觉中,得到许多好的教授方法,这岂不比读几本教学法的书强得多吗	失之笼统,意谓:(1)应用中学的教法来教大学生,以便仿效。(2)使大学毕业生将来即以大学的教法来教中学生。中学生与大学生,年龄、经验、心身的成熟,都不相侔,不宜使用同一教法
	从前高师或现今师大所办的附属实验学校,不到几年都渐渐地宣告独立。研究教育的先生们,既然无法过问,学生们要去实习,简直同到外面不相干的学校一样不受欢迎	从前高师,本身既改为大学,附校自当别论。现今师大,有附属中学附属小学及幼稚园等四校,无一宣告独立者。虽然欠密切的联络,但这是改革师大的理由,不是取消师大的理由 所谓特殊的环境,其要素为:(1)关于学生的社会生活,大学偏于理智方面,师大注重情感与意志的培养。(2)教育者人格之陶冶,是师范教育最主要的

---

① 德新:《评叔永君〈教育改革声中的师范教育问题〉》,《大公报》1933年2月5日第8版。
② 北平师大教授会:《驳叔永君〈教育改革声中的师范教育问题〉》(一)(二)(三)(四),《大公报》1933年1月7日、8日、11日、14日第8版。

续表

	任鸿隽的意见	北平师大教授会的意见
教育学的研究	从人性发展的方面说,从社会影响的方面说,教育学都有蔚成专科的可能。不过,就人性研究来说,教育学只是心理学的一种应用;就社会的关系来说,教育学又是社会学的一个旁支。……教育学在普通大学中研究,不比在师范大学中研究吃亏,似乎是可以断言的	教育学并不是心理学的应用,并非"教育学只是心理学的一种应用",其发达分三个时期:(1)哲学时期。(2)附属于心理学时期。(3)独立的时期,即应用科学方法直接研究教育问题的时期 教育学是社会学的一种,并非"就社会的关系来说,教育学又是社会学的一个旁支"
结论	凡现今师范大学所施行的训练与研究,无不可拿普通大学来代替	依经济学上分工原则和社会组织进化上专门性的事业应由专门机关来办理的通则,高等师范教育应另有一种大学来办理

任鸿隽曾表示:"教育学在普通大学中研究,不比在师范大学中研究吃亏",教授们坚决敢言:"吃亏很大!"①究竟吃不吃亏呢? 中等教育专家李清悚的意见或许可为注脚,他在1935年曾反思十多年前的高师"升格运动",直接评其为"教育上一个重大的损失",无其他,只因"改大"后"中国就没有中等师资训练的机关了"②,各中学也因之找不到理想的、合格的教师了。

(四)三中全会上的争执

朱家骅在这场大论战的前夕,1932年10月28日因整顿学务有功,而擢升交通部部长一职③,热心师范者难免抱有"朱氏今日之去,安知不为师大之一线生机乎"④的念头,然而不久南京城内再起风波,师大再次被推上浪头,颇有"屋漏偏逢连阴雨"之感。

当年12月中旬,中央组织委员会在三中全会上提出"改革高等教育案草案"。其中,就当时的师资教育制度提出批评:各大学既设有教育、文、理各学

---

① 北平师大教授会:《驳叔永君〈教育改革声中的师范教育问题〉》,《明日之教育》1933年第2卷第1期,第36页。
② 李清悚:《由中学师资谈到大学教育学院今后的方针》,《中华教育界》1935年第23卷5期,第29页。
③ 张朋园、沈怀玉编《国民政府职官年表》,台湾"中研院"近代史研究所,1987,第186页。
④ 千里:《为教育界说几句话》,《探讨兼批判》1932年第1卷第5期,第3页。

院,而北平又有师范大学,该校所设置之院系与普通大学毫无二致,不特系统重叠,徒耗经费,而彼此所造就之学生,亦均难满足中学师资之要求,所以不应另设专校,以免畸形发展之流弊,决定国立北平师范大学应即停办。①后经师大校友多方奔走,据理力争,该案才未能成立。②

不过,有时却又"守得云开见月明",就在这次全会上,程天放也有一教育提案。对于师范教育,特别是对于师范大学,主张力求整理与改善,使其组织课程训育各项,切合于训练中等学校师资之目的,以别于普通大学,且与师范学校等力谋联络。此案获得通过。③至此,该年度的师范大学是否应存在的问题,暂告一段落。

新的一年,春暖花开之时,师大又迎来一场风波,据《世界日报》报道,师大将"迁址西安",记者为此特地采访李蒸校长,得到的答复是:"事前并未闻悉,敝校与教育部函电往来,教部亦无片语及此,想师大迁设西安之说系外间之误传。"④而且,即便果真要迁址办学,也有种种事实上的困难,如所需财费过巨、教授不愿意、学生不愿意、理学院的仪器贵重、文学院的图书繁多、附属学校无法迁移等。⑤但此事似乎在朱家骅心头盘旋了许久,李校长忆及一次在南京,朱直言师大在北平不适宜,应当搬迁,地点在西安、洛阳或石家庄中选择,后来因朱调任,此议遂搁置;抗战全面爆发,师大在城固办学时,李校长某次偶遇朱家骅,朱不无得意地说道:"你看早点(儿)搬到西安有多好!"李校长评价他:"对变动师大始终是念念不忘的。"⑥

二、教育学院的停办及怀疑

李蒸曾对胡适及其主持的《独立评论》抨击师范大学制度的做法评价为"最

---

① 《改革教育与整顿地方自治:三全会提案之一斑》,《大公报》1932年12月19日第4版。
② 李蒸:《北京师范大学历史上的存废之事》,载李溪桥主编《李蒸纪念文集》,中国社会科学出版社,1996,第70页。
③ 《三中全会今午闭幕,大会昨通过教育案》,《大公报》1932年12月22日第3版。
④ 李蒸:《北京师范大学历史上的存废之事》,载李溪桥主编《李蒸纪念文集》,中国社会科学出版社,1996,第75页。
⑤ 李蒸:《北京师范大学历史上的存废之事》,载李溪桥主编《李蒸纪念文集》,中国社会科学出版社,1996,第75—76页。
⑥ 李蒸:《北京师范大学历史上的存废之事》,载李溪桥主编《李蒸纪念文集》,中国社会科学出版社,1996,第76页。

露骨"[1]。而当时负责培养中学师资,除了师范大学外,还有各大学的教育学院,它们也受到了这一派的怀疑及攻击。

最初的大学是没有教育学的,西方如此,中国也是如此;尔后因社会形势的变化,教育学逐渐能够立身于其中,并进而成为独立的一科。以中国为例,在1912年10月教育部公布的《大学令》中,大学共有七科,即"文科、理科、法科、商科、医科、农科、工科"。次年1月公布的《大学规程》中,出现了"教育学"的科目,是附设在"文科"之"哲学门"下的,可见其附属的地位。1927年之后,蒋梦麟任教育部长,制定并颁布了《大学组织法》,取消单科大学的设置。根据当时中国大学的实际状况及未来趋势,规定大学分为"文、理、法、农、工、商、医、教育"八大学院,凡具备三个以上学院者,始得称大学。与之前《大学令》的规定相比,教育学院是新生的后起之秀,但也应验了"木秀于林,风必摧之"的古训。

(一)傅斯年的攻击

1932年7月,中研院历史语言研究所所长兼北京大学教授傅斯年以其字孟真署名在《独立评论》发表了一篇颇具争议的文章,认为中国的学堂教育自清朝末年创办的时候起到现在,从不曾上过轨道,而近来愈闹愈糟,直到目前,教育界呈露总崩溃的形势。他认为五点原因[2]造成了这种局面。

其中,他特别批评"哥伦比亚大学的教员学院里毕业生给中国教育界一个最不好的贡献"。为达到揶揄的效果,他首先表示了一番别样的羡慕:"我没有留学或行走美国之荣幸,所以我于哥伦比亚大学的教员学院诚然莫测高深。"随即话锋一转,认为这些学生归国后在教育界的表现,"真正糊涂加三级",并说他们"多如鲫,到处高谈教育",然后"有几句话警告这些与前清速成法政学生比肩的先生们"。这几句话的要点为:

---

[1] 李蒸:《北京师范大学历史上的存废之事》,载李溪桥主编《李蒸纪念文集》,中国社会科学出版社,1996,第70页。
[2] 傅斯年认为造成中国教育崩溃的原因有五:(1)学校教育仍不脱士大夫教育的意味;(2)政治之不安定,是教育紊乱一个大主因;(3)一切的封建势力、部落思想、工具主义,都乘机充分发挥;(4)哥伦比亚大学的教员学院毕业生给中国教育界一个最不好的贡献;(5)青年人之要求,因社会之矛盾而愈不得满足。

第一，小学，至多中学，是适用所谓教育学的场所，大学是学术教育，与普通所谓教育者，风马牛不相及。

第二，教育学家如不于文理各科之中有一专门，做起教师来，是下等的教师，谈起教育——即幼年或青年之训练——是没有着落，于是办起学校自然流为政客。

第三，……其尤其荒谬者，大学校里教育科与文理科平行，其中更有所谓教育行政系、教育心理系，等等。教育学不是一个补充的副科，便是一个毕业后的研究。

……

总而言之，统而言之，……所谓教育行政教育心理等等，或则拿来当作补充的讲义，或则拿来当作毕业后的研究，自是应该，然而以之代替文理科之基本训练，岂不是使人永不知何所谓学问？于是不学无术之空气充盈于中国的所谓"教育专家"之中，造就些不能教书的教育毕业生，真是替中国社会造废物罢！①

在傅斯年看来，只有中小学是适用教育学的场所，大学教育和教育学是毫无关系的。换句话说，教育学上的原则不能应用于大学。留美学生所搞的诸多尝试，或者说教育学本身，难以成为学问。

(二)邱大年的辩驳

由于这段文字，对于哥伦比亚大学师范学院的中国毕业生，"作最猛烈而最普遍的总攻击"，所以很快便引起回音。邱椿首先自嘲道"我是该院毕业生中一个最没出息分子"，继而讲道："孟真先生以为中国教育的崩溃，哥伦比亚大学师范院毕业生应负其责，这未免太看得起他们了。"②针对其警告，逐一辨析，认为教育学上至少有一部分原则是可以应用于大学的。"教育行政上的原则之应用并不限于中小学。……大学教育是社会现象之一种，既是社会现象即逃不出因

---

① 孟真:《教育崩溃之原因》,《独立评论》1932年第9号,第5页。
② 邱椿:《通信》,《独立评论》1932年第11号,第18—19页。

果律,即可用科学方法去研究;由科学方法的研究所得之结果或原则即可应用于大学教育的实施之上。"①

对此,傅斯年回答道:"邱先生提出辩正及商榷此事之态度,我固十分佩服,不过我对教育的见解尚不能因此改换。"②随后,他又逐一驳斥邱椿所提各项疑义。几周后,他又撰文抛出更"极端"的论断:"大学中不设教育学院,因为这个不能本身独立成一种学问;也不设教育系,因为教育学自身不成一种严整的独立的训练。"③虽然,初看下来,批评的是留美回国后从事教育者的大吹大擂的行为,但实际上批评的却是师范教育及师资训练制度,还有教育学这门学问本身。

杨亮功曾这样评价教育学在北京大学的遭遇,"北京大学为学术重镇,以倡导新学术开创新风气著名。惟对于教育学科并不十分重视"④。除了傅斯年的炮轰之外,还有他的老师胡适的意见。据胡适的同事,北京大学教育学教授吴俊升的讲述,胡适曾当面告诉他这样一则故事:有一天哥伦比亚大学师范学院的学生,请校长尼科尔森·莫里·巴特勒(Nicholas Murray Butler)题字。巴特勒问那个学生:"师范学院在什么地方?"堂堂一所大学的校长,怎么可能会不知道本校师范学院在何处呢。胡适讲这故事的用意,是暗示教育学在西方大学不受重视。因为"轻视教育学科,乃是过去欧美大学文理科教授的一般成见"。如果这是当时西方部分一流学者的认识,那么胡适自己的意见呢?吴俊升评价道:"适之先生也不是太重视教育学的。"⑤

(三)朱家骅的意见

就在傅斯年的檄文刊布不久,教育部长朱家骅对于政府整理高等教育的说明也刊发于报端。其中有关于缩减中央大学教育学院和撤销暨南大学的教育学院的缘由:此次中大教育学院之改并四系为一系⑥,盖改院为系,并非含有不

---

① 邱椿:《通信》,《独立评论》1932年第11号,第21页。
② 孟真:《教育崩溃的一个责任问题——答邱椿先生》,《独立评论》1932年第11号,第23页。
③ 孟真:《再谈几件教育问题》,《独立评论》1932年第20号,第7页。
④ 蒋永敬、李云汉、许师慎编《杨亮功先生年谱》,联经出版事业公司,1988,第179页。
⑤ 吴俊升:《教育生涯一周甲》,传记文学出版社,1976,第55页。
⑥ 国立中央大学教育学院原有四系,即教育社会学系、教育行政系、教育心理系及教育学系,经过整理教育社会学系、教育行政系,改并入教育学系,原有之教育心理学系与理学院之心理学系合并为心理学系。但系内分普通心理与教育心理两组。见艾伟:《国立中央大学教育学院过去现在与将来》,《教育杂志》1935年第25卷第7号,第202-203页。

尊重教育学之意思。大学生修习教育,以为师资之备,自是甚善,……但是特设一院,专习教育科目,在一方面苟缺乏文理基本科目之研究,试问除教育科目外,将持何术以为人师?在又一方面,如许专习教育之学生,毕业后又哪得如许教育行政机会,以展其所学。①

朱家骅于1932年10月下旬卸教育部长一职,留下一篇关于整理中国教育的工作总结,其中对于中学师资的培养表达了他的见解:"中学师资,虽于教育学应有研究,但对于所教学科之肄习,尤须注重。"基于此,他批评了现有师资培养制度,"由普通大学之毕业生或教育学院与教育系之毕业生担任中学师资,其流弊日多,前者缺乏教育学之培养,后者又专恃教育学,而于其所任学科之训练则嫌不足"。同时,他又不能认可师范大学的做法,"现存师范大学专设之制,往往亦与普通大学同途竞逐,失去其特殊性"。所以,"本部拟就现存师范大学加以改革,使之名实相符,招收高中毕业生,予以四年之严格高等师范特殊训练",并且"另外再采两种办法,以事补救"。

第一种办法:就国立大学之设有教育科者,酌设若干高等师范生名额,优其待遇,使于肄习专门科学外,修习若干教育学程,毕业时由教育部严格考试甄别检定。

第二种办法:现有师范大学中另收大学及专科学校毕业生,使其受一年或两年之教育学训练。前者使文理科学生学习教学内容者,得收兼习教育学之效,后者即大学及各种专科学校实科毕业生,亦得加受师范教育,以期造就职业学校之师资。②

随着朱家骅转任交通部,继任教育部长翁文灏一直不就职,此事也就束之高阁了,不过并未成已了之事。

三、教育学遇空前的"厄运"

此后的三中全会,中央组织委员会的提案指责高等教育存有缺点,师资一项除了批评师范大学外,对于教育学院也有看法,认为:中学师资虽于教育学科

---

① 《朱家骅对于政府整理大学之说明》,《大公报》1932年7月26日,第4版。
② 朱家骅:《九个月来教育部整理全国教育之说明》,《时代公论》1933年第40、41号合刊,第80页。

应有研究,但对于所教科目,尤须具有根底,现在由普通大学文理各学院毕业生与师范大学毕业生担任此项教师,均有流弊,前者缺乏教育学科之培养,后者又专恃教育学科而于所教科目则嫌不足。①与朱家骅的见解甚相符。为此特拟具改革七项原则,第一项为"减少现在大学独立学院数量,并集中财力人力,以谋其质量之改进",另有一项专论师范教育(参见前述),决定:国立大学分设文理法农工商医药各学院,所有教育学院归并于文学院改设教育系。②由于这一提案争议过大,最终以提交政治会议收场。③

教育很重要,但教育学很一般,这似乎是当时教育学以外的学者的基本认识了,以至于教育学当时在中国"遭遇空前的厄运"——清华大学的教育系取消了;武汉大学本是武昌师大的后身,但改为武汉大学后不但无教育学系,并且文学院内也不设教育学讲座;广东中山大学亦是广东高师所改,也不设教育学院;青岛大学——山东大学——的教育学院停办了;中央大学的教育学院的规模也被缩小了。④此外,教育部又撤销国立暨南大学的教育学院。于是学教育学的人都有"绕树三匝,何枝可栖"的感慨。⑤真成了"教育之在中国今日,真倒霉到万分"。⑥

对于教育该如何兴办,以及教育问题该如何解决,其他学问家和政治家们往往据于己见,正如常导之所言:"一部分在公共生活上占有相当地位者,一方面,肯定教育事业对于国家建设,民族复兴之重要,他方面又对于教育研究,极'冷嘲热讽'之能事,武断其不足以为科学探讨之对象!"⑦他称这一类喜对教育发表似是而非意见之人士为"业余的教育家",将其定义为"泛指一般专治其他学术,而喜以个人直觉的见解,或偶尔的感想,发为教育的政论者"。⑧

对中国教育的这种境遇,罗廷光也深有感慨:"我们真不懂:不从事于教育

---

① 《改革教育与整顿地方自治:三全会提案之一斑》,《大公报》1932年12月19日第4版。
② 《改革教育与整顿地方自治:三全会提案之一斑》,《大公报》1932年12月19日第4版。
③ 《三中全会表决关于教育各案》,《申报》1932年12月22日第3版。
④ 邱椿:《通信》,《独立评论》1932年第11号,第19页。
⑤ 邱椿:《通信》,《独立评论》1932年第11号,第19页。
⑥ 罗廷光:《教育之科学的研究(下)——谈谈教育研究所》,《时代公论》1932年第1卷第18号,第24页。
⑦ 常导之:《一周岁的中国教育学会》,《大公报·明日之教育》1934年1月22日第11版。
⑧ 常道直:《论教育部最近拟议中之师范学制改革》(二),《大公报》1932年11月6日第5版。

研究,如何配谈'教育行政之学术化';不从事于教育研究,如何可以随便批评教育;不从事于教育研究,如何配谈'整理……教育'(根据什么去整理)？气象、地质等,均需测量调查,而于教育则可毫无事实作根据——丝毫不用测量调查——而信口雌黄,各言其是;……教育实验,则无人知其重要,并亦不辨其价值。质言之,世界上一切学术,似乎都值得研究,惟独于教育不值得;各门事业,都值得设研究所来研究,惟独于教育不值得。"[1]

四、教育学术研究的落后

教育学会筹备委员会主任郑西谷(通和)时隔多年后,曾有篇追忆谈及"中国教育学会创立之动机"有三:一鉴于世界各国多有全国性教育学术团体或教师联合会之组织,二鉴于我国在北伐前,亦有全国性教育团体之组织,三鉴于国家统一、政治安定,各项建设,逐渐发展中。[2]第一点为确切之言,后两点难以构成直接动机。

郑通和在写那篇追忆时,胡适和傅斯年的影响仍然存在,台湾的"中研院"之"教育学研究所"依然在"无何有之乡",他有许多"苦衷"不便于说。结合当时的社会舆论及可信的材料,研究认为中国教育学会成立的动机,主要有三端:民族主义的刺激、教育学术的"危机"及与世界先进相比的落后。

当时世界上先进国,美国有全国教育协会(National Education Association,简称NEA),由教育行政人员及各级学校教师自由参加入会;日本有日本教育协会(Japan Education Association,简称JEA),亦由全国教育行政人员及各级学校教师自由参加为会员;英国有全国教师联盟(National Union of Teachers,简称NUT),为全国中小学合格教师所组成;法国有全国教育联合会(Syndicat National des Instituteurs et Professeurs de College),为该国最大最普遍的教师组织;德国有全国教师联合会(Verband Bildung und Erziehung),为该国最大最有力之

---

[1] 罗廷光:《教育之科学的研究(下)——谈教育研究所》,《时代公论》1932年第1卷第18号,第24页。

[2] 郑通和:《中国教育学会创立之动机与今后之展望》,载中国教育学会编《教育组织与专业精神》,华欣文化事业中心,1982,第1-3页。

教育组织,教师与教育行政人员可自由参加。①这些教师组织,虽为教师工会性质,但是不排斥教育研究,而且鼓励教师从事教育研究。

中国与上述国家相比,不仅处在落后时代,而且对于教育学术还存有些"偏见",加上国家又面临着极大的压迫,民众面临着生存的危机,所以,中国教育学会正是在这样的情景之下成立的。既代表了当时教育界先进知识分子迫于民族生存危机的一种应对,也反映了他们迫于"生存危机"而欲振兴教育学术,赶上世界先进的追求。

---

① 郑通和:《中国教育学会创立之动机与今后之展望》,载中国教育学会编《教育组织与专业精神》,华欣文化事业中心,1982,第1—2页。

成立期的中国教育学会（1933）

第二章

至此,对于教育学会所称"各地教育同人,在京晤谈,又觉中国教育学会之组织不能再事迁延"终于可以理解了。因为再拖延下去,就是有愧于国家、有愧于民族之事。正如夫子所言:"日月逝矣,岁不我与。"(《论语·阳货》)

第一节　教育学者的自由结合

国难期间,从事教育的,往往基于自身的立场,主张"教育救国",正如刘湛恩在学会成立会闭幕时所言:"国难日深,解救之道首重教育。中国教育诸方面有待改革之必要。"不过,刘湛恩赋予了它更高的意义,"同时吾人昭示国人,教育家已团结一致,从事其应负之使命,并正告世界各国教育家学者,中国教育家,已有觉悟,而文化发达最早之中国决能自己挽救其最后之厄运,而非后进国家之所能蔑视也"。[①]常道直则从专业的角度出发,他说:"各地教育研究同人,不期而集于首都,会商发起之时,惟一之共同动机,即是受一种责任心之驱使。吾人深感从事探讨教育学理及实际工作者,对于在国家社会生活中,日益增长其重要性之教育事业,特别是关于教育建设所需学术基础之贡献,应当责无旁贷,引为己任。"[②]那么,到底有哪些"同人"参与创建这个学会的呢?

[①]《中国教育学会:第一届年会昨闭幕》,《申报》1933年1月31日第15版。
[②] 常导之:《一周岁的中国教育学会》,《大公报·明日之教育》1934年1月22日第11版。

一、创会会员

如果说会员是组织的基础,那么创会会员则更是基础的基础了。他们的来源、操守及抱负等非常重要,直接决定了这一社团的性质,对此不妨详细分析一番。

那么究竟有多少人参与创立中国教育学会呢?其1934年版会员名录称有"120余人"[①],而学会1933年所编《中国教育学会会章、会员录、成立会纪录》(以下简称"1933年版会员名录")记载共有156名会员,两份材料有30余名的差额,那么哪个数字为真呢?1944年学会曾概述自己的历程亦称"成立时仅有会员150余人"[②],如此看来156人应为确切的数字。1933年版会员名录中的个人信息部分,主要包括姓名、籍贯、现任职务、联系地址四项,其中有全有缺。分析时,姓名一项基本不涉及,主要分析后三项。

(一)会员籍贯之分布

个人的籍贯,中国社会极为重视,甚至有些执迷,有时因故迁徙至某地,已安居乐业、经历数代,对此仍念念不忘。关于此项,共有17人[③]未填,经过与1934年版会员名录比对以及其他资料的佐证,全部予以补齐。需要说明的是,1933年版会员名录中有二人的籍贯出现了错排,江苏籍的孟宪承被排为浙江,浙江籍的陈鹤琴被排为江苏,尽管这一错误对于统计分析的结果没有影响,但还是进行了订正;另外,为了便于统计,个别会员的籍贯信息进行了处理,即将登记为县的改为省属,如南京改江苏、瑞安改浙江、九江改江西等。

经过统计,除了1名美国人之外,其余155名出自20个省市,虽未遍及每一个省区,但已达多数。其中安徽13人,约占总数8.3%;福建4人,约占2.6%;广东15人,约占9.6%;广西、上海各2人,各约占1.3%;辽宁、山东、山西、陕西、云南、贵州各1人,各约占0.6%;河北4人,约占2.6%;河南、四川各5人,各约占

---

① 《中国教育学会会员名录》,《中华教育界》1934年第21卷第7号,第187-193页。文中称为"1934年版会员名录"。

② 中国第二历史档案馆编《中华民国史档案资料汇编·第五辑第二编·教育(二)》,江苏古籍出版社,1997,第835页。

③ 籍贯信息缺失者共17人,其中杜元载、吴家镇、雷振清、黄溥为湖南人,沈嗣庄为上海人,沈子善、李清悚、马客谈、童润之、葛承训(鲤庭)、钱慰宗为江苏人,周邦道为江西人,陈懿祝为福建人,马师儒是陕西人,曾作忠是广西人,赵廷为是浙江人,赵演是云南人。

3.2%；湖北9人，约占5.8%；湖南10人，约占6.4%；江苏38人，约占24.4%；江西13人，约占8.3%；天津3人，约占1.9%；浙江26人，约占16.7%。

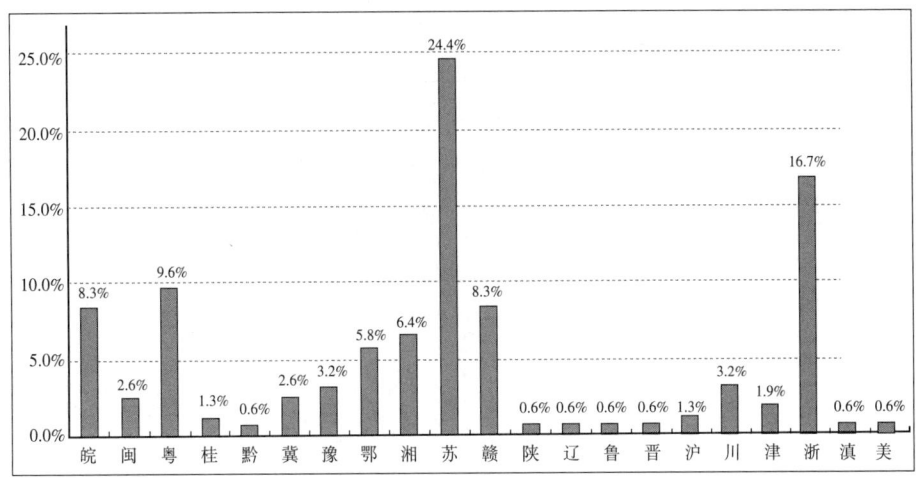

图2-1 中国教育学会创会会员籍贯分布(1933)

20个省市中，江苏籍38人，约占四分之一，为最多，若再合上曾隶属于江苏的上海，那就有40人，超过了四分之一；次多的是浙江籍，共26人；再次为广东籍，有15人；江西籍、安徽籍均为13人；两湖地区，湖南籍10人、湖北籍9人。其余省份均在5人(含5人)以下。若以今日行政区域划分来看，来自华东区的苏浙皖赣四省共有90人之多，这与这一地区经济发展水平、文化氛围、教育规模等密切相关。

(二)会员服务地域之分布

近代社会有别于传统农耕社会，需要告别乡土，在外奔走，由此，社会活动的圈子在扩大，接触的人员会增多。从登记材料来看，会员所服务地区，分布较广，如河北、河南、山东、湖南、湖北、江西、安徽、上海、江苏、浙江、福建、广东都有。不过，依然呈现出一些较明显的特征。

就省籍而言，这批会员主要集中于冀、沪、苏、粤等省市，其他省市人数相对较少。服务于山东、江西的，都只有1人；服务于河南、湖南的，都只有2人。服务于湖北的有7人，尽管填写的信息有武汉、武昌和汉口之别，其实都集中在省城，这种现象，在安徽、浙江和广东也有同样的表现。服务于安徽的有5人，有4

人在安庆；服务于浙江的共有8人，都集中在省城杭州；服务于广东的共有15人，有14人在广州，余1人在东山，其实离广州并不远，今日更是成为了广州市的一部分。

不过，到了福建和河北，情况又有变化。服务于福建的共有8人，省会福州只有1人，其余7人都在厦门，这是省情导致的。服务于河北一带的共有23人，约占总人数的14.7%，当中又集中在北平，共有18人之多，占大多数，天津有4人，定县只有1人，而省城保定暂无人员。

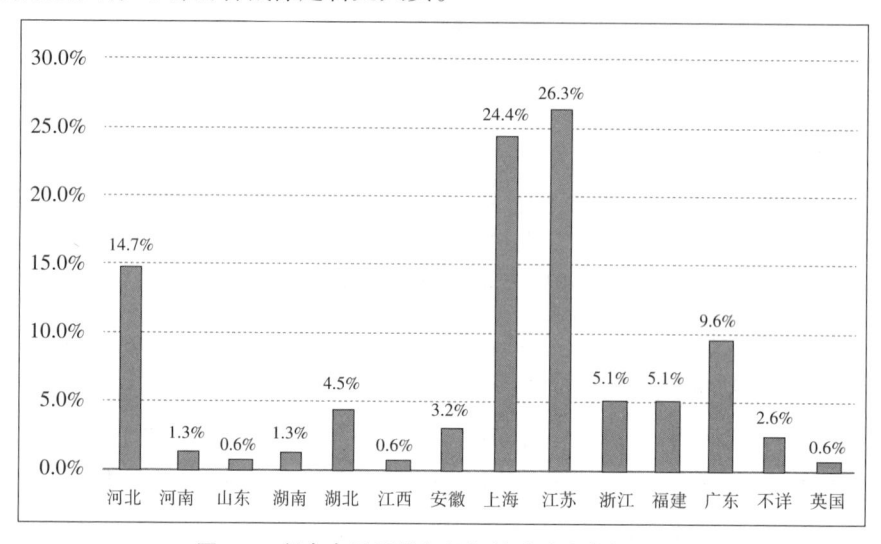

图2-2 创会会员所服务部门的地域分布(1933)

上海和江苏两地为最多，其中服务于上海的共有38人(含1名美国人)，约占总数24.4%；服务于江苏的共有41人，约占总人数的26.3%。两者合计，已近51%，堪称"半壁江山"。江苏的41人，在南京的有32人，无锡7人，镇江1人，苏州1人，也是集中在省城，在苏州的是朱君毅，不久就进入了位于南京的中央政治学校。另有4人信息不详，即毛保恒、黄华表、程其保和万家祥。其中，程、万二人当时为教育部组织的赴欧教育考察团的成员，程登记的通信地位为"南京贤成街安康里二号"，排字工人似乎又颠倒了字序，南京只有"成贤街"，却没有"贤成街"，万家祥的通信地址为"董任坚先生代转"，董任坚的登记信息为"大夏大学教授""愚园路愚园新村十二号"，由此看来万的活动也主要是在上海或南京。还有1人，在英国进修，即心理学家艾伟，回国后，他主要活动在南京。如果再加上这三人的信息，服务于江苏和上海的数值还要再增高一点。

(三)会员服务单位的性质

对于会员服务单位的分析,需说明两点。一是为了突出学会为教育社团的性质,将来自教育部和教育厅的会员均归入教育类;二是个别会员服务于两个或三个单位,如既在大学授课,又在政府任职,那么分析时以第一单位为准。

此项信息缺失者共有7人,经过前后比对及其他资料的佐证,补充了4人。

在1933年版会员名录中朱君毅有通信地址,服务单位却是空白,到了1934年版会员名录中是"中央政治学校计政学院",据朱天禹的《朱君毅教授传略》,朱君毅自1922年从美国留学归来后,先后就任东南大学教授、清华大学教育心理系主任、厦门大学教授等职,1932年夏至年底任立法院编译处处长,1933年1月去职,到了3月就任计政学院的教授[1]。空窗期正好赶上中国教育学会的成立,尽管他后来脱离了教育界,但能够成为创会会员还是得益于其留学及在各高校任职的经历。

马师儒的通信处为北平大学女子文理学院,职务栏空缺,在1934年版会员名录中,这部分补上了"北平大学女子文理学院教授"的字样,结合高元白《缅怀杜斌丞与马师儒两位表兄》[2]的叙述来看,前一版显然漏排了他的职务,今予以补齐。

黄溥的信息,在1933年版会员名录中只有姓名,其他全无,到了1934年版会员名录中,职务栏为"华中大学教授",通信处为"武汉华中大学"。据学者的研究:1932年9月,华中大学"增加的最重要的职员"便是黄溥博士,到了1933年秋,他又接任教育学院院长的职务,"在他的努力之下,教育学院为华中地区教会中学的服务取得很大的进展"[3]。前一版显然也是漏排了他的信息,今也予以补齐。

程其保的信息,在1933年版会员名录中除了"职务"缺失外,其他都有,到了1934年版中空缺已经补齐,职务栏为"湖北教育厅厅长"。他也是留美生,1932年夏,他与李熙谋、郭有守、杨廉、万家祥等一道参加了国民政府派出的赴欧教育考察团[4],他后来写就了《各国教育观察谈》(亦名《欧洲教育观察谈》),说

---

[1] 朱天禹:《朱君毅教授传略》,《衢州文史资料》第六辑,浙江人民出版社,1989,第105-107页。
[2] 高元白:《缅怀杜斌丞与马师儒两位表兄》,载《高元白文存》第三卷,商务印书馆,2019,第225-227页。
[3] 柯约翰:《华中大学》,马敏、叶桦译,李亚丹校,华中师范大学出版社,2003,第71页。
[4] 《赴欧教育考察团昨放洋》,《时事新报》1932年8月6日第8版。

道:"费时八月,足迹所至,遍及全欧。"①也就是说中国教育学会创建时,他正在欧洲考察教育,所以将其信息补录为"中国教育考察团",和会员名录中万家祥的信息相同。

另有3人,即毛保恒、陶知行和黄华表的职务信息不详,约占1.9%。经过计算,创会会员中来自出版界的3人②,约占总数的1.9%;其他社团5人③,约占3.2%;政府其他部门也是5人④,约占3.2%;教育机关及机构共140人,占总数的89.7%,若再加上陶知行,这个比例还要更高一些。

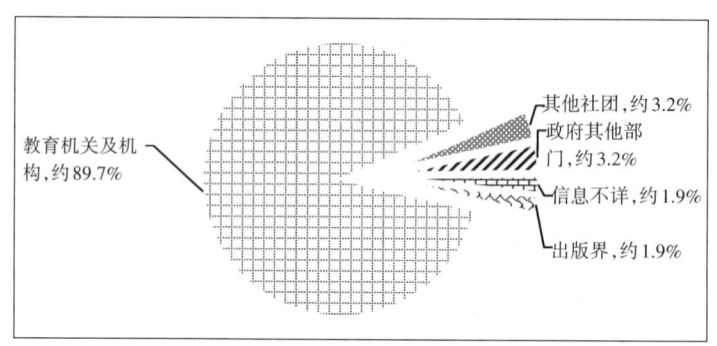

图2-3 学会创会会员所服务单位性质的分布(1933)

需要补充说明的是服务于政府其他部门的并非纯粹官僚,而是有着渊博学识或丰富经验的教育者。如王卓然,北平师范大学首届教育研究科毕业,后留学美国,孟禄首次来华时他曾一路陪同,并将经过汇成《中国教育一瞥录》⑤;再如杨亮功,毕业于北大中文系,后赴美留学,获教育学硕士、哲学博士学位,回国后历任第五中山大学(今河南大学)教授兼文科主任、上海中国公学副校长、安徽大学校长、北大教育系主任等职;张默君,辛亥之前就服务于教育界,后赴美留学,并遍历欧美各国考察社教和女教,回国后,任江苏省第一女子师范学校校长及杭州市教育局长等职,著有《欧美教育考察录》等;赵迺传当时还兼任中央政治学校的讲师;王祖廉的经历尚未查全,据所掌握材料,他曾与黎锦晖合编

---

① 程其保:《各国教育观察谈》(一),《时代公论》1933年第57期,第14页。
② 即商务印书馆编辑所所长何炳松,中华书局编辑所所长舒新城,国立编译馆编辑赵演。
③ 即中华职业教育社总干事江恒源、副主任杨卫玉、河北定县平民教育促进会主任汤茂如,上海青年会副总干事海慕华、智育部部长沈嗣庄。
④ 即东北外交研究委员会主任秘书王卓然、外交部科长王祖廉、监察院委员杨亮功、考选委员会委员张默君、立法院委员赵迺传。
⑤ 王卓然编《中国教育一瞥录》,商务印书馆,1923。

《新中华国语读本》一书畅行一时,并非"门外汉"。所以,要从中找出一位与教育毫无瓜葛者,实在困难。

(四)会员所服务的教育部门

来自教育部门的140名(含上述补齐信息的4人),他们所服务的机关也有类别。为便于比较,简单地将其分成五类,即教育行政、初等教育、中等教育、高等教育为主要的四类,第五类是信息不详的。

通过分析,发现来自教育行政部门的11人,约占教育总数的7.9%;初等教育4人,约占2.9%,为最低;中等教育24人,约占17.1%;高等教育100人,约占71.4%,为最高;信息不详者1人,即艾伟,此刻正在英国进修。需要补充说明的是高等教育类有2人兼及其他类别,如张怀既服务于辅仁大学教育学院,同时兼任附中主任,还有彭百川既服务于金陵大学,又是教育部的科长,分析时均以第一单位为准。

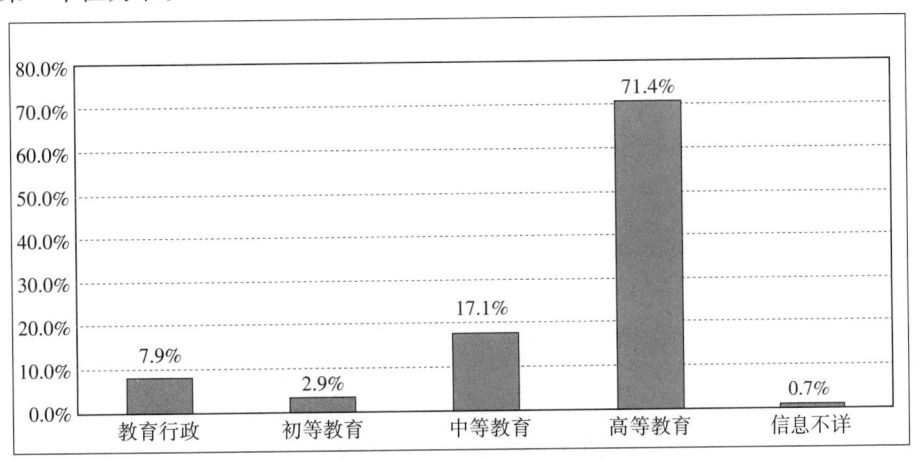

图2-4　学会创会会员所服务的教育部门分布

教育行政部门11人,分别为上海工部局华人教育处处长陈鹤琴、副处长陈选善;国民政府教育部司长顾树森、科长吴研因,另有一名科长为兼职,算入高等教育类(即上述彭百川);督学2人,即周邦道和钟道赞;专员2人,即程其保和万家祥,为中国赴欧教育考察团成员,回国后程就任湖北教育厅厅长一职;省政府教育厅厅长2人,分别为湖南省教育厅厅长朱经农、江西省教育厅厅长程时煃,省政府教育厅科长1人,即河南省教育厅郑若谷。

来自初等教育界的共4人,均为小学校长,分别为南京女子中学实小沈子善、南京中学实小马客谈、上海工部局华德路小学雷振清、上海工部局北区小学葛承训。

来自中等教育界的24人,包括省立普通中学、实验学校、师大附中、师范学校以及教会所设中学等。当中,担任学校校长一职者,共15人,占其总数的62.5%;教务主任3人,占其总数的12.5%;训育主任2人,约占其总数的8.3%;普通教员4人,约占其总数的16.7%,所以校长为多数。

来自高等教育界者有百人之多,自然是多数派。若以职称一项来考察,发现其分布也有明显的特征。

职称一项,分成四类,其中助教1人,占高等教育界总数的1.0%;讲师5人,占高等教育界总数的5%;副教授4人,占高等教育界总数的4%;教授一项,1933年版会员名录共有58人是明确记录的,经过与1934年版会员名录比较及其他资料的佐证,又补充了4人,马师儒、黄溥两人确信为教授,但1933年版会员名录漏排了相关信息,朱君毅是以多年的教授资格获得同行认可,参与创会的;此外,还有一人,即女教育家、服务于暨南大学的毛彦文,1933年版会员名录中也没有职称,她在回忆录中谈及校长郑洪年聘其为"专任教授,月薪二百元,每星期教六小时的课"[①]。1934年版的会员名录其职务栏内也已经补上了"教授",可见回忆其并没有错。如此,教授一共有62人,占高等教育界总数的62%,约占全体创会会员的39.7%。

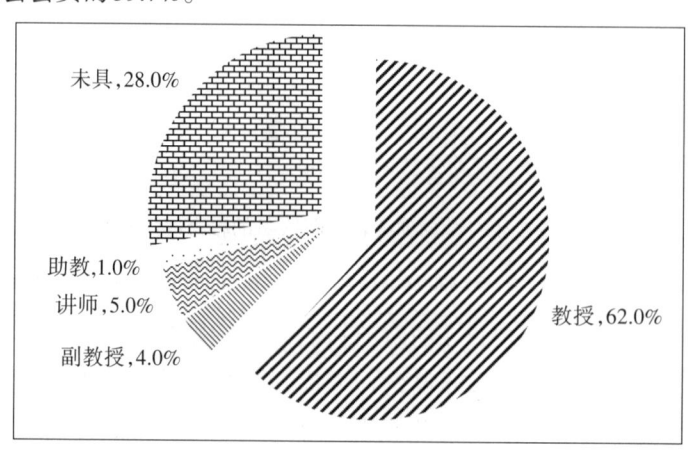

图2-5 来自高等教育界的学会创会会员职称分布(1933)

---

① 毛彦文:《往事》,百花文艺出版社,2007,第28页。

没有填写职称的28人,也不可轻视。他们的情况,值得详细一述。当中,大学校长、副校长共6人,即北京大学蒋梦麟、北平师范大学李蒸、天津南开大学张伯苓、武昌中华大学严跂华、沪江大学刘湛恩、大夏大学副校长欧元怀;独立学院院长4人,福建协和学院林景润、江苏省立教育学院高践四、河北省立女子师范学院齐国梁、湖北省立教育学院罗季林;大学或学院教务长3人,湖北省立教育学院崔思让、沪江大学樊正康、大夏大学鲁继曾;秘书长1人,浙江大学沈履;大学学院院长7人,北平师大教育学院李建勋、北平辅仁大学教育学院张怀、中央大学教育学院黄建中、沪江大学教育学院林卓然、勷勤大学教育学院林砺儒、安徽大学文学院范寿康(兼教育学系主任)、金陵大学文学院刘迺敬;系主任7人,中央政治学校教育系主任汪懋祖、复旦大学教育系主任章益、中央大学心理系主任萧孝嵘、大夏大学教育心理系主任张耀翔、大夏大学高师科主任黄敬思、北平师范大学体育系主任袁敦礼、安徽大学文学院中国语文系主任周予同。历史在这里展开了值得深思的一幕,原来主持一所学院或一所学校的教育者,即便其学识已经达到了教授,仕与学之间也可以分得极为清楚。

学会创会会员中另有3名带有职称的系主任,大夏大学社会教育系马宗荣教授(兼图书馆馆长)、岭南大学教育系主任朱有光副教授、厦门大学教育方法系主任杜佐周教授。还有1名院长兼教育学系主任,即前述之范寿康。

可见,这一组织的创会成员,基本上都是教育界的名流以及精英,不可等闲视之,所以它的学术性,想来应该足够可靠。

二、教育学会的成立大会

1933年1月底,出于国家生存危机和教育学术信任"危机"的应对,众多教育学者相聚于上海八仙桥青年会,关于出席人数,报纸报道出席会员一百余人[1];而据成立大会记录的签到名单,实际出席会员共69人[2],按其签到先后顺序,罗列如下:

---

[1]《纪第一二日中国教育学会》,《申报》1933年1月30日,第15版。
[2] 中国教育学会编《中国教育学会会章、会员录、成立会纪录》,编者刊,1933,第17页。

黄建中、罗　浚、高君珊、樊正康、顾树森、陈彬龢、张仲寰、郝耀东、常导之、吴南轩、萧承慎、曾作忠、倪文亚、何炳松、刘湛恩、杨亮功、赵　冕、吴俊升、陈礼江、王　倘、陈兆蘅、韦　悫、倪　亮、王克仁、黄敬思、毛北屏、许本震、海慕华、欧元怀、赵　演、郑若谷、李好善、郑晓沧、谢循初、尚仲衣、刘廷芳、钟道赞、马振尧、沈荆斋、廖茂如、李清悚、马客谈、夏承枫、沈子善、邰爽秋、陈鹤琴、曹　刍、罗廷光、董任坚、刘吴卓生(刘廷芳代)、孙亢曾、彭百川(罗廷光代)、杨葆康、章友三、郑西谷、毛彦文、陈科美、沈亦珍、杨卫玉、江问渔、孟宪承、张士一、朱君毅、熊子容、钱慰宗、汪典存、萧孝嵘、沈嗣庄、舒新城、杨栋林

其中,杨栋林为中央党部派出的列席代表,并非教育学会会员,故而不在"69人"之列。

成立会中曾拍有纪念照片,点数下来,中有65人(含杨栋林在内),其姓名及图像皆可知。

图2-6　中国教育学会成立大会合影

第一排12人(从左至右,下同):葛承训、李清悚、马客谈、沈履、沈子善、陈鹤琴、郑宗海、杨亮功、张仲寰、夏承枫、舒新城、谢循初;

第二排16人:王克仁、罗季林、毛彦文、杨葆康、高君珊、倪亮、窦女士、刘湛恩、杨栋林、沈鹏飞、潘公展、江恒源、顾树森、黄建中、廖世承、郑西谷;

第三排20人：郑若谷、常道直、王倘、郝耀东、毛保恒、樊正康、董任坚、倪文亚、欧元怀、李好善、刘廷芳、邰爽秋、韦悫、曾作忠、赵演、陈礼江、陈科美、陈彬龢、陈兆蘅、雷震清；

第四排17人：萧承慎、马振尧、黄敬思、熊子容、尚仲衣、吴俊升、罗廷光、曹刍、章益、何炳松、海慕华、许本震、吴南轩、杨卫玉、赵冕、钟道赞、沈亦珍。

照片中的人物与签到簿所载似有出入，但需注意后列6人：沈履就是沈茀斋、罗季林就是罗浚、江恒源就是江问渔、常道直就是常导之、毛保恒就是毛北屏[①]、章益就是章友三，这6位有时以名行世，有时又以字行世，所以他们的身份不存在出入；而刘吴卓生、彭百川、孙亢曾、孟宪承、张士一、朱君毅、钱慰宗、汪典存、萧孝嵘，这9位先生名列签到簿，但人不在照片中，其中刘吴卓生、彭百川为他人代为出席，自然不在照片中，余下7位不知何故；还有葛承训、沈鹏飞、雷震清、潘公展、窦女士等5位，不在签到簿中，但人在照片中，其中沈鹏飞是高等教育司司长，属教育部派出的出席代表，潘公展当时是上海市教育局局长，他们并不是学会的会员，其他3人则不知缘由。学会前后开会共三天，又逢春节假日，难免有迟到或早退的情况，加上签到簿及拍照片可能不是同日进行的，所以名单会有出入。

众学者在青年会开会三天，讨论教育问题，汇报经验，在第三天通过了会章，将团体定名为"中国教育学会"，以"研究及改进教育"为宗旨，任务共有7项，其章程共有7章13条。

中国教育学会总章

1933年1月31日，成立会订立

第一章 定名及宗旨

第一条 本会定名为中国教育学会。

第二条 本会以研究及改进教育为宗旨。

第二章 会务

第三条 本会任务如左[下]：

[①] 毛北屏为安徽合肥洗马塘私塾先生毛少远的二子，字保恒，生于1889年。见毛健全口述：《洗马塘》，林家品撰写，吴舒资料整理，二十一世纪出版社，2013，第3页。

（一）研究教育问题；

（二）搜集教育资料；

（三）调查教育实况；

（四）提倡教育实验；

（五）贡献教育主张；

（六）促进教育改革；

（七）发刊教育书报。

第三章 会员

第四条 凡对于教育有专门研究或从事教育有贡献者，由本会会员二人以上之介绍，经本会理事会之通过，得为本会会员。

第五条 会员入会时纳入会费五元，每年纳常年费二元。

第四章 组织

第六条 本会设理事会，由会员公选理事十五人组织之，计划本会进行事宜。任期一年，连选得连任。

第七条 本会理事由年会开会时选出，不能到会之会员得用书面题名签字盖章寄交本会。

第八条 本会设常务理事五人，由理事互选之，处理本会日常事务。

第九条 本会为研究工作进行之便利，得设各种委员会，由理事斟酌情形组织之，其细则另订之。

第十条 本会总会设于首都，各省市有会员五人以上得组织分会，公推干事若干人处理该地会务，其细则另订之。

第五章 会期

第十一条 本会每年举行大会一次，开会时间及地点由前届年会议定之。

第六章 经费

第十二条 本会经费除会员会费外，遇有特别需要时，得随时募集之。

第七章 附则

第十三条 本章程如有未尽事宜，由会员十人以上之提议，经年会议决修正之。①

---

① 《中国教育学会第一届年会昨闭幕》，《申报》1933年1月31日第15版。

这份章程是整个教育学会的精神之体现,其中构建了学术组织的基本规范。

当学会宣告成立时,社会对其有着特别的期待,期待它能"把握当前我民族之要求,以实践之精神,负荷改进教育重树国基之重责"。[①]

三、成立会的中心议题

需要特别申明的是,近70名教育学者开会三天,学会的章程是重要议题,但只是之一,不是全部,当时学者们更关心的是另一个重要问题——即如何改革中国教育,从会议的日程中即可窥见[②]:

表2-1 中国教育学会成立大会日程

日期	时间	内容
1月28日	上午9时	举行开会仪式
	中午12时	午餐
	下午2时	赵冕报告北夏普及民众教育实验区实验 讨论中国教育改革方案
1月29日	上午9时	郑西谷报告黄渡乡师工学实验 继续讨论中国教育改革方案
	中午12时	午餐
	下午2时	江问渔报告徐公桥教育实验区实验 继续讨论中国教育改革方案
	下午6时	参观商务印书馆及中华书局
1月30日	上午9时	讨论提案
	中午12时	午餐
	下午2时	讨论会务

---

① 穗:《中国教育学会成立》,《申报》1933年1月30日第8版。
② 中国教育学会编《中国教育学会会章、会员录、成立会纪录》,编者刊,1933,第18-19页。

从表2-1可见，除了介绍教育实验的进展以外，成立会上众人的主要精力都是用来讨论"中国教育改革方案"，这一讨论并不是众学者们天马行空、各抒己见，如"我认为中国教育当怎样"或"我认为中国教育不当如此，应当这样"此类的抱残守缺或一偏之见，而是基于既有文本进行有的放矢。既有之文本，不是某大家的皇皇高论，也不是教育部的"闭门之策"，而是国联教育考察团的《中国教育之改进》①的报告书，还有陈果夫提出的教育改革方案以及程天放提出的另一个改革方案。其中，又以国联的报告书为重，该报告书系欧洲四位专家共同完成，批评中国教育过于美国化，曾引起中美两国教育学者的激烈讨论。

28日下午的会议上，章益向众代表介绍了国联教育考察团报告书的大意：

该调查报告书提出中国办理教育基本的原则，共有3款，即：中国教育不应模仿外国、中国人应表现本国旧有文化之优点和应整理中国教育使之系统化。

报告的优点，共有6点，即：1.科学教育不应注重形式，而宜注重实际；2.采用外国语课本应减少，教学外国语目标应确定；3.学校之分布，无计划，欠平均；4.太浪费，平均下来每一位教师只指导学生约20人，校舍之应用也不经济；5.教育行政组织宜以县为单位；6.教师之培养与保障太缺乏。

报告的缺点，共有5点，即：1.中学教育之目标未能适合；2.少课程之讨论；3.虽说明注重精神，而实际上仍重形式；4.限于学校教育，而忽视社会教育，不能适合中国目前之需要；5.忽视生产教育。

报告给出的改进建议，共有7点，即：1.中央设小学教育司，并辅助地方小学教育经费，力谋小学教育之推广；2.反对小学"四二制"；3.中等教育注重文化教育；4.取消高初中之分及学分制，而提倡考试；5.小学师资训练宜注重教法之研究，中学师资训练宜注重教材之研究；6.大学分配不匀，同一地方宜减少重复学院，合并集中；7.提高大学教职员之地位，由教育部任命。②

介绍完成后，出席代表踊跃发言，表达了各自的见解。如陈礼江说："国联调查团团员，考察时间既匆促，又非教育专家，而其态度更欠佳，故报告内容殊有可讨论之点。"舒新城基本赞同调查书给出的三原则，他说："中国的教育须中国化，故第一二两原则似无讨论之必要，而第三原则，实有研究之价值。"认为就

---

① 国联教育考察团：《中国教育之改进》，国立编译馆译，国立编译馆，1932。
② 中国教育学会编《中国教育学会会章、会员录、成立会纪录》，编者刊，1933，第29-30页。

中国的情况言,可谓是"复杂异常",如果经济、交通、生活等各地差别不大,自然可以谋求统一,可现实却不是如此,且都市与乡村之间,相差至远,能否统一本就是问题,故而也不必谋求统一,教育行政兼顾集权与分权两方面较适宜。尚仲衣的意见与舒新城刚好相对,他认可第三条原则,而不接受第一和第二原则,主要是因为这两条原则中,有"颇多矛盾之处"。国联教育考察团提出"中国人应表现本国旧有文化之优点",而尚仲衣觉得旧文化并不像世人想象的那么美好,它们乃是"往昔智识阶级之结晶",已经不适应现代的潮流,如果非要将中国的"文艺复兴"寄希望在它们身上,不仅不能够实现初衷,反而可能使得"中国文化退后二三百年",前进也就变成了复古。刘廷芳则说:"中国教育部之优点,即不多管闲事,盖欲求划一整齐,往往不合实验之理想,故与其求划一整齐,不如注重实验。"韦悫对整个报告书持怀疑的态度,对其他学者的批评也有怀疑,他说:"宜用科学方法之研究,再作一整个之批评,因国联教育调查团报告书,既非科学,而吾人之批评,亦非科学,故中国的教育,宜用科学的实验为主。"[①]这就完全陷入行动主义的思维之中了。

相信对此报告书,还有不少学者在会上发表了高见,可是记录缺失,加之容量有限,故而不能完全还原当日的事实。这也是历史研究无法避免的一环,"发生的历史"与"记录的历史"之间存在着巨大的落差。

会后,这批学者中不少人更是撰文在期刊或报纸上表示自己对报告书的意见,据不完全搜索,主要有以下内容:

廖世承:评国联教育考察团报告

罗廷光:评国联教育考察团报告《中国教育之改造》

尚仲衣:国联教育考察团建议书的批判

许恪士:从国联教育考察团报告书说道中国需要的到底是哪一种教育

李建勋:国联教育考察团报告之批评

吴家镇:国际教育调查团建议改革教育方案刍见

李　蒸:"教育专家讲演"国联教育考查团报告书中之小学教育

[①] 中国教育学会编《中国教育学会会章、会员录、成立会纪录》,编者刊,1933,第34-35页。许恪士即许本震。

青　士：国联教育考察团报告书中一个值得注意的观点
青　士：国联教育考察团报告书中之中国大学教育

对于这段经历，其中一当事人多年后曾这样评介，调查团的建议"大多数是确中时弊，而且是平衡美国教育的影响的，我相当赞同"。可是"中国教育学会的成立会中，以京沪的教育学者占多数，他们多数是比较崇尚美国的，对于调查团的建议，多不以为然。我是孤掌难鸣，无法转移多数人的见解"[①]。至于教育学会为何是崇尚美国的，此点留待后节分析。

第二节　教育学会的组织机构

上节曾言学会章程非常重要，构建了学术组织的基本规范，甚至体现了其学术之精神。那么，中国教育学会的组织机构究竟有怎样的表现及特点呢？

一、教育学会的总会与分会

中国教育学会总章第10条规定"本会总会设于首都，各省市有会员五人以上得组织分会，公推干事若干人处理该地会务，其细则另订之"。也就是说学会的发展走的是"先总会后分会"的建设之路。

考民国时期教育学术团体的发展，似乎有两种路径，一种是"由分会至合会"，一种则是"由总会至分会"。民国前期的全国教育会联合会和中华教育改进社，属于前一种路径，一个在各省教育会的基础上相互联系构建而成，一个是由新教育共进社、实际教育调查社、新教育杂志社等三团体改组而成。而后来的中华职业教育社、中华儿童教育社、中国社会教育社等则是后一种路径，先建立总会，后随着会务的逐渐发展，再成立分会，形成"总会—分会—会(社)员"的格局。中国教育学会的发展也是如此途径。

中国教育学会将总会定在南京，自然是考虑了各方面的便利，无可厚非。

[①] 吴俊升：《教育生涯一周甲》，传记文学出版社，1976，第66页。

为何要设置分会呢？不妨比较一下，若没有分会，学会将是"总会—会员"两级结构，这种结构非常松散，不利于研究活动的开展，而有了分会之后，就形成"总会—分会—会员"的三级结构，总会可以将研究计划传达给分会，再由分会集合所属会员进行研究，回传给总会，这样有利于集中；另一方面，会员是分散于全国各地的，有了分会之后，可以便于交流。所以分会对于学术团体而言是非常重要的。正如程时煃所言"分会为总会骨干，必须组织健全，会务方能开展"[1]，因此教育学会规定"各省市有会员五人以上得组织分会"。

成立会结束后举行的第一次理事会议上，对于"函促各地组织分会案"，议决：由总会函促各地从速成立分会。[2]

是年3月5日在南京举行的第一次常务理事会议上，议决：由学会函促各地从速成立分会，并请报告成立日期。[3]3日之后，学会便致函广州中山大学教育学院庄泽宣、北平燕京大学刘廷芳、开封河南大学邰爽秋、杭州浙江大学郑晓沧、孟宪承、天津省立女子师范学院齐璧亭、江西教育厅程时煃、安庆安徽省立大学郝照初、武昌湖北教育学院罗季林、厦门大学姜伯韩、南京中央政治学校汪典存(即汪懋祖)，称："各地分会多数尚未成立，对于各地会员联络，深感不便。兹经第一次常务理事会议决，即日函促各地从速成立分会，并请报告成立日期，特此函达，即烦台端早日拨冗邀集贵地现有会员，成立分会，无任盼切。此致。"[4]5月17日，学会再次致函，请各地从速成立分会。[5]

至全面抗战以前，学会成立的分会计有上海分会、厦门分会、南京分会、无锡分会、北平分会、天津分会、安庆分会、武昌分会、福州分会、长沙分会、广州分会以及香港分会等。分会不可谓不多，不过发展却有良有莠。

二、教育学会之各种研究委员会

教育学会除了运用"总会—分会"推动研究或推进会务之外，还使用分设各种研究委员会的形式。这体现在会章第九条，该条规定"为研究工作进行之便

---

[1] 中国教育学会编《中国教育学会会务通讯》，编者刊，1948年第1期，第1页。
[2] 中国教育学会编《中国教育学会会章、会员录、成立会纪录》，编者刊，1933，第93页。
[3] 中国教育学会编《中国教育学会会友通讯》，编者刊，1933年第1期，第2页。
[4] 中国教育学会编《中国教育学会会友通讯》，编者刊，1933年第1期，第4页。
[5] 中国教育学会编《中国教育学会会友通讯》，编者刊，1933年第2期，第3-4页。

利,得设各种委员会,由理事斟酌情形组织之,其细则另订之"。

总会下分设各种专门研究委员会,这是典型的西方学术研究的经验,其源头一直可追溯到英国的皇家学会(the Royal Society)。皇家学会从一开始就形成一个惯例,即在学会的会议上把具体的探索任务或研究项目分配给会员个人或小组,并要求他们及时向学会汇报研究成果。随着时间的推移,逐渐建立了一些委员会来指导学会各部门的活动。[1]这种做法,很有成效,尔后成为惯例,也为各种专门学会所继承。

中国教育学会既然学习西方社会的成熟经验,自然也在尝试使用这种惯例。成立会闭幕之后即举行的首次理事会议上,对于"决定各种研究委员会案",议决:设立常设委员会和临时委员会,其分组及负责人如下。[2]

表2-2　中国教育学会下设各种研究委员会(1933年成立之初)

性质	分组	干事
常设委员会	高等教育	刘湛恩
	中等教育	廖世承
	初等教育	陈鹤琴
	师范教育	常导之
	职业教育	江问渔
	民众教育	陈礼江
	教育行政	杨亮功
临时委员会	教育名词审订委员会	马宗荣　许恪士　吴俊升　陈选善　庄泽宣
	出版委员会	刘廷芳　郑晓沧　舒新城　何炳松　杜佐周

临时委员会,关于学术的主要有两组,一是整理教育名词,自清末东西交汇之后,学术名词纷纷东来,但各人的译法不统一,整个教育的学问几乎完全建立在这种基础之上,必然会带来分歧,所以需要对教育名词的翻译加以统一;二是出版方面的,学会要发行年报,需要有人负责整理。此外,学会为了充实研究基金,推举了各地基金募捐委员会及负责人,这些也属于临时委员会,待任务完成后便可结束。

---

[1] 亚·沃尔夫:《十六、十七世纪科学技术和哲学史》,周昌忠、苗以顺、毛荣运、傅学恒、朱水林译,周昌忠校,商务印书馆,1985,第73页。

[2] 中国教育学会编《中国教育学会会章、会员录、成立会纪录》,编者刊,1933,第92页。

常设委员会共有7组,是依据教育制度的要素进行的划分,这7个方面是各国发展教育不得不面对和需要解决的主要问题,似乎具有永恒的价值。至于如何扩充这7个常设委员会,使其人员充沛并具有研究能力,据首次理事会的意见,由会员自行认定①,这样一来也就尊重了会员个人的专业兴趣及爱好。

1933年5月13日,学会举行第二次常务理事会,研究委员会的工作,议决:分函各组委员会,请积极进行工作,并报告进行状况,至迟6月底交进,并望于"双十节"前,将研究所得结果或材料,缮成报告,以便汇编年报。②

会后,即由学会于5月24日致函各会员,大意为:本会设7种委员会,请自由加入一种或二种,兹因第二次常务理事会议决各委员会至迟应于6月底将所有进行状况,交到总会。时期迫近,先生加入何种委员会,务望迅速以书面通知各该委员会干事,以利会务进行,不胜盼切。③次日,学会再致函7个委员会干事,告知常务理事会的决议。④

6月30日至7月1日在八仙桥青年会举行第二次理事会,对于各委员会工作之进行的意见,与前次理事会及常务理事会基本一致。这次会议上,理事会还决定再组织几个委员会,计有⑤:

表2-3　中国教育学会增设的研究委员会(首届理事会二次会议议决)

研究委员会	委员会成员
中外教育书报提要编制委员会	舒新城(总编辑) 孟宪承　萧孝嵘　邰爽秋　廖茂如　董任坚 陈礼江　袁敦礼　陈选善　黄敬思　俞子夷 吴俊升　许恪士　马宗荣
中小学教科书研究委员会	陈鹤琴　陈选善　廖茂如　盛朗西
调查委员会(调查城市乡村民众经济状况及其所需要之教育)	古楳　常道直　邰爽秋　朱经农　程时烺 李建勋　刘湛恩　欧元怀　雷宾南
教育图书馆筹备委员会	何炳松　江问渔　舒新城

---

① 中国教育学会编《中国教育学会会章、会员录、成立会纪录》,编者刊,1933,第93页。
② 《中国教育学会举行常务理事会》,《中央日报》1933年5月16日 第6版。
③ 中国教育学会编《中国教育学会会友通讯》,编者刊,1933年第2期,第6页。
④ 中国教育学会编《中国教育学会会友通讯》,编者刊,1933年第2期,第8页。
⑤ 《中国教育学会昨举行理事会议》,《申报》1933年7月1日第20版;另见《会务报告》,《中华教育界》1934年第21卷第7号,第182-183页。

这是根据研究需要组织的,可以想见,随着研究工作的进一步展开,此类研究委员会必然会随之而增长。

　　从上可见,教育学会既有"总会—分会"的研究模式,也有"总会—委员会"的研究模式。这两种结构,一种是就地缘考虑的,交通的方便是主要的因素;另一种是就学缘考虑的,学术的兴趣是主要的因素,各有所长,能充分发挥会员的特长。随着组织机构的进一步扩充,特别是分会的建立之后,分会之下亦可设立各种常设委员会与临时委员会,形成"总会—分会—委员会"的新模式,其委员会的组建与总会既可相同,也可相异,全凭所研究问题的性质而定,更可综合两种模式的长处。

三、舍"会长制"而取"理事制"

　　学会组织机构上还有一大特质,体现在它的领导体制上。所谓领导体制,是指由领导机关制定的领导权限划分及相应组织机构设置等构成[1],体现了一个组织的性质。中国教育学会总章第6条规定:"本会设理事会,由会员公选理事十五人组织之,计划本会进行事宜。"也就是说,学会自成立之初,便实行了"理事制"而舍去了"会长制"。在其有限的历史进程中,从未出现过教育学会会长一职,这是为何呢?

　　这也是历史的经验,特别是基于中国有限的教育社团发展进程得出的教训。最初的教育社团主要是地方会、县教育会、省教育会一类,这是官方认可并极力主张建设的,始于清末。

　　在学部的《奏定教育会章程》中,教育会需"设会长一名、副会长一名",此制度后为民初的教育部所继承,其1912年和1919年的章程虽未明文规定具体人数,但会长一名、副会长一名乃是通例。由于会长有"会长采决众议,综理会务之权",在会长不能到会时,副会长可代之。部分教育会会员为夺会长、副会长一职,争相拉票,相互攻击,争执不断,甚至在会场武斗,闹得过分的,致使教育会会务停顿,也不愿就此罢手;有时即便会长与副会长也互相猜疑[2];种种表现,

---

[1] 辞海编辑委员会编《辞海》(第六版),上海辞书出版社,2009,第1409页。
[2] 《浙江省教育会选举之怪剧》,《教育杂志》1925年第17卷第9号,第3—4页。

不由得感慨国人未得民主政治的精粹,其弊端则全已学会了。如著名的江苏省教育会,1905年就订定该会需设两名副会长,1906年进一步补充规定两名副会长需"宁属"(即江宁)、"苏属"(即苏州)各一人,虽与清政府的规定不符,但总算稳定了该会内部"宁属"与"苏属"两派的相争,1912年又遵照教育部的章程改成副会长一名,为此后的两派之争的加剧,埋下了伏笔。

不可否认,这些教育社团对地方教育的发展曾起过积极作用,但这种新式的社会组织毕竟是外来的产物,与本国固有的经验习惯难以调和,导致此类社团发展颇为不顺,且给外界留下了极其不好的印象。1927年以后,国民政府从教育行政委员会到大学院再到教育部都坚持对此类社团加以改造,废除会长制,而采行更符合时代风潮的执行委员制。待教育会成为法人后,继续坚持委员制,不过不再称执行委员,而称理事。

中国教育学会的创会会员们,有的切身经历过从"会长制"到"理事制"的变化,有的则旁观过"会长制"的弊端,为了一个学术组织的长久发展,不使其限于内耗之中,不约而同都认可实行"理事制",采用集体领导、不用会长独领,采取大家协商、不用"一言堂"。

他们还制订了理事的产生办法,会章第7条规定:"本会理事由年会开会时选出,不能到会之会员得用书面题名签字盖章寄交本会。"也就是说,理事不是指派的,也不是指定的,而是众人根据心目中最理想的人选选举出来的,即众望所归之本意。谁会当选,谁能当选,谁可当选,自由选举之下,德才学识,缺一不可。

成立会暨第一届年会上,依据章程,进行选举,众人投票,获票较多的有:

> 刘廷芳32票、庄泽宣30票、常导之28票、郑西谷27票、邰爽秋25票、郑晓沧22票、孟宪承20票、刘湛恩19票、欧元怀17票、汪典存17票、许本震17票、陈鹤琴17票、陈礼江15票、杨亮功15票、陶知行14票、张伯苓14票、廖世承14票、罗季林14票、谢循初13票[①]、高君珊13票、

[①] 在《中国教育学会会章、会员录、成立会纪录》票选理事的结果中,谢循初的票数显示为"12",但这份名单前后序列很有规律,若谢先生为12票,他应与罗廷光、彭百川同列,而不应在13票的高君珊和李蒸之前,所以这里的数据有问题,极可能是排字工人将"13"看作了"12",当然也可能是"14",但"3"误作"2"比"4"误作"3"的可能性更高,所以订正为"13"。

李 蒸 13 票、罗廷光 12 票、彭百川 12 票、俞庆棠 11 票[1]

学会理事会的规模为 15 名,这是一个奇数,这样表决重大问题时就不会出现票数相等的窘况。选举下来,刘廷芳得票最高,其次为庄泽宣,一直到杨亮功,共 14 人,至于第 15 人,陶知行、张伯苓、廖世承、罗季林为同票,结果陶知行当选,其他 4 人落选。若以服务教育界年份,张伯苓早于其他人,且辈分较长,论辈分,郑西谷还是他的学生;若以外国求学经历,廖世承、罗季林也是留学生,且廖世承得博士学位,罗季林获硕士学位,最终陶知行当选,无法得知当年选择的标准究竟是什么。至于 15 名理事的信息,如表 2-4 所示。

表 2-4 中国教育学会首届十五名理事之信息[2]

姓名	生卒年	籍贯	留学	所填职务
刘廷芳	1891—1947	浙江	留美博士	燕京大学教授、国立北京大学教育系讲师
庄泽宣	1895—1976	浙江	留美博士	中山大学教授
常道直	1897—1975	江苏	留美硕士	中央大学教授
郑西谷	1899—1985	安徽	留美硕士	江苏省立上海中学校长、大夏光华等大学教授
邰爽秋	1896—1976	江苏	留美博士	河南大学教授
郑晓沧	1892—1979	浙江	留美硕士	浙江大学教授
孟宪承	1894—1967	江苏	留美硕士	浙江大学教授
刘湛恩	1896—1938	湖北	留美博士	沪江大学校长
欧元怀	1893—1978	福建	留美硕士	大夏大学副校长
汪懋祖	1891—1949	江苏	留美硕士	中央政治学校教育系主任
许恪士	1896—1967	安徽	留德博士	中央大学教授
陈鹤琴	1892—1982	浙江	留美硕士	上海工部局华人教育处处长
陈礼江	1897—1984	江西	留美硕士	江苏省立教育学院教授
杨亮功	1895—1992	安徽	留美博士	监察院委员
陶知行	1891—1946	安徽	留美硕士	

15 位理事中,最长者 42 岁,最小者 34 岁,平均年龄约 39 岁,基本上属于同

---

[1] 中国教育学会编《中国教育学会会章、会员录、成立会纪录》,编者刊,1933,第 78 页。
[2] 见附录 6。

一个年龄段的人,也比较年轻,没有"老人当道";从籍贯来考察,1位湖北籍,1位江西籍,1位福建籍,其余12位,4位江苏籍,4位浙江籍,4位安徽籍,苏、浙、皖三省势力较大,但取得了均衡;从学位方面考察,均是外国留学生,拥有博士学位者6人,5人为美国博士,1人为德国博士,拥有硕士学位者9人,均为美国硕士,留美生占据了绝大势力,不可避免地导致学会的做法带有美国的做派;再从承担职务方面看,1人担任政府公职,1人服务于工部局,1人属于社会活动家,1人服务于中等教育界,其余11人均服务于高等教育界,但是称他们为"学院派",未免恰当;以服务地域而言,北京有2人、广州1人、杭州2人、开封1人,其他主要集中在上海和南京两地。

第三节　教育学会的运作机制

一个学术团体如何能发挥影响力是一大问题,而更大的问题在于团体如何才能保持长久的生命力,这样影响力就不会是流星一闪而过。也只有持续地产生影响,它才能对社会做出相应的贡献,那么其自身的运作机制,就显得极为重要了。

一、会员资格

北平师大校长李蒸曾言,学校的生命在于学生的新旧延续,即每年有许多新的同学进来,许多旧的同学毕业出去,学校才能不断地向前发展。[①]学会的生命也是由其成员决定的,不过不像学校那样有出有进,更多的还是进入,每年都要吸引有志者加入。在这个问题上,学会与其他教育社团不太一样,它的要求较高,对此不妨做个对照分析。

就教育会而言,开始时起点很低,1906年学部的《奏定教育会章程》对于会员只要求"品行端正,有志教育"即可,意味着只要关心教育就可入会;民国以后

---

① 李溪桥:《纪念父亲诞辰100周年,逝世20周年》,载李溪桥主编《李蒸纪念文集》,中国社会科学出版社,1996,第19页。

有所提高,要求"现任教育职务者"或"于教育上富有经验者"或"有专门学识者",关心教育而全无学理者被排除了;到了1919年修订章程时,要求更具体了,要求"现任学校教职员",或"曾任学校教职员二年以上者",或"现任教育行政人员",或"曾任教育行政人员三年以上者",或"专门以上学校毕业,担任教育职务一年以上者",五个条件至少要满足一条。1927年,教育行政委员会的《教育会规程》规定"现任学校教职员为当然会员",意味着教师必须入会,1928年,大学院的《教育会条例》对此条规定又做了个补充。"现任学校教职员为当然会员;但会计、庶务、事务员、书记等不在此例"。1929年,教育部的《教育会规程》中,对"当然会员"又有所增补,"现任公立社会教育机关人员"亦属此列,但须中等以上学校毕业。1931年,国民政府的《教育会法》中明确规定在校学生不得入会,其他服务于或曾经服务于学校,还有就职于或曾经就职于教育机关的,须满足一定条件才能加入。由此可见,教育会的会员资格随时代的变化而逐渐提高。

就教育社而言,成立于1917年的中华职业教育社,其社员资格的要求为,"办理职业教育者""有志研究职业教育者""热心提倡职业教育者"[①],三者只需满足一种即可,但需经社员"二人以上之介绍"。与同时期的教育会的会员资格之要求可谓无甚差异。中华教育改进社成立于1922年,其社员资格为"机关,担任本社每年合组费二百元以上者,但中等以下学校得出合组费百元以上","个人,担任本社每年合组费二百元以上者","研究学术有特别成绩者","办理教育有特别成绩者",四者只需满足一种即可,但需经社员"三人以上之介绍",并"经董事会通过"才行。[②]中华儿童教育社成立于1929年,其社员资格为:"凡研究或从事儿童教育之个人,由社员二人以上之介绍,经本会理事会审查通过,得为个人社员。"[③]成立于1931年的中国社会教育社,其社员资格为"凡研究社会教育或服务于社会教育机关者,由社员二人之介绍,经理事会之通过,得为个

[①] 朱有瓛、戚名琇、钱曼倩、霍益萍编《中国近代教育史资料汇编·教育行政机构及教育团体》,上海教育出版社,2007,第454页。

[②] 朱有瓛、戚名琇、钱曼倩、霍益萍编《中国近代教育史资料汇编·教育行政机构及教育团体》,上海教育出版社,2007,第563页。

[③] 陈秀云、陈一飞编《陈鹤琴全集》(第六卷),江苏教育出版社,2008,第266页。

人社员"①。从中可见,随着时间的推移,各种教育社对于社员资格的要求越来越严格,不单是感兴趣或能给资助,而是要求服务于其中,如儿童教育或社会教育,并能有所贡献。

中国教育学会成立较晚,它对会员资格要求为:"凡对于教育有专门研究或从事教育有贡献者,由本会会员二人以上之介绍,经本会理事会之通过,得为本会会员。"②可见它吸取了教育社的一些做法,如需两名会员的介绍,并需要经过理事会的审查才能成为会员。它的入会条件更高了,并不是只要对教育研究感兴趣,就可以申请加入;也不是只要赞助一些活动经费,就可以成为会员(尽管教育学会受制于经费的奇缺,许多研究计划都无法开展,但这种变相捞钱的做法,学会自始至终从未开过口子);它要求"对于教育有专门研究"或"从事教育有贡献者"才可以,事实上需要满足156名创会会员其中至少2名会员的同时认可。

学会方面在1944年曾有总结,称该会对于"吸收新会员,向采慎重态度",以至于10多年来该会"会员尚不能称多"③,我们只需要看一看前几年的数据,即可知晓此话并非虚言。1933年成立时,仅有会员150余人,1934年第二届年会时共有入会会员277人,1936年第三届年会时共有355人。④两年的时光,才增加了200多人。与动辄成员上千的教育社相比,规模算是较小的。但这样缓慢发展,也保证了它自身的质量。

二、举行年会

教育学会的年会(annual meeting)在其运作机制中是非常重要的一环。现在年会是常见的现象了,企业、事业单位、社会团体、非正式的团体都会举行,通过一年一次的大聚会的形式,来激扬士气、部署战略、制订目标,奏响新一年度

---

① 《中国社会教育社缘起及社章》,《民众教育季刊》1932年第2卷第2号,附录第5页。
② 中国教育学会编《中国教育学会会章、会员录、成立会纪录》,编者刊,1933,第1页。
③ 中国第二历史档案馆编《中华民国史档案资料汇编·第五辑第二编·教育(二)》,江苏古籍出版社,1997,第835页。
④ 中国第二历史档案馆编《中华民国史档案资料汇编·第五辑第二编·教育(二)》,江苏古籍出版社,1997,第835页。

工作的序曲,被视为不可缺少的"家庭盛会"。在昔,各种学术团体也都会举行年会,中国教育学会亦是如此,其章程第11条规定"每年举行大会一次,开会时间及地点,由前届年会议定之"。

只是学术团体的使命不同于普通社团,它的年会自然也有别于家庭聚会或社交聚会,不是结交朋友、谈天说地,也不是吃吃喝喝、一团和气,当然对这个问题的认识,学会自身也有一个渐进的过程。成立会虽然对于学会的大方向有所触及,如有会员提出"本会应始终保持研究学术之精神,以符发起学会之宗旨"①的提案,议决通过,但是没有来得及仔细规划。到后来才有了详细的计划。

三、经费来源

学术团体想要发挥影响力,必须持续不断地活动,而其背后必须有相应的经费做支撑。教育学会可以算是白手起家,既没有遗产可以继承,如1927年江苏省教育协会接收江苏省教育会之例;也没有外援可以依靠,如中华平民教育促进会与美国的基金会以及"晏阳初条款"之例;更没有想着法子去创收;一切都是依靠各位会员的支持。

成立之初,会员们需要缴纳两笔费用,一笔是一次性的"入会费",需缴纳5元,另一笔是每年一次的"常年费",费用为2元,由这些涓涓细流汇集成学会的活动经费。为了扩充是项经费,学会决定采取募捐的方法,为此,章程第12条规定:"本会经费除会员会费外,遇有特别需要时,得随时募集之。"学会定位为学术团体,不是经济团体,大家集合起来并不是为了求财,所以全凭社会热心人士的意愿,愿意资助最好,不愿也可以。

由于学会会员数有限,而其活动经费又依靠会员们提供,自然造成基数小、底子薄、经费少的窘况,这种状况也导致学会的许多研究无法顺利展开,但即便如此,学会同人仍不愿沾染铜臭,自始至终保持学术团体的性质不变,颇为不易。

四、理事会议

前已言学会采行"集体领导"的制度,那么如何来领导呢?主要通过会议的

---

① 《纪第一二日中国教育学会》,《申报》1933年1月30日第15版。

形式。理事们定期或不定期开会,共同商讨学会的运作,如会员的接纳、经费的募集、活动的开展。当时的理事会议又可分为两种,一种是常务理事会,另一种是全体理事会。

所谓常务理事会,是指由常务理事们商讨会务。常务理事比其他理事承担了更多的服务任务,其由全体理事互相选举,体现在学会章程第8条:"本会设常务理事五人,由理事互选之,处理本会日常事务。"

1933年1月31日晚,成立大会上选举出来的15名理事,聚在了一起,召开首次全体会议,会上推选出了5名常务理事,常导之、许恪士、陈礼江、郑晓沧和郑西谷,其中常导之为驻会理事,处理文书,许恪士兼任会计。①

凡是常务理事能够解决的问题,则由常务理事会讨论;凡是常务理事会议解决不了的,则由全体理事商讨,这是民主与集中在"集体领导"层面的体现。

至此,学会的基本框架已经组建完毕,荒芜的原野需要好犁手来开垦,教育学术的原野正等待着教育学会去开拓。

第四节 完成立案及备案的手续

虽然成立会上中央党部、教育部都派出了代表,并且上海市教育局长亦出席,但严格来说,此时的教育学会还不算合法,因为有些手续还未完成。

成立会之后,在2月20日,郑通和(西谷)致函驻会理事常道直称,最好月底能够在南京开一次常务理事会议,讨论"本会今后进行工作及立案问题",并将带来学会的"图记印刷物等"。②

接到提醒之后,3月1日,由学会理事会的名义发函通知五位常务理事,即常道直、许恪士、郑晓沧、陈礼江、郑西谷,本月5日上午将在南京中央大学教育学院举行第一次常务会议。③实际上,会议于4日便举行了。会上,五位理事对

---

① 《中国教育学会第一届年会昨闭幕》,《申报》1933年1月31日第15版。
② 中国教育学会编《中国教育学会会友通讯》,编者刊,1933年第1期,第4页。
③ 中国教育学会编《中国教育学会会友通讯》,编者刊,1933年第1期,第4页。

于"本会进行立案"的提案,进行了讨论,最终议决:"拟具本会工作计划,呈请中央党部立案及教育部备案。"①

学会在开成立大会之前,曾呈请中央党部核准备案,党部方面亦曾派杨栋林与会,全程监控,看此社团性质究竟如何,虽然心中有谱了,但是觉得该学会将来方向尚难捉摸,于是在第二六二一号批答中称:"所呈各节,尚无不合,暂准备案,惟该会工作计划尚付缺如,应即补呈来会,以凭考核。"②学会常务理事们商讨好工作计划后,便将学会章程、理事名录以及工作计划一并奉呈,第三三〇七号指令称:"补呈各节,尚无不合,准予备案。"③教育学会随即将中央党部的指令、学会章程、工作计划、理事名录等一并奉呈教育部,请求鉴核。后收到教育部第三二二九号"准予备案"的批复。④

至此,教育学会完成了所有的法令手续,不会被官方冠以"非法组织"的名义而遭到被迫解散。或许会有疑,一个教育学者组成的纯粹的学术团体,为何要先向中央党部申请立案,然后才向教育部申请备案呢?

在学会成立之前,特别是1929年时,学术团体主要由教育行政机关管辖,当时教育部曾公布《教育行政机关管理学术团体办法》(以下简称《管理办法》),共8条。⑤随着国民党中央执行委员会制定的《文化团体组织原则》《文化团体组织大纲》《文化团体组织大纲施行细则》《修正人民团体组织方案》等法令的出台,《管理办法》丧失了法定效力,国民政府文官处于1931年5月30日训令教育部废止这项《管理办法》,但教育部为最高教育行政机关,对于这些学术团体负有指示监督之责,故而所有经核准立案之团体应向其备案,以资考核而便监督。⑥教育学会的成立正是走过了这样的一条路。

---

① 中国教育学会编《中国教育学会会友通讯》,编者刊,1933年第1期,第2页。
② 中国教育学会编《中国教育学会会友通讯》,编者刊,1933年第1期,第2页。
③ 中国教育学会编《中国教育学会会友通讯》,编者刊,1933年第1期,第4页。
④ 中国教育学会编《中国教育学会会友通讯》,编者刊,1933年第1期,第4页。
⑤ 《教部管理学术团体办法》,《申报》1929年12月4日第10版。
⑥ 舒新城、孙承光:《中华民国二十年之教育》,中华书局,1931,下篇第4-5页。

会务进行期的中国教育学会（1933—1937）

第三章

中国教育学会已经正式宣告成立了,但是它的力量还不够强大,声誉也需要进一步扩充,而要研究的教育问题又是千头万绪,所以这一时期它一方面要谋求自身的发展,即充实自身的组织机构,另一方面要推进研究的开展。问题很多,哪些最为紧迫、最值得研究呢?又该以怎样的方式去研究呢?且看教育学会是如何进行的。

第一节　发展个人会员并吸纳团体会员

中国教育学会成立的消息在教育界引起了反响,不少有志者都想加入,但学会的要求很高,除了两名会员的推荐外,还需要经过理事会的批准。

一、发展个人会员

那么,中国教育学会在抗战全面爆发前发展个人会员的情况是怎样的呢?据现有材料,第一届理事共举行过四次全体理事会;第二届理事,有记录的共举行过七次理事会;第三届理事,共开理事会五次。讨论接收新会员的情况,如表3-1所示:

表3-1　中国教育学会前三届理事会讨论接收新会员概况(1933—1937)

届别	次别	日期	地点	新会员	名单
第一届	第一次	1933年1月31日	上海青年会	未讨论	
	第二次	1933年6月30日	上海青年会	通过68人	无详细名单
	第三次	1933年11月19日	上海青年会	通过49人	无详细名单
	第四次	1934年1月24日	南京中央大学	未讨论	
第二届	第一次	1934年1月26日	南京教育部礼堂	未讨论	
	第二次	1934年4月6日	杭州西泠印社	通过8人	有详细名单
	第三次	1934年8月30日	无锡江苏教院	通过7人	有详细名单
	第四次	1935年1月20日	苏州花园饭店	通过14人	有详细名单
	第五次	1935年4月7日	上海江苏上中	留下次讨论	
	第六次	1935年7月6日	上海大夏大学	通过14人	有详细名单
	第七次	1935年10月29日	无锡江苏教院	通过21人	有详细名单
	第八次	不详	不详	不详	不详
第三届	第一次	1936年2月3日	汉口扬子江饭店	未讨论	
	第二次	1936年2月23日	上海青年会	通过19人	有详细名单
	第三次	1936年6月21日	南京中央大学	通过15人	有详细名单
	第四次	1936年11月23日	南京教育部礼堂	通过5人	有详细名单
	第五次	1937年4月11日	南京中央大学	通过19人	有详细名单

　　第一届理事会(1933年1月至1934年1月)第一次和第四次会议,一开于成立会闭幕当晚[①],一开于第二届年会开幕前夜[②],前者讨论学会如何分配工作,后者讨论年会如何进行,都没有讨论新会员入会问题;第二次议决吸收新会员68人[③],第三次又吸收新会员49人[④],加上创会会员156名,则与277名的总数,尚有4名的差额,原因不详。

　　第二届理事会(1934年1月至1936年2月)第一次开会于年会闭幕当晚,主

[①]《中国教育学会第一届年会昨闭幕》,《申报》1933年1月31日第15版。
[②]《中国教育学会年会开幕》,《申报》1934年1月26日第14版。
[③]《中国教育学会昨日举行理事会议》,《申报》1933年7月1日第20版。
[④]《中国教育学会第二届年会特刊》1934年1月25日第8版;另见中国教育学会:《会务报告》,《中华教育界》1934年第21卷第7期,第182-183页。

第三章　会务进行期的中国教育学会(1933—1937)

要讨论的是理事会组织及会务问题[1],第二次议决通过新会员8人[2],第三次议决通过新会员7人[3];第四次议决通过新会员14人[4];第五次对于新会员入会问题,议决:交杨亮功、许恪士、谢循初、郑西谷分别审查,再提交下次理事会[5];第六次对于上次交议审查新会员结果案,议决:张安国、陈友松等14人通过,为学会新会员[6];第七次对各地分会介绍之新会员,经缜密审查后,通过陶玄、朱智贤等21人。[7]若277名为真,则从277名增至355名,共有78名会员加入,而七次理事会共通过新会员总数为64名,两者之间有14名差额。学会方面介绍曾有第八次理事会[8],因未见记录,不得其详。

第三届理事会(1936年2月至1937年4月)第一次会议亦开会于年会闭幕当日,讨论主题如同前两届,未讨论新会员问题;第二次通过19人为新会员[9];第三次通过15人为新会员[10];第四次经过常导之、杨亮功审查,通过5人[11];第五

---

[1] 中国教育学会编《中国教育学会会友通讯》,编者刊,1934年第3期,第1—2页。

[2] 此次通过新会员名单为:潘渊艾、华章寅、程克敬、朱章庚、孙德中、王慕尊、黄振华、胡祖荫。参见《中国教育学会在杭开二次理事会》,《中央日报》1934年4月16日 第8版。

[3] 此次通过新会员名单为:刘钧、孙钰、李小缘、何荫棠、欧阳湘、黄道诚、汪德全。参见《中国教育学会在无锡开理事会》,《中央日报》1934年9月8日第8版。

[4] 此次通过新会员名单为:黎照寰、袭维裕、王凤喈、蒋振、傅严、杨衔锡、徐则敏、费景瑚、张钟元、张雪门、黄伯琴、李之鸥、桑粲南、李金坡。参见中国教育学会编《中国教育学会会友通讯》,编者刊,1935年第5期,第2页。

[5] 《中国教育学会昨举行五届理事会》,《申报》1935年4月8日第16版。

[6] 此次通过新会员名单为:张安国、陈友松、杨昭恕、叶藩、普施泽、孙闻园、郑鹤春、隋星源、张登寿、余尊三、邓炤、王德熙、张德征、周元吉。参见中国教育学会编《中国教育学会会友通讯》,编者刊,1935年第6期,第2页。

[7] 此次通过新会员名单为:陶玄、朱智贤、傅继良、黄钰生、胡国钰、吴叔班、刘蘅静、田培林、吴自强、黄俊保、彭以昪、柴有恒、胡寄南、祝其乐、陈学恂、徐谷麒、胡兰、陈礼义、杨萃一、龚梦兰、张捷先。参见《中国教育学会会友通讯》,编者刊,1936年第7期,第2页。

[8] 中国第二历史档案馆编《中华民国史档案资料汇编·第五辑第二编·教育(二)》,江苏古籍出版社,1997,第828页。

[9] 此次通过新会员名单为:向心葵、宋大鲁、谷延寯、朱宕潜、曾大钧、刘绍之、胡忠智、傅作梅、邓胥功、晏清廉、张润苍、王鸿印、鲁觉吾、叶启秀、王裕凯、曾昌燊、许公鉴、陆人骥、许绍棣。参见中国教育学会编《中国教育学会会友通讯》,编者刊,1936年第8期,第4页。

[10] 此次通过新会员名单为:周永耀、杨宗翰、姚虚谷、刘天予、王衍康、袁昂、倪世雄、庐宜庆、陈叔圭、易克槱、祝其亲、丁重宣、李蔚堂、周振韶、王达刚。参见中国教育学会编《中国教育学会会友通讯》,编者刊,1936年第9期,第2页;《中国教育学会决请中研院设教育研究所》,《中央日报》1936年6月22日,第8版。

[11] 此次通过新会员名单为:何艾龄、张伯谨、杨希震、许士雄、李培圃。参见中国教育学会编《中国教育学会会友通讯》,编者刊,1937年第10期,第2页。

次通过新会员19人。①五次理事会,共接收新会员58人。

虽然汇报时所称数据,与内部通讯及报刊所载数据有差异,但是无论是汇报的数据,抑或报刊中的数据,却表明了教育学会从成立至抗战全面爆发前会员发展的基本情况。

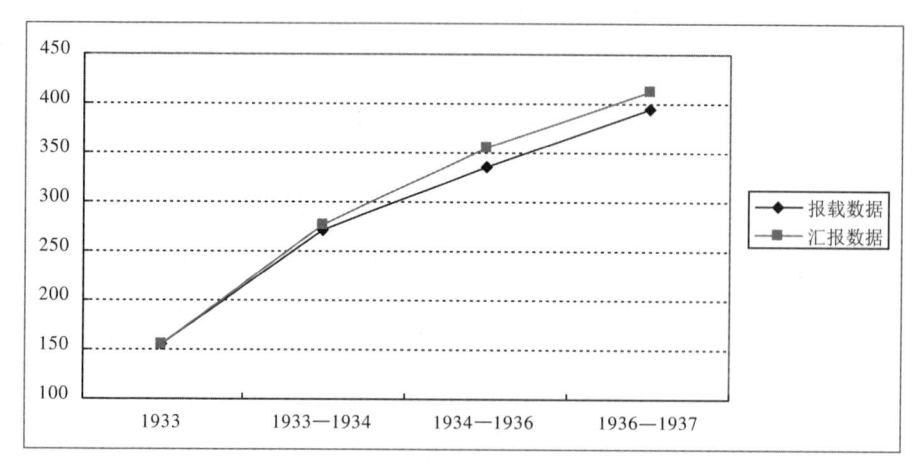

图3-1 抗战全面爆发前中国教育学会会员发展情况(1933—1937)

两者虽有数额上的差异,但基本趋势是一致的:第一届理事吸收新会员最多,过百,第二届、第三届只有几十人。所以,学会后自称"本会吸收新会员,向采慎重态度,以是至今,会员尚不能称多"②,并非虚言。

二、吸纳团体会员

学会成立之初,本无团体会员,就是依靠那156位会员自发结合而成。然而本身无所赞助,申请补助又未能实现,仅仅依靠会员的会费及年费,难以推进研究工作。所以,提议增加团体会员。

1934年第二届年会,大会通过修改会章的决议,在原十三条章程的基础上

---

① 此次通过新会员名单为:王鸿霖、赵清身、郝鸣琴、齐永康、赵宪卿、胡适、凌冰、陈衡哲、任鸿隽、郭有守、周鲠生、程国扬、谢子清、吴增芥、李书田、顾琢人、邓芝园、高荣滋、彭传珍。参见《中国教育学会昨在京开全体理事会》,《中央日报》1937年4月14日第8版。
② 中国第二历史档案馆编《中华民国史档案资料汇编·第五辑第二编·教育(二)》,江苏古籍出版社,1997,第835页。

新增了三条,将学会会员做了划分。新修订的章程第4条规定:"本会会员分个人会员、团体会员两种。"也就是说,学会既吸收个人会员,同时也吸纳团体会员。这是自其成立以来的一大变化。

团体会员的入会条件如同个人会员之入会,其新章程第6条规定:凡教育团体或机关赞助学会工作,由学会会员二人以上之提议,经本会理事会之通过,函请加入者得为学会团体会员。需要缴纳的费用方面则有别,当时个人入会需要缴纳入会费五元,每年另需纳常年费二元,而团体会员需要"纳入会费二百元以上,并每年纳常年费五十元"(新章程第8条)[①],远远高于个人会员。需要注意的是,学会这么做,并不是为了借机谋利,而是为了充实它的研究基金,以便研究工作的开展。因为仅靠二三百人缴纳的入会费和年费,许多研究活动都无法进行,学会又从何能提高其声誉,使之成为"中国教育研究的中心"呢?这么做,属不得已而为之。

全面抗战之前,以团体会员身份加入教育学会者:教育行政机关方面,有河南、安徽、福建、浙江四省教育厅;大学及独立学院方面,计有中央大学、北平师范大学、燕京大学、安徽大学、中山大学、厦门大学。其实,为数也有限。

第二节　地方分会的研究活动

教育学会成立不久,即由理事会函促会员较为集中的几地急速成立分会,足见分会对于总会之重要。

一、上海分会的活动情况

全面抗战前,散在各地的教育学会会员依照章程也成立了不少分会,如上海分会、杭州分会、广州分会、北平分会等。其中,上海分会成立较早,成员较多,开展活动次数也比较多,可以为优秀之代表。

[①] 杨炳勋等:《中国教育学会第二届年会记略》,《大公报·明日之教育》1934年第6期,第11版。

在1933年2月19日,也就是总会成立后半月有余,上海分会即已成立。在分会成立会上,通过了《上海分会简章》,共有八则:

中国教育学会上海分会简章

一、定名

本分会定名为中国教育学会上海分会。

二、宗旨

本分会以研究及改进教育并协助总会进行为宗旨。

三、会务

本分会会务如左[下]:

(一)研究教育问题;(二)搜集教育资料;(三)调查教育实况;(四)提倡教育实验;(五)贡献教育主张;(六)促进教育改革;(七)发刊教育书报。

四、会员

由中国教育学会上海会员组织之。

五、组织

本分会设干事三人,由会员公选之,执行本会一切事宜,任期一年,连选得连任,本分会遇必要时,得酌设各种委员会,其细则另订之。

六、会期

本分会每季举行常会一次,遇必要时开临时会。

七、会费

会员每人每年纳会费二元,遇有特别需要时,得随时募集临时费。

八、附则

本简章如有未尽事宜,得由三人之提议,经常会出席会员三分之二以上通过修正之。①

分会的章程,名副其实,确实简单,本身是一个学术性组织的分会,而且会员之间本身就很熟悉,没有必要弄得很复杂,也不需要冠些似是而非的称谓,如

---

① 《中国教育学会成立上海分会》,《申报》1933年2月21日第12版;另见中国教育学会编《中国教育学会会友通讯》,编者刊,1933年第1期,第11页。

分会理事、分会理事长、分会秘书长之类,大家就是集中在一起交流学术问题,以促进各自的成长的专业人士,理应如此而已。

上海分会在各分会中,发展较为迅速,据1936年的统计"分会会员达六十人以上,为全国各地之冠"[①],活动开展得也较为丰富。

表3-2 中国教育学会上海分会活动概况(1933—1936)

次别	日期	地点	人数	议题
第一次	1933年2月19日	八仙桥青年会	11	分会成立
第二次	1933年4月26日	八仙桥青年会	14	"中国教育改造"专刊及基金
第三次	1933年6月14日	八仙桥青年会	8	建议总会加入世界教育学会
第四次	1933年9月29日	八仙桥青年会	16	个人中心教育与民族中心教育
第五次	1933年10月29日	八仙桥青年会	16	民族教育与复兴教育
第六次	1933年11月26日	八仙桥青年会	16	生产教育问题
第七次	1933年12月31日	八仙桥青年会	12	以农村建设为中心之教育方案
第八次	1934年3月4日	八仙桥青年会	12	教育上几个根本问题
第九次	1934年4月13日	八仙桥青年会	15	租界教育问题
第十次	1934年5月12日	八仙桥青年会	11	中等学校职业指导问题
十一次	1934年9月22日	八仙桥青年会	18	师资训练问题
十二次	1934年11月	八仙桥青年会	数十人	讨论参加世界教育会议等问题
十三次	1934年12月15日	八仙桥青年会	16	学制更张问题
十四次	1935年2月17日	八仙桥青年会	21	读书问题
十五次	1935年5月1日	八仙桥青年会	7	汉字注音问题
十六次	1935年6月28日	八仙桥青年会	21	普及教育问题
十七次	1935年9月29日	八仙桥青年会	数十人	民生教育问题
十八次	1935年11月28日	八仙桥青年会	12	公民训练问题
十九次	1935年12月29日	八仙桥青年会	10	征求年会提案及报告会务
二十次	不详			
廿一次	1936年3月3日	八仙桥青年会	20	报告年会开会情形
廿二次	1936年5月5日	八仙桥青年会	20	潘仰尧报告考察两广情形
廿三次	1936年6月19日	八仙桥青年会	14	如何发展边疆教育问题
廿四次	1936年9月10日	八仙桥青年会	16	董任坚报告儿教社年会情形
廿五次	1936年10月26日	八仙桥青年会	15	周尚报告卫生教育等
廿六次	1936年11月26日	八仙桥青年会	14	讨论分会会务
廿七次	1936年12月29日	八仙桥青年会	30多人	边疆教育问题

---

① 中国教育学会编《中国教育学会会友通讯》,编者刊,1936年第9期,第15页。

据《会友通讯》《申报》及《新闻报》的记载,从1933年2月至1936年12月,上海分会一共进行了27次研究活动,除了第20次会议纪录因故缺失,也未见报纸加以报道,其活动内容难以探明,其余26次的活动,要么被报纸予以公开的简要的报道,要么《会友通讯》里载有详细的会议记录,故而能大概知晓其活动的中心任务。

事物都有相反的两面,分会活动既有红火的,那自然也有萧条的。1933年3月末,杜元载致函常务理事常道直称:"湖南大学教育系有教育教授四人,弟将发起组织分会,一俟成立后,当有专函奉告总会。"常道直对此动议复函称:"湘省宜作学术研究地点,极是极是。"①5月24日,常道直再次复函杜元载:"欣悉湖南分会业已成立,且深得教育界人士之赞助,前途发展定无限量,敬以为颂。"②然而到了1935年1月22日,杜元载致函中国教育学会,却告知:"自就任湖南省立常德中学校长后,来省日少,致本分会会务无形停顿,甚为遗憾!"③这是学会地方分会发展中的一则插曲。

二、平津分会的"会考研究"

分会与总会的关系较为密切,对教育研究也有帮助,如战前进行的"大学教育院系方针及课程问题""师资训练问题""生产教育"等研究,北平分会、南京分会、广州分会、杭州分会都有谈话会或调查研究,提供了很有价值的意见;此外,而且还可以由分会提供意见供总会参考,如上海分会建议加入世界教育会联合会等,如此上下互达,有利于会务及研究的推进。

其中特别值得一述的便是平津两分会进行的关于"会考问题"的联合研究。李建勋与刘廷芳曾交代了两分会是如何联络的,又是如何选取以会考问题为对象的,对于这个问题的研究开了几次碰头会。分工是怎样的、方案是什么样的,问卷发放了多少、回收了多少等,这些足以证明研究是实实在在做出来的。只是对于后人而言,若想明白这个研究的历史价值,还得从会考制度本身谈起。

1932年5月,教育部以"整齐毕业程度及增进教学效率"的名义公布《中小

---

① 中国教育学会编《中国教育学会会友通讯》,编者刊,1933年第1期,第10页。
② 中国教育学会编《中国教育学会会友通讯》,编者刊,1933年第3期,第8页。
③ 中国教育学会编《中国教育学会会友通讯》,编者刊,1935年第5期,第8页。

学毕业会考暂行规程》后，原本就不平静的教育界，更像是孙猴子进龙宫要借宝一样被搅动得天翻地覆，以致学潮迭起。舆论界也是异彩纷呈，有表赞成的，有表反对的，也有表赞成其原则而反对其方法的，真可谓是众说纷纭、莫衷一是。

这是教育界的大事件，有不少人撰文发表意见，散见于各式报刊中。然获得总体性的认识，相对而言比较集中地加以讨论，在1933年当数《中华教育界》是年11月出刊的第21卷第5期中发表的7篇论文，即廖世承的《毕业会考究有什么价值》、陆殿扬的《从事实判估毕业会考的价值》、敖弘德的《会考问题》、章柳泉的《中学会考问题》、黄傍桂的《小学毕业会考研究》、晁行的《小学会考问题》、文琪的《各省市中小学毕业会考单行法规之比较》。

1934年1月8日，北平明日教育社在天津《大公报》开辟《明日之教育》副刊，第1期、第2期均有文章讨论会考问题，后被1月22日出版的《国闻周报》（第11卷第5期）转载4篇，即夏迁《修正中学学生毕业会考规程的检讨》、潘企莘《毕业会考现行制度的批评与补充几点》、子钵《为武器的毕业会考》、心田《中学会考办法之我见：对于教育部中学会考规程之商榷》，4篇的认识并不一致，但国闻周报社记者认为"论列均极有识见"，故"一并汇录"。

主观之见，从简单的事实出发，"我认为""我相信"容易说，容易欠缺令人信服的证据。教育学会平津分会的研究与这些就截然不一样，从下列亦能窥见。

毕业会考问题研究经过 　　　　　　　　　李建勋　刘廷芳
关于会考实际经验的调查
分论
　　教育行政人员的经验及意见　　　　　　　金澍荣　李建勋
　　阅卷委员的经验及意见　　　　　　　　　齐国梁　王荣志
　　校长的经验及意见　　　　　　　　　　　黄钰生　傅继良
　　教务主任的经验及意见　　　　　　　　　詹昭清
　　训育主任的经验及意见　　　　　　　　　胡国钰　刘鸿儒
　　担任会考科目教员的经验及意见　　　　　潘　渊　杨荣贞
　　担任非会考科目教员的经验及意见　　　　周学章
学生的经验及意见
　　初中毕业生的经验及意见　　　　　　　　程克敬
　　高中毕业生的经验及意见　　　　　　　　王徵葵　萧师毅

学生家长的经验及意见　　　　　　沈履　章寅　张钟郁
　　　总论　　　　　　　　　　　　　　李建勋
　关于会考制度论的检讨
　　　分论
　　　毕业会考利弊的检讨　　　　　　　孙　钰
　　　会考对于学校日常工作之影响　　　胡国钰
　　　中等学校会考方法之检讨　　　　　周学章　程克敬　王徽葵
　　　中学会考规程之检讨　　　　　　　潘　渊
　　　从中学学生毕业会考规程估定
　　　中学学生毕业会考制度的价值　　　徐侍峰
　　　会考是否能达到中学教育的目标　　张　怀
　　　结论　　　　　　　　　　　　　　刘廷芳
　总结论

　　这是1936年4月10日出刊的《教育杂志》第26卷第4期的主要目录,该期为"毕业会考问题研究专号"。按其内容,可分为四大部分,第一部分是毕业会考问题概述,第二部分是问卷调查,第三部分是问题讨论,第四部分是总结论。

表3-3　中国教育学会平津分会会考问卷之分布及统计

类别	发出数	收回数	回收率
教育行政人员	14	5	35.71%
阅卷委员	68	35	51.47%
校长	108	35	32.41%
教务主任	109	39	35.78%
训育主任	108	33	30.56%
担任会考科目教员	1221	1182	96.81%
担任非会考科目教员	653	49	7.50%
学生(高中) 　　(大学)	1947	691 504	61.38%
学生家长	1225	275	22.45%

　　从表3-3可见平津分会对会考问题较为重视,设计了9种问卷,这9类人员

与此极为相关,如此可将各自的意见充分地展现,唯问卷回收率有限,毕竟当时统计分析研究尚属新鲜事物,不少人不懂得怎样配合也是情有可原的。不管怎样,平津分会完全是按照科学原理来研究教育问题的。

第三节　调查教育实况

教育学会定其宗旨为"研究及改进教育",并且细分为:(1)研究教育问题;(2)搜集教育资料;(3)调查教育实况;(4)提倡教育实验;(5)贡献教育主张;(6)促进教育改革;(7)发刊教育书报。共7个方面,但事实上,1933年初的成立大会并未具体讨论学会究竟该如何对这些教育问题展开研究。

成立会结束当日,首届理事们举行了第一次全体会议,议决:学会设高等、中等、初等、师范、职业、民众、教育行政7种研究委员会,并且推定了各组负责人,但这也只是一种规划而已。

3月5日的第一次常务理事会议,因要应对中央党部补呈工作计划的要求,对此进行了详细讨论,即"本会工作计划如何规定案",经过五位常务理事的讨论,形成了决议,后上报给中央党部。其工作计划为:

1.进行调查城市与乡村民众经济状况及其所需要之教育。

2.委托教育机关进行以下各种实验工作:

(1)委托江苏教育学院进行普及民众教育之实验;

(2)委托江苏黄渡乡师进行工学实验;

(3)委托北平师大附小、广州中大实小、湖北省立第一小学、江西南昌市立第一小学、开封河南大学实小等校进行生产教育实验。[①]

研究工作的重心,一为调查,另一为实验,充满了"教育学科学化"的味道。关于教育调查与教育发展的关系,当时就有这样的论断,即"欲改良一国之

[①] 中国教育学会编《中国教育学会会友通讯》,编者刊,1933年第1期,第2页。

教育,须先知其教育之实际状况;而欲知其教育之实际状况,则非施行教育调查不为功"[1]。在教育领域内进行调查,发轫于美国[2],这也是美国教育研究从哲学领域转向科学领域的一大体现。教育学会中有多人曾留学美国,对于美国盛行教育调查有所知晓,他们或撰文或编著等,介绍教育调查的方法,如常道直、程其保、邰爽秋、黄敬思等[3];有的在美国求学期间,就以调查的方式撰写论文,如李建勋[4];归国后在大学也从事教育调查理论的讲授,并带领学生参与,如廖世承、陈鹤琴等[5]。所以组织中国教育学会时,列"调查教育实况"为其主要任务之一,非常自然,既不缺少理论素养,也不缺乏实际经验。独缺经费这一要素,致使诸多计划不能实现。

常务理事会后不久,3月8日,学会致函河南大学教授邰爽秋与广州中山大学教授古楳,告知常务理事会的决议和学会的工作计划,并委托他们草拟调查计划,并希望于4月底以前交到总会,以便整理印发给各地分会。[6]

4月17日,古楳就此事复函学会,称"经再三考虑,以兹事重大,弗克胜任",但转念一想"既忝列会员,自宜略尽绵薄",于是拟就计划纲要一份,"交邮奉上,即请裁夺"。[7]其计划如下:

---

[1] 唐钺、朱经农、高觉敷编纂《教育大辞书》,商务印书馆,1930,第1033页。

[2] 1910年凯德尔(C. N. Keudell)在美国爱达荷州(Idaho)首府博伊西(Boise)进行的学校调查被认为是教育调查的开端。这项调查只调查了学校的建筑和设备、教师、课程、组织及社会对学校的态度,共计5项内容、6页纸的报告,简陋至极,却具开端意义。

[3] 常道直:《学校调查之方法与标准》,《教育杂志》1922年第14卷第5号;邰爽秋:《教育调查述要:附表.图》,《中华教育界》1928年第17卷第8期;程其保编纂《学务调查》,商务印书馆,1930;黄敬思编译《学校调查》,中华书局,1937。

[4] 李建勋:《美国师范学校校长的职务调查》(1922年),载许椿生、陈侠、蔡春编《李建勋教育论著选》,人民教育出版社,1993,第15-21页。

[5] 东南大学教育科,1919年由廖世承主持了"济南教育调查";1924年,由陈鹤琴主持了"昆山教育调查";1924年冬至1925年春,该校教育科组织了"乡村教育与乡村改进委员会",由冯锐主持"乡村社会状况、经济状况及教育状况之调查";1927年,中央大学(原东南大学)行政院、教育学院与南京特别市教育局合办,由陈鹤琴主持了"南京教育调查";1929年,广州中山大学教授庄泽宣、邰爽秋等主持了"广东台山教育调查";1932年,北京师范大学、北京大学、天津市教育局、河北省教育厅联合组织"天津市教育调查委员会",由北师大教授李建勋主持了"天津市教育调查"。

[6] 中国教育学会编《中国教育学会会友通讯》,编者刊,1933年第1期,第6页。

[7] 中国教育学会编《中国教育学会会友通讯》,编者刊,1933年第1期,第6页;另见中国教育学会:《拟办实验调查计划》,《中华教育界》1934年第21卷第7期,第178-179页。

调查市乡民众经济状况及其所需要之教育计划纲要

古楳 拟

一、调查目的

（一）明了民众教育之经济的基础及其背景；

（二）研究民众教育之经济有效的设施。

二、调查范围

采用拣样调查法，选定若干代表的城市乡村，举行调查若干代表的民众经济状况及其所需要之教育，如：

（一）大工业的城市至少五百户；

（二）手工业的城市至少八百户；

（三）内地普通的城市至少一千户；

（四）南方的乡村至少一千户；

（五）北方的乡村至少一千户；

（六）中部的乡村至少一千户。

三、调查事项

调查事项须详列于调查表格，惟此时尚未确定调查的地方，且不宜用笼统的表格，仅列其总目如次：

甲、经济状况的调查

（一）家庭人口状况；

（二）家庭产业情形；

（三）职业状况；

（四）周年收入和各项来源；

（五）周年生活费和生活状况；

（六）当地的物价情形；

（七）当地的金融制度和流通状况；

（八）当地的捐税；

(九)当地的交通状况；

(十)其他。

乙、教育状况的调查

(一)文盲数；

(二)已受教育者数；

(三)已受教育的程度；

(四)不能受教育的原因；

(五)民众希望的教育；

(六)当地的民众教育机关和设施；

(七)当地政府社团对于民众教育的态度；

(八)其他。

四、进行方法

调查民众教育既感不易，调查民众经济尤觉困难，故必须有切实的主持者和合作的团体机关，协同进行，然后方可收效。兹略拟定进行的步骤如次：

(一)调查事项，宜设一委员会负责主持——或由民众教育委员会主持，或由各地分会主持均可；

(二)联络当地的民众教育机关和经济调查机关(或研究机关)等协同进行；

(三)调查事项总目由中国教育学会拟定分发，以便将来容易作比较的研究，其余细目，宜由当地主持者拟定，以便适合地方的需要；

(四)各地调查之前，宜尽量收集各种已经调查的事实，研究其得失或困难，藉供参考；

(五)举行调查时，须选择有经验训练的人主持，不可随意指派，或随便分发会员；

(六)调查结果，最好汇交总会，延聘专家分析统计，以便作比较的研究，如有困难，即由调查者分析统计亦可；

(七)调查所需经费，宜先预算筹集——或由会中拨用，或由政府社团补助，或举行募捐。

这项教育调查，可以说是教育学会在全面抗战爆发前雄心勃勃的伟大计划中，需耗费最多的一项了，若能实现，可能是最有科学性、最有说服力的一项。

不过,最后也只能作罢。因为最小规模的调查,初步预算已需费洋35500元(当时尚未废除银元制),而学会方面扣除其他支出,所余经费只有523.50元(至1933年6月30日止)①,这已经是包含了入会费、年费、各方捐款都在内,只够调查花费的零头,而且学会方面也需要一定的经费,以维持日常的运作及准备下届的年会,所以此项计划暂时只能搁浅,最终只能放弃。

第四节　提倡教育实验

至于实验,更是检验学理是否科学的一种重要手段。自德国"实验教育学"问世后,加以心理学的进步,教育实验逐渐成为世界教育的潮流,中国教育学会对此也是非常重视。可是,教育学会本身是个松散的组织,加以经费极其有限,呈现出一种窘境,所以对于教育实验是"提倡",而不是"进行"或"推行"。至于"提倡"的方式,主要是"委托"。

1933年1月中国教育学会的成立会上,介绍了三种教育实验的情况:1月28日下午赵冕报告了北夏民众教育实验区的实验②,29日上午郑西谷报告了江苏黄渡乡村师范学校的"工学"实验③,当日下午江问渔报告了徐公桥乡村改进试验区概况④,这些都已经进行有年,所获较丰。30日下午,会员们讨论了"如何促进各地教育实验之分工合作",出席代表发表了各自的见解⑤,但对这一问题没有提出具体该如何去办,所以将问题留给了理事会。

是年3月5日,首届常务理事第一次会议,对于学会的工作计划,除了进行教育(小学)调查之外,还决定委托教育机关进行三种教育实验:委托江苏教育学院进行普及民众教育之实验;委托江苏黄渡乡村师范学校进行工学实验;委托北平师范大学附属小学、广州中山大学实验小学、湖北省立第一小学、江西南

---

① 中国教育学会编《中国教育学会会友通讯》,编者刊,1933年第2期,第26页。
② 中国教育学会编《中国教育学会会章、会员录、成立会纪录》,编者刊,1933,第23—28页。
③ 中国教育学会编《中国教育学会会章、会员录、成立会纪录》,编者刊,1933,第36—53页。
④ 中国教育学会编《中国教育学会会章、会员录、成立会纪录》,编者刊,1933,第59—61页。
⑤ 中国教育学会编《中国教育学会会章、会员录、成立会纪录》,编者刊,1933,第80页。

昌市立第一小学、开封河南大学实验小学进行生产教育实验。①

随后，学会于3月10日致函江苏教育学院及黄渡乡师，称："敝会第一次理事会议决，委托贵学院（校）进行普及民众教育实验（工学实验），以利会务进行。"②16日，江苏教育学院复函教育学会，称："贵会……委托敝院进行普及民众教育实验，函征同意等由，准此，自应遵办，将来俟有相当结果，当续函报告也。"21日，黄渡乡师亦复学会，称："贵会函托……不胜欢迎……素仰贵会以改进中国教育为怀，对于各种教育上实验，均甚注意，敝校谨正式答复受贵会委托，从事工学教育之实验，相应函复，请烦查照，并希时锡南针，以利进行。"③

为了小学校的生产教育实验，学会于3月13日分别致函北平师范大学李蒸、中山大学庄泽宣、湖北教育厅长程天放、江西教育厅长程时煃、河南大学邵爽秋，称：小学校进行生产教育实验，事关中国教育前途，务恳先生赐予赞助，并祈示复为盼。李蒸于3月17日复函学会，称："事关教育实验，自当遵照办理。"湖北教育厅于3月28日以叁字第二二六号公函回复，称："准此，自应查照办理，除转令外，相应函复。"程时煃于4月22日复函，称："贵会函嘱……并命时煃赞助进行等由，除已函知该校遵照办理，并令随时进行情形报告贵会，以求指正外，相应函达。"庄泽宣复函，则称："查敝校附小本年度改为直属于敝校校长，生产教育实验一层，鄙人无能为力，至以为歉。"④

5月13日的第二次常务理事会，对于这3种教育实验，议决：推许恪士担任生产教育（小学）实验之设计，陈礼江担任民众教育实验之设计，郑西谷担任工学实验之设计。⑤学会于22日致函上述三位先生，告知理事会的决议。⑥此后，许恪士拟了《小学校实验生产教育经费之估计》（草案），开办费总计5所学校共需大洋12500元，常年费总计5校共需洋9210元⑦；陈礼江拟了《民众教育实验

---

① 中国教育学会编《中国教育学会会友通讯》，编者刊，1933年第1期，第2页。
② 中国教育学会编《中国教育学会会友通讯》，编者刊，1933年第1期，第8页。
③ 中国教育学会编《中国教育学会会友通讯》，编者刊，1933年第1期，第8页。
④ 中国教育学会编《中国教育学会会友通讯》，编者刊，1933年第1期，第7-9页。
⑤《中国教育学会举行常务理事会》，《中央日报》1933年5月16日第6版；另见中国教育学会编《中国教育学会会友通讯》，编者刊，1933年第2期，第1页。
⑥ 中国教育学会编《中国教育学会会友通讯》，编者刊，1933年第2期，第7页。
⑦ 中国教育学会编《中国教育学会会友通讯》，编者刊，1933年第2期，第24-25页。

计划大纲及概算》(草案),办一民教实验区及试验民校,开办费需5000元整,每年共需经常费40812元[1];郑西谷拟了《中国教育学会委托黄渡乡村师范试行工学实验计划》(草案),学校添置各种设备需6100元,经常费需4180元[2]。无论进行哪一种教育实验,对于教育学会而言,所费都是巨款,因为学会自1933年成立至1934年1月24日,共收入1309.84元,筹备成立会用款、印刷费及邮电费等各项花费488.12元,尚余821.72元。[3]所以只能是"委托",而无法进行。

不过,对于"委托",教育学会也是有所考虑的。如学会委托北平师范大学附属小学进行生产教育实验,平师大校长李蒸复函除了答应进行之外,还请学会"将详细记录及进行办法开示,以便转促进行",学会为此特复函李校长,称:"敝会对于生产教育实验,原期请所委托教育机关各自规划进行,不欲预立限制,致妨碍自由实验。"[4]

1936年2月的第三届年会上,理事会提出"如何促进本会研究实验工作案",杨亮功提出"由本会与地方政府合作创办教育实验区案",合并讨论,议决:原则通过,仍由理事会拟具办法办理。[5]后来并无办法出台,此事似乎也偃旗息鼓了。

抗战胜利后,教育学会亦有"委托"教育实验的计划。1948年1月28日,学会第九届理监事第一次联席会议上,沈亦珍提出"学会可否委托学校实验聪颖儿童教育案",结果众人议决:委托江苏省立上海中学实验聪颖儿童教育,并请该校订定实验计划送理事会。[6]

似乎,教育学会对于教育实验,一直都是"委托",没有自立自为的"勇气"。实际上,并非如此。早在1933年11月19日的学会首届理事第三次会议,曾议决:推定许恪士、杨亮功、郑西谷、陶知行四人为建筑会所并举办实验学校筹备委员。学会计划待会所建好后,即利用会所设立实验学校一所,以实验新教育。[7]可是学会的会所问题,一直都未能解决,加以学会的经济始终处于捉襟见

---

[1] 中国教育学会编《中国教育学会会友通讯》,编者刊,1933年第2期,第17—19页。
[2] 中国教育学会编《中国教育学会会友通讯》,编者刊,1933年第2期,第19—22页。
[3] 中国教育学会编《中国教育学会会友通讯》,编者刊,1934年第3期,第20页。
[4] 中国教育学会编《中国教育学会会友通讯》,编者刊,1933年第1期,第8页。
[5] 中国教育学会编《中国教育学会会友通讯》,编者刊,1936年第8期,第2页。
[6] 中国教育学会编《中国教育学会会务通讯》,编者刊,1948年第2期,第4页。
[7]《中国教育学会第二届年会特刊》,《中央日报》1934年1月25日第8版;另见《会务报告》,《中华教育界》1934年第21卷第7号,第183页。

肘的状态,这一设想也就没有能够实现。

第五节　审定教育名词

学术名词的整理非常重要,关系到学科本身的健康发展。然而学术名词的翻译,却是各行一套,"参考研习,诸感不便,识者憾之"①。

一、落后于人的教育名词整理

清末以来的新式教育更是问题重重了。整个制度乃是参照西方建立的,其理论的探讨,也不得不旁求于欧美的奠基,而在翻译专门术语时,译法不一,造成许多困惑。如"学校"一词对应的英文为"school",而严复在《群学肄言》中将其译为"斯库尔",没有相应知识储备的人极难理解。再如"课程",对应的英文为"curriculum",现今我们都知晓其为学校教育的核心问题,但在过去,人们会用好几个词来表示它,如曾任留学生都督的夏偕复在《学校刍言》中曾说,"夫教科者,教育之标目;教科图书者,教育之材料。是二者,又教育行政之最要者也"②,他用的是"教科";奉命赴日考察学制的吴汝纶于1902年10月12日在给管学大臣张百熙的信中说,"其窃疑日本科学太多,每日教肄时刻太少"③,他用的是"科学";庄俞在宣统三年(1911年)一篇教育评论中说,"学科者,学校之的,而一切教授循是以行者也"④,他用的是"学科";罗振玉的《教育赘言八则》,有一则专论"学科"⑤,在《学制私议》一文中又改称为"教科",并给出了"各学校之教

---

① 陈可忠:《序》,载国立编译馆编订、教育部公布:《教育学名词》,正中书局,1947,第1页。
② 璩鑫圭、唐良炎编《中国近代教育史资料汇编·学制演变》,上海教育出版社,2007,第190页。
③ 璩鑫圭、唐良炎编《中国近代教育史资料汇编·学制演变》,上海教育出版社,2007,第137页。
④ 李桂林、戚名琇、钱曼倩编《中国近代教育史资料汇编·普通教育》,上海教育出版社,2007,第274页。
⑤ 璩鑫圭、唐良炎编《中国近代教育史资料汇编·学制演变》,上海教育出版社,2007,第159页。

科及每日教授时数"。①或以为这些只是学者的个人之见,不足为证,那么在法定的章程里也有前后出入的,如1902年的《钦定学堂章程》用的是"课程",中学堂列有"课程门目表"和"课程分年表",高等小学堂、寻常小学堂和蒙学堂亦如此。1904年的《奏定学堂章程》用的是"教授科目",如"初等小学堂之教授科目凡八""高等小学堂之教授科目凡九"等,但是在给清廷的折子中又说"博考外国各项学堂课程、门目,参酌变通",用的却是"课程"一词。由此可见,当时的译名尚未统一,命名相当混乱。

不仅教育学如此,其他各门新式学科都有类似的问题,但与其他学科名词如化学名词、物理学名词等相比,教育名词自传入后,一直缺少整理,每每落后于人。

1918年时,新教育共进社成立,曾拟有"中英法德日对照教育名词汇"②的计划,未能实现。此后,由中华教育改进社继续是项任务,1923年时称"已编三分之二"③,最终也未能见到草稿。1927年,大学院成立,设立译名统一委员会于上海,聘请了30人为委员,着手编译法律、教育、矿物、地质、岩石等名词。教育名词的整理,曾"得二千则左右",但因仅仅形成草稿,"迄未审定公布"。④随着大学院改教育部,"译名统一委员会"改"编审处译名委员会",此事也没了下文。

二、成立教育名词审订委员会

中国教育学会定位为一学术性组织,对于学科自身发展的核心问题——审订教育名词——有所触及,自在情理之中。成立大会上即有"拟请本会组织教育名词审定委员会,以期名词通行划一案",众议:通过。⑤随后,首届理事会议根据众会员的意见,有所跟进:推举马宗荣、许恪士、吴俊升、陈选善、庄泽宣五

---

① 璩鑫圭、唐良炎编《中国近代教育史资料汇编·学制演变》,上海教育出版社,2007,第163页。
② 《新教育共进社编译书报》,《民国日报》1919年1月10日第10版。
③ 中国第二历史档案馆编《中华民国史档案资料汇编·第三辑·教育》,江苏古籍出版社,1991,第809页。
④ 陈可忠:《序》,载国立编译馆编订、教育部公布:《教育学名词》,1947,第1页。
⑤ 《中国教育学会第一届年会昨闭幕》,《申报》1933年1月31日第15版。

位为教育名词审订委员会干事。①3月4日的首届第一次常务理事会,对于此事又再次跟进:由学会函促庄泽宣先生进行此项事宜。②8日,学会便致函庄泽宣,称:"教育名词审订,关系教育学术前途之进展至巨,……敬请台端早日着手进行。"③

庄泽宣接到通函后,便又致函其他四位委员,称:"鄙人……远处华南,且先生等亦不在一处,未能进行,至以为歉。鄙意可否请先生等将拙著之《教育学小词典》(民智版)尽量批评及增减,并将德、法、日本各国名词加入,于五月底以前,寄至广州中山大学弟收,以便汇集整理,再将草案奉寄指正,如先生有更好办法,亦乞示及,以利进行。"④庄泽宣曾在上海民智书局出版一部《教育学小词典(英汉对照)》,1930年9月版,166页,共收词条2000多条,后由中华书局于1938年10月再版。陈选善对此事有所提议,建议"由委员会中每人认定一范围(如教育行政、教育心理、测验统计等,审订该范围内之名词)"⑤。4月11日,庄通函其他几位委员征询意见,"兹接陈委员选善来函提议……如蒙赞同,乞即认定一类审订,但关于各名词之德、法、日本文原名仍照前函进行为感"⑥。

三、更换名词审订委员会主任

1934年1月25日至26日,教育学会在南京举行第二届年会,对于此事雄心尚存:"本会因鉴于教育名词之不能一致,故另组委员会审订教育名词,将来著有专刊编印。"⑦年会之后,选举出了新一届理事及常务理事。26日下午,全体理事便在教育部礼堂举行第一次会议,对于此项工作的开展有所表示,决定:推陈选善、马宗荣、庄泽宣、朱君毅、张耀翔担任,由陈选善召集。⑧同年2月15日,教

---

① 中国教育学会:《会务报告》,《中华教育界》1934年第21卷第7期,第182页。
② 《中国教育学会首次常务理事会》,《中央日报》1933年3月6日第7版。
③ 中国教育学会编《中国教育学会会友通讯》,编者刊,1933年第1期,第6页。
④ 中国教育学会编《中国教育学会会友通讯》,编者刊,1933年第1期,第6页。
⑤ 中国教育学会编《中国教育学会会友通讯》,编者刊,1933年第1期,第7页。
⑥ 中国教育学会编《中国教育学会会友通讯》,编者刊,1933年第1期,第7页。
⑦ 《中国教育学会第二届年会特刊》,《中央日报》1934年1月25日第8版。
⑧ 中国教育学会编《中国教育学会会友通讯》,编者刊,1934年第3期,第1页。

育学会致函上述五位先生,告知理事会决议。①

中国教育学会原定1935年暑期在北京举行年会,因"丰台事件"及其他缘由而改于当年寒假。为了年会的召开,是年11月4日,学会致函学会各位会员,称:"本会会务应如何设法积极促进案,经决议:检查历届年会理事会通过之各种研究工作,函催负责人从速报告等语,记录在卷,兹查……一案,曾推请台端负责办理在案,用特检录议案,即希将此项结果于十二月十五日以前见示,以便整理提交本届年会(一月下旬)报告。"②陈选善收到了这一催促函,于11月11日复函学会,称:"总会来函催询教育名词审查工作进行事,前者弟颇觉感此事十分繁重,又因事冗致未能及时进行,多有延误,已为愧歉,是项工作范围可否请理事会加以说明,裨有所遵循而利进行。"③学会驻会理事许恪士对于所述情由,复函称:"此种工作范围太大,本不易进行,除将尊意俟理事会开会时转达,请加说明外,仍希就可能范围先行着手进行。"④庄泽宣在12月3日致理事许恪士的函中也坦白:"总会嘱弟任之工作,除名词未进行外……"⑤

1936年2月1日至2日,教育学会在武昌举行第三届年会,大会期间,主席团代表郑西谷报告会务状况,对于审订教育名词事宜,称:"拟于下届理事会成立后推请专人赓续进行。"⑥

如此,学会成立之初雄心勃勃的计划已遭遇了几番挫折,那么是否会就此搁浅呢?是否会与中华教育改进社的教育名词审订一样,虎头蛇尾呢?

四、编译馆来函求合作

好在事情又有了转机,1936年10月27日,国立编译馆致函中国教育学会,称:"敝馆正从事编订教育学名词,诸赖国内教育专家协助指导,特奉上教育专家调查表一份,请将贵处教育教授或讲师或教育研究专家照表填就,掷下俾便接洽,事关学术正名,至希迅予办理。"

---

① 中国教育学会编《中国教育学会会友通讯》,编者刊,1934年第3期,第5页。
② 中国教育学会编《中国教育学会会友通讯》,编者刊,1936年第7期,第5页。
③ 中国教育学会编《中国教育学会会友通讯》,编者刊,1936年第7期,第9页。
④ 中国教育学会编《中国教育学会会友通讯》,编者刊,1936年第7期,第9页。
⑤ 中国教育学会编《中国教育学会会友通讯》,编者刊,1936年第7期,第10页。
⑥ 中国教育学会编《中国教育学会第三届年会报告》,编者刊,1936,第14页。

表3-4 国立编译馆致中国教育学会的专家调查表[①]

学校或研究机关名称	
姓　　名	
别　　号	
住　　址	
职　　务	
担任功课或工作	

作为全国最高编译机构,掌理关于学术文化书籍及教科图书编译事宜的国立编译馆,怎么会计划整理教育名词的呢？这事还得从头说起。

1932年5月,教育部公布《国立编译馆组织规程》,列"编订学术译名"为其基本任务之一。1933年4月22日,国民政府于公布的《国立编译馆组织条例》,将上述说法更正为编审"关于学术上之名词"。而编译馆自成立以来,对于此项工作,一直积极进行,不遗余力。不过也有基本的思路,那就是先整理自然科学及应用科学,然后再整理人文社会科学。[②]

其后,国立编译馆鉴于自然科学和应用科学的整理已有相当成果,决定开始整理教育名词。关于是项工作,在1936年2月间是这样一个情况:"由赵演君开始搜集,已得二千则左右。惟教育一科范围甚广,编订不易,完成尚需相当时日云。"[③]

1936年11月间,编译馆方面关于整理教育名词的进展情况为:"卡片工作,大致就绪。"不过,还需另有准备,"须赖国内教育专家协助指导起见,特于日前发出教育专家调查表多份,向国内各教育机关分别调查,以备将来聘请审查委员"。[④]这与中国教育学会10月间收到编译馆的来函正好相互对照。

12月23日,中国教育学会第三届理事,在教育部会议室举行第四次全体会议。对于编译馆的来函征询,有理事提出汇报并征询众人意见,议决:接受国立

[①] 中国教育学会编《中国教育学会会友通讯》,编者刊,1936年第9期,第5页。

[②] 当时,由编译馆完成审订,并由教育部公布者:在自然科学方面有天文学、物理学、数学、化学命名原则,化学仪器设备、地质学、发生学、比较解剖学、气象学、矿物学、组织学、植物形态学、植物解剖学等名词;应用科学方面有药学、细菌学、免疫学、精神病理学、人体解剖学、电机工程、化学工程等名词。关于人文方面各科名词,因为人力财力所限,未能同时积极进行,仅完成普通心理学名词一种。(国立编译馆编《国立编译馆馆刊》,1937年第25期,第5页。)

[③] 国立编译馆编《国立编译馆馆刊》,编者刊,1936年第10期,第3页。

[④] 国立编译馆编《国立编译馆馆刊》,编者刊,1936年第19期,第3页。

编译馆邀请,依照编译馆与各学术团体审订其他学术名词之搜集材料及编订方法进行,其详细办法由编译馆与本会原有之名词审查委员会接洽办理。①编译馆方面对于此次合作亦有所表示:"本馆曾向国内教育专家询征意见,均得馆外人热烈赞助,寄回复件甚多。又中国教育学会为中国教育学者最大团体,亦愿与本馆合作,共同编订教育译名。"②

关于人文方面的各科名词,国立编译馆决定从1937年起"积极着手编订",另外"为征求各方学者意见起见,月前曾派专任编辑汪少伦先生赴平津武汉等地接洽,各方佥表示人文科学译名有从速统一之必要,对于本馆编订名词工作均愿尽力帮助"。③编审教育名词及获得帮助也在其中。然而,"七七事变"的爆发,打乱了这个计划,好在,还有后续。

第六节　围绕中心问题展开研究

教育学会的成立会虽然对学会未来的运作方向有所考虑,如会上有人提出"本会应始终保持研究学术之精神,以符发起学会之宗旨"的提案,最终被议决通过,但事实上成立会上并没有来得及仔细地予以考虑及规划。④

故而第二届年会开会前一日,学会理事们特开会商讨这一问题。对于学会研究工作进行案,议决:(1)由年会决定专题,推委员会负责进行,并请各分会协助;(2)介绍各教育机关实验研究;(3)征集各个会员单独研究。至于学会下一年度研究专题,议决:将拟订各题提交大会决定之。⑤所以,第二届年会除了信息交流之外,还商定了学会的研究计划和专题。据会员庄泽宣的叙述,考虑到年会会期甚短,中国教育问题又千头万绪,一一讨论势所不能,于是决定先从最根本的问题展开研究,当时订立师资训练问题、大学教育学系之方针及设施与生产教育之实施为讨论的中心。

---

① 中国教育学会编《中国教育学会会友通讯》,编者刊,1937年第10期,第2页。
② 国立编译馆编《国立编译馆馆刊》,编者刊,1937年第21期,第4—5页。
③ 国立编译馆编《国立编译馆馆刊》,编者刊,1937年第25期,第5页。
④《纪第一二日中国教育学会》,《申报》1933年1月30日第15版。
⑤《中国教育学会第二届年会特刊》,《中央日报》1934年1月25日第8版。

表3-5 中国教育学会的中心研究问题（第一届至第四届）

届 别	日期	地点	会议议题	出席人数
第一届	1933年1月28日至31日	上海	中国教育之改革问题	约70人
第二届	1934年1月25日至26日	南京	学会研究工作如何进行	约90人
第三届	1936年2月1日至2日	武昌	（1）师资训练问题 （2）大学教育学系之方针及设施 （3）生产教育之实施	
第四届	1937年7月7日至9日	北平	（1）国难时期之教育 （2）中小学课程问题 （3）地方建设干部人才训练问题	约30人

第三届年会原定1935年7月11日至13日与中华儿童教育社联合开会于北平[1]，其后因中华儿童教育社年会改期受到波及，"丰台事变"后交通戒严，集会也受冲击，以至于年会通知发出后，声明前往与会者为数寥寥，收到论文、提案及讲演题亦较上届为少，这三大原因致使年会延期举行[2]。后才决定于次年寒假在武昌开会。所讨论的中心问题自然是那三个了。

第四届年会，讨论第三届年会确定的三个中心议题，然而出席人数成了一大问题，大公报社就其开会之日出席人员曾这样报道"外埠会员到平者有常道直等五六人，至年会筹备处报到者合平市会员计算，约20余人，预计今日到会出席者至多不过50人"[3]。并不是教育学会会员不热心参加会务，而是刚好国民政府在庐山举办教育人员训练班，会员多不克出席。年会当晚便发生卢沟桥事变，学会在隆隆炮声中坚持到了9日下午近6时才毕会，随后中国进入了全面抗战的新阶段。

教育学会成立之时，陈选善曾参与其中，会后写了一篇评论，如此言道："我们对于该会唯一的希望就是该会能名符其实地成为一个真正的学会，换言之，为一个真正的研究团体，不是一个社交团体，更不是一个政治团体。不怕别人骂我们模仿美国性太深，我们希望该会能成为如美国全国教育研究会（National Society for the Study of Education）一类的组织。"[4]

---

[1] 中国教育学会编《中国教育学会会友通讯》，编者刊，1935年第6期，第3页。
[2] 中国教育学会编《中国教育学会会友通讯》，编者刊，1935年第6期，第12页。
[3] 《中国教育学会与中华儿童教育社今日开联合年会》，《大公报》1937年7月7日第4版。
[4] 青士：《全国教育学会成立》，《教育与职业》1933年第143期，第167页。

陈选善的这一期望，后来成为了他的工作态度。郑晓沧、孟宪承就透露道："中国教育学会于成立时，即有编辑委员会之组织，委员中颇有人主张每年认定一题，例如课程问题，或训育问题，或其他更具体更切实的问题，分头研究，每年汇总报告，年会即据以为讨论之资料，略如美国全国教育研究会年刊之办法。"[1]这个编辑委员会，就是由郑晓沧、孟宪承、陈选善三人组成。

前文曾经提及美国的全国教育研究会（简称NSSE），是该国一个最重要的、对重大教育问题进行科学的研究和讨论的承担者，出版了一系列最具权威性的教育论著。学会继承自全国教育科学研究赫尔巴特学会，在1902年采用当前通用的名称。[2]亦说1901年，对此不再计较。当时，这一组织在国际上已经享有盛誉，从1902年开始，每年的一个专题研究，被视为教育界最具权威的研究成果之一。[3]中国教育学会中的精英们，是崇尚美国的，所以也很想学习这一种方式，"惟因成立会中对于此事未及讨论，故只可作罢"。不过，后来又峰回路转，"至5月中，常务理事在无锡举行例会时，议决先出两专号，一为中国教育改造专号，一为生产教育专号"[4]。

"教育改造专号""生产教育专号"，加上后来《教育杂志》上的"师资训练专号"，学会实际上共出了3个专刊。

第七节　倡言《中国教育改造》

成立会上，出席代表们围绕国联教育考察团的《中国教育之改进》，口头上发表了不少议论，会后也有将意见变成铅印文字的，这些都是在探讨中国教育如何改革的问题，唯批判和议论的对象相对集中，一定程度上也妨碍了学者们的思考，所以学会便组织了一些"教育改造专号"，请会员们畅所欲言。这期专号刊发在《中华教育界》1934年1月出刊的第21卷第7期上，其主要内容如下：

---

[1] 郑宗海、孟宪承、陈选善：《卷头语》，《中华教育界》1934年21卷7期。
[2] Harlow G. Unger, Encyclopedia of American Education(New York: Facts on File, Inc.1996)p.653.
[3] 顾明远主编《教育大辞典》（第11卷），上海教育出版社，1991，第371页。
[4] 郑宗海、孟宪承、陈选善：《卷头语》，《中华教育界》1934年第21卷第7期。

| 卷头语 | 郑宗海、孟宪承、陈选善 |

通论之部

中国教育改造之途径	庄泽宣
实验教育与吾国教育之改造	钟鲁斋
中国教育改造与中华民族性	陈科美
中国教育改造中之道德教育问题	崔载阳
中国教育目标及现今教育需要	江恒源
中国教育背景与中国教育改造问题	古楳
我们为什么及怎么样谈中国教育改造	姜琦
教育改造中之一个重要问题	廖世承
教育改造中之心理的原素	郑宗海

各论之部

国立中央研究院之过去与将来	蔡元培
中国教育行政之改造	杜佐周
教育行政之改造	吴家镇
教育视导之改制	夏承枫
社会教育改造之途径	李蒸
民众教育的展望	陈礼江
职业教育问题及其解决途径	钟道赞
我国教育改造与师资问题	赵廷为
中国师范教育改造之起点	常导之
中学师资训练之商榷	郑西谷
改进中学英语教学的根本办法	张士一
力心同劳教育的初步实验	张蓬春
培养爱国青年方案	郑西谷 沈亦珍
今后体育须顾国民经济	吴蕴瑞
学校训育的改造	黄翼
训育的改进	李相勖
教育心理学中练习律的改造	沈有乾

比较参考之部

日本教育对于我国教育改造之参考资料　　吴家镇
法国教育对于我国教育改造之参考资料　　张　怀
英国教育对于我国教育改造之参考资料　　陈剑翛
美国教育对于我国教育改造之参考资料　　罗廷光
俄国教育对于我国教育改造之参考资料　　程其保

附录

中国教育学会拟办实验调查计划

会务报告

中国教育学会章程

中国教育学会会员名录

据所列之要目,可知专刊主要由三个部分组成:(1)理论的探讨,我国教育为何要改造？要如何去改造？改造的中心和改造的途径在哪里？中国的民性、道德教育、现在教育的需要种种问题,都详详细细讨论了一番。(2)专门的研究,关于教育行政,视导的制度和方法,社会、民众、职业、师资的教育,教学、管理、训育、体育、培养青年的方法:一切要解决还没有解决的问题,已行而行之不善,或不善而强行的教育制度与方法,作明白简单深刻的批评或讨论,发表各人的主张。(3)比较的参考,日法英美俄等国教育对于我国教育改造之参考资料,作者将各国教育的特长,提要叙述,以为我国教育的取法。

有评论称:专号的作者对于社会的观察、国家的需要,均有切实的研究,理论的根据、实施的方法,均有适当的见解,各抒所见,发为文章,作为现今教育改造的主张,以供国人研讨。①

图3-2　学会在《中华教育界》所出"教育改造专号"

---

① 怀:《教育改造专号》,《大公报·明日之教育》1934年3月5日第11版。

至于为何选择"教育改造专号"为第一号专刊,前文述说教育学会成立时,已有所触及。当时改革教育的呼声响彻全国,而一般政治教育家和"业余教育家"都发抒伟论;而专门研究教育者,也不满意过去教育的成绩和现在教育不良的设施,另外还需要考虑要建设合于国情、适应需要、完善的教育制度、学说与方法,来拯救国难。所以选择"教育改造专号",是这种思想的集中表现。[①]

第八节 综论生产教育问题

中国的教育,自有文字记录以来,似乎就是与生产绝缘的,西周时的宁越之经历堪称一典型之案例。古籍有载:

> 宁越,中牟之鄙人也。苦耕稼之劳,谓其友曰:"何为而可以免此苦也?"其友曰:"莫如学。学三十岁则可以达矣。"宁越曰:"请以十五岁。人将休,吾将不敢休;人将卧,吾将不敢卧。"十五岁而周威公师之。[②]

宁越选择受教的原因主要是嫌农业生产太辛苦,而这种思想在传统社会中很有地位,孔子拒绝了樊迟请"学稼"和"学为圃"的提议,并说"吾不如老农","吾不如老圃"。并说:"上好礼,……;上好义……;上好信……夫如是,则四方之民襁负其子而至矣,焉用稼?"(《论语·子路》)孟子也说:"劳心者治人,劳力者治于人。"(《孟子·滕文公上》)到了宋元时期,又将"宁越之思"作为正面榜样来塑造,如《神童诗》中就言:"朝为田舍郎,暮登天子堂。"又由于这个时期《论语》和《孟子》成为"四书"的一部分,而这又是天下士子都要努力学习的,因为科考的题目都从中酝酿而出,相沿成风、相习成俗,这种思想和认识也就经久不衰了。甚至到了施行新教育以后,仍是这样的认识,"今日之学生,即来日之官长"[③],直到"五四"运动以后,随着教育新思潮的传入,人们才逐渐改变观念。教

[①] 怀:《教育改造专号》,《大公报·明日之教育》1934年3月5日第11版。
[②] 冀昀主编《吕氏春秋·博志》,线装书局,2007,第605页。
[③] 吕海寰:《密陈兴办学堂及征兵宜防隐患折》,载故宫博物院明清档案部编《清末筹备立宪档案史料》(上),中华书局,1979,第171页。

育与生产不是对立的关系,而是相互包容、相互促进的。

至于为何又选择生产教育作为研究专题,学会方面如此作答:"近数年来,国内生产教育思潮,如怒潮澎湃,泛滥于整个教育界中。其理论与实施,亦如春苗怒茁,争荣并茂,众说纷陈,异同互见,若欲贯穿其理论,划一其实施,而得一系统之准则,则此问题之专门研究报告,实不容缓。"学会方面有鉴于此,故特成立生产教育问题研究委员会。

经过委员悉心研究,旁采博览,形成了一册专著,其主要内容如下:

第一章　绪论
一、民族复兴与教育改造
二、我国现状与生产教育
三、本章总结

第二章　生产教育发展史
一、幼稚时期
二、发育时期
三、成长时期
四、本章总结

第三章　生产教育的意义和目标
一、生产教育的含义
二、生产教育的性质
三、生产教育的目标
四、本章总结

第四章　实施生产教育的条件
一、外在的条件
二、内具的条件
三、本章总结

第五章　实施生产教育的原则
一、通盘筹划
二、因地制宜
三、适合教育的原理

四、适合经济的原则
五、在生产场所内实施生产教育
六、在生产活动上实施生产教育
七、本章总结

第六章　各地生产教育实施状况
一、生产教育实施机关
二、各地生产教育活动事项
三、各地生产教育实施方法
四、各地生产教育指导人员
五、各地生产教育实施经费
六、各地生产教育实施之困难及改进点
七、本章总结

第七章　结论
一、各章摘要
二、建议

附录
一、各国生产教育实施状况
甲、苏联的生产教育
乙、德国生产教育之今昔
丙、意大利的生产教育
丁、美国职业教育现况
戊、日本所谓的生产教育

二、论文索引　　　　　　　三、专书索引

对于这册专著,有评价认为:"这本书的写出,它虽然出于各专家之手,但是文字的流畅,编制的划一,以及材料的纲举目张,都如出自一人之手,于此也可见本书的价值了。"并认为读了以后,"对于生产教育的理论与实施,可以得到一个明确的鸟瞰,因为它是熔生产教育的理论与实际于一炉的。对于各地实施情形,可以得到一个轮廓"。[①]还有评价称:"本书是一本有理论有实际,而又有可以作为借镜的叙述的生产教育的书籍,无疑地,本书是该我们人手一编的。"[②]在今日,若研究民国时期的生产教育思潮或劳动教育问题,相信此书是必不可少的参考资料。

第九节　集中阐述师资训练问题

教育的良窳,与教师善教与否关系极大。师资之培养,中国传统教育不甚重视,更未酝酿出专门的培养机构,直到清末以后,与外界充分接触,才知道西洋与日本有专门的培养机构,于是乎"师范乃教育之母"的说法不胫而走,可是国内亦有人对此持有怀疑,所以自兴学以来,师资培养的制度几经变更。

1902年,张百熙受命谋划的《钦定京师大学堂章程》中,将师资培养与训练置于"附属"的地位,在京师大学堂内附设师范馆(近代中国高师教育的标本——北京师范大学正是由此附设机关逐渐发展而来),在高等学堂和中学堂内也都附设师范学堂,通过附属机关来培养师资。[③]到了1904年的《奏定学堂章程》则有了巨大变化,由"附属"而"独立",学制中有《初级师范学堂章程》和《优级师范学堂章程》,前者为初等及高等小学培养教员,后者为中学堂及初级师范学堂培养教员及管理员,还表示京城师范馆,应即改照《优级师范学堂章

[①] 白沙:《读〈中国生产教育问题〉》,《出版周刊》1936年新180号,第13页。
[②] 冰渊:《中国生产教育问题》,《青岛教育》1936年第3卷第11期,书报介绍第3页。
[③] 璩鑫圭、唐良炎编《中国近代教育史资料汇编·学制演变》,上海教育出版社,2007,第243-279页。

程》办理,这些乃是张之洞所持"办理学堂,首重师范"①直接之体现。

辛亥以后,首先变化的是名称,"优级师范学堂"改称"高等师范学校",仍以"造就中学校、师范学校教员为目的"②;其次,变化的是归属,由"省立"变为"国立",清末办理高师教育,全无经验,有一点事先考虑不周,章程规定"优级师范学堂,京师及各省城宜各设一所"③,也就是持平均主义,让各省自行办理,其初衷乃是希望获得普遍的发展,却没有顾及到各省的经济不同,故而收获了不均衡的结果④,照首任教育总长蔡元培的主张高师本该"逐渐停办",另寻他途,"以大学毕业生再修教育学的充之"⑤,好在继任总长的范源濂坚持"寓师资于高师"的模式,同时鉴于平均主义之不良,于是改行集中主义,在全国划定了六大师范区,集中力量建设"六大高师",即沈阳高师、北京高师、南京高师、武昌高师、成都高师和广州高师。⑥

经过几年的苦心经营,"高师教育分区制"才逐渐得以实现,"六大高师"初具规模,然而却迎来了对高等师范的集中怀疑时代,特别是五四以后,社会颇多倡毁高师之声,在1921—1922年,在三次全国性的教育会场上更是纷争迭起,最终教育学者收获了"理想的成果"——高等师范可以升格为师范大学,然而事情的发展却出乎最初的预计。多数高师舍"师范"奔"综合",造成师范教育的萎缩,并进而影响基础教育的质量。

到了30年代,因学制改革的影响,以及历史学者和科学家的发声以及民族

---

① 璩鑫圭、唐良炎编《中国近代教育史资料汇编·学制演变》,上海教育出版社,2007,第298页。
② 璩鑫圭、唐良炎编《中国近代教育史资料汇编·学制演变》,上海教育出版社,2007,第670页。
③ 璩鑫圭、唐良炎编《中国近代教育史资料汇编·学制演变》,上海教育出版社,2007,第419页。
④ 据光绪三十三年(1907)《各省师范学堂学生统计表》,23省(即直隶、奉天、吉林、黑龙江、山东、山西、陕西、河南、江宁、江苏、安徽、浙江、江西、湖北、湖南、四川、广东、广西、云南、贵州、福建、甘肃、新疆)中,开办优级师范专修科的共有8所,直隶和山东各2所,江西、湖北、广东、福建各1所,学生额30至120不等,共894人;办成选科的共有12所,分布于奉天、山东、山西、陕西、河南、江苏、江西、四川、广东、云南、福建、甘肃等12省,学生额30至630不等,共2603人;办成完全科的只有2所,江宁1所273人,山东1所77人,直隶另有177名学生附学其中,合计共527人。——学部总务司编《第一次教育统计图表》,天一出版社,1980,第33-34页。
⑤ 蔡元培:《我在教育界的经验》,载高平叔编《蔡元培教育论著选》,人民教育出版社,1991,第708页。
⑥ 张礼永:《范源濂与近代中国的高师教育》,《当代教师教育》2018年2期,第30页。

与国家生存的巨大压力,更是触发了"教育学的危机",进一步促进了中国教育学会的诞生,所以学会将师资训练问题作为第一批要研究的中心问题也就可以理解了。

据庄泽宣的叙述,确定选题之后,学会即发动各地分会对此进行精密之讨论,然后再报告总会,其文字报告也陆续刊载在学会的会刊之中;会员们对此问题也撰写了专论,此外,学会还邀请国内重要的、有历史的高师训练机构予以报告,这样便组成了"师资训练专号",刊于1935年7月10日见刊的《教育杂志》第25卷第7号中,其要目如下:

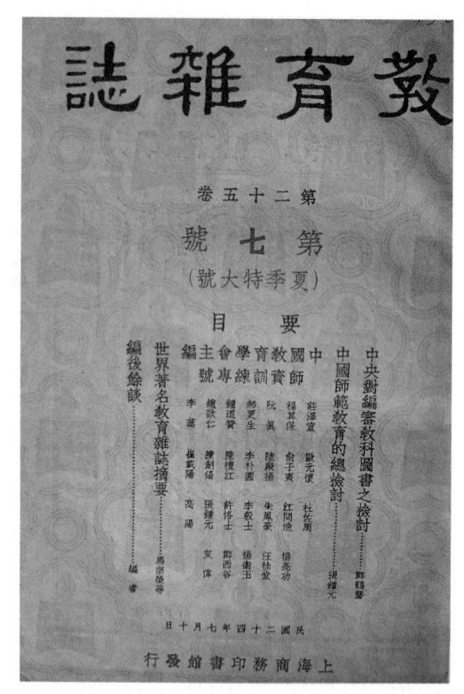

图3-3　学会在《教育杂志》出"师资训练专号"

写在师训专号的前面	庄泽宣
师资训练的根本方针	欧元怀
师资训练的必要性及其几个重要问题的检讨	杜佐周
欧洲各国之师资训练	程其保
师范课程各科目间的联络与重复	俞子夷
师资问题——关于普通中学的一部分	江问渔
对于训练中等学校教师之一个建议	杨亮功
中学国文科的师资训练	阮　真
中学英语科师资训练	陆殿扬
中等学校算学师资训练问题	朱凤豪
中学算学师资训练问题	汪桂荣
中小学体育师资训练问题	郝更生
中小学校艺术科师资训练	李朴园
中小学校艺术科师资训练	李毅士

第三章 会务进行期的中国教育学会(1933—1937)

职业学校的师资问题	杨卫玉
训练职业师资之我见	钟道赞
民众教育师资训练问题	陈礼江
现在中学教师之缺点及其补救之方法	许恪士
中学教师之缺点及其补救	郑西谷
今日小学教师的缺点及其补救	赵欲仁
今日社教人才之缺点及其补救	陈剑翛
小学教师生活调查	张钟元
国立中央大学教育学院过去现在与将来	艾 伟
国立北平师范大学之过去现在与将来	李 蒸
国立中山大学教育研究所之过去现在与将来	崔载阳
江苏省立教育学院之过去与将来	高 阳

需要特别说明的是,此专号虽由中国教育学会编辑,但其中也收录了会外人员的文章,即朱凤豪、汪桂荣、李朴园和李毅士4人,分别讨论算学教师与艺术教师的培养问题,足见教育学会的开放性,不以身份取人,而以文章取人,也反映了教育学会想对师资培养问题做一全面的探讨。

尽管撰文的专家学者反复阐述"师范教育是一切教育基础,凡欲振兴国民教育的,莫不以训练优良师资为其先决条件"[1],"中国师资训练的症象在哪里?在于缺乏一个完整的制度"[2],可是"坐而论道易,起而行之难",当然,制度方面的变革,研究者只能发表意见或见解,或拥护,或反对,或有限拥护,或有限反对,究竟能不能变以及该如何变,还需要行政者的决策及勇气,可惜当时的主事者并不以为意,以至于抗战全面爆发时,国民政府要重新建设高师教育及高师分区制时,有些学者就措手不及,也为中国教育学会及其分会[3]以及会员个人[4]

---

[1] 欧元怀:《师资训练的根本方针》,《教育杂志》1935年第25卷第7号,第88页。

[2] 杜佐周:《师资训练的必要性及其几个重要问题的检讨》,1935年《教育杂志》第25卷第7号,第90页。

[3] 中国教育学会西北分会:《关于吾国高级师资训练几个重要问题》,载中国教育学会编《中国教育学会年报(三十六年)》,中华书局,1947,第32—38页。

[4] 艾伟:《高等师范教育问题的症结及其解决之途径》,载中国教育学会编《中国教育学会年报(三十六年)》,中华书局,1947,第29—31页。

在抗战结束以后进一步探讨及建言高师教育的发展埋下了伏笔。

第十节　搜集教育资料

教育资料是开展教育研究的重要基础,教育学会对此非常重视,曾准备采用三种措施去收集:一为"教育书报提要",二为"教育书报评论",三为教育图书馆。

一、编制教育书报提要

关于第一种措施,1933年6月末7月初的学会首届理事第二次会议曾议决:组织教育书报提要编制委员会,并推请陶行知负责。[①]

第二届理事会对此有了进一步的规划,1934年1月26日的首次会议上议决:中文方面推邰爽秋、舒新城、杜佐周担任,由邰爽秋召集;英文方面推罗廷光、董任坚、章友三、谢循初、陈科美担任,由谢循初召集;德文方面推郭一岑、常道直、艾伟担任,由常道直召集;法文方面推崔载阳、张怀、吴俊升担任,由吴俊升召集;日文方面推吴家镇、姜琦担任,由姜琦召集。[②]2月15日,学会以专函的形式,告知上述各委员。[③]一周之后的第二届常务理事会议,对此无异议,同意了理事会的工作安排。[④]

对于理事会及常务理事会的决议,日文方面召集人姜琦以信函的方式将个人意见直接告知学会,函称:

> 嘱为担任日文方面教育书报提要工作委员,敢不如命。惟日文方面教育书报可谓汗牛充栋,故此项提要工作,决非一二人之力所能办到。加以

[①]《中国教育学会昨日续开理事会议》,《申报》1933年7月2日第19版。
[②] 中国教育学会编《中国教育学会会友通讯》,编者刊,1934年第3期,第1—2页。
[③] 中国教育学会编《中国教育学会会友通讯》,编者刊,1934年第3期,第5页。
[④]《中国教育学会昨开首次理事会》,《中央日报》1934年2月23日第4版。

第三章　会务进行期的中国教育学会(1933—1937)

琦与吴家镇君,一在安庆,一在厦门,无从召集,即以通信方式相接洽,亦不易进行。鄙见以为此项委员,至少须增至五人(不限日文方面,即中、英、德、法等国方面亦然),并且此项委员以居住上海、南京、北平者为最宜,因为做此项工作者最紧要者,为图书馆及其他学艺社等相接近。其召集人以现任图书馆或其他学术团体职员为最佳。查马宗荣君现任上海大夏大学图书馆主任兼中华学艺社编辑员,鄙见以为尤适于担任召集人。至于琦个人愿充任一委员,从旁帮助,而不愿担任召集,以免贻误工作。①

意见可谓相当真诚了。学会于3月3日复函姜琦,称"尊见顾虑颇为周详,惟如何处理之处,当俟提交第二次理事会讨论后,再为奉复"②。

德文方面召集人常道直也致函教育学会,称:"身旁缺乏德文教育书报,对于编译德文教育书报工作,无从着手,请另提适当会员担任。"③这既是实情,也是婉拒。随后,4月6日,学会第二届理事第二次会议,对于常道直来函请辞,议决:慰留,并加推许恪士、萧孝嵘加入编译;对于姜琦函请另推人担任日文教育书报提要工作案,议决:慰留,并加推马宗荣、廖鸾扬担任。④

学会于4月15日,致函姜琦告知理事会的决议⑤,并同时分函马宗荣、廖鸾扬,称:"本会第一次理事会决议推请姜琦、吴家镇等担任编译日文教育书报提要工作,旋接姜君函述以人数过少、接洽不易、请增加委员,以免贻误等情,当经提交第二次理事会决议,加推台端为日文教育书报提要编译委员,用特函达,即祈察照。"⑥对常道直也是特函通知,并分函许恪士、萧孝嵘二人。

1935年10月29日,教育学会为筹备第三届年会在无锡江苏省立教育学院开二届七次理事会议,议决:"对以前历届年会理事会通过之各种研究工作,已函催负责人,于年会前整理竣事,提出报告。"⑦对于教育书报提要工作自然有所

---

① 中国教育学会编《中国教育学会会友通讯》,编者刊,1934年第3期,第8页。
② 中国教育学会编《中国教育学会会友通讯》,编者刊,1934年第3期,第9页。
③ 中国教育学会编《中国教育学会会友通讯》,编者刊,1934年第3期,第9页。
④ 《中国教育学会在杭开二次理事会》,《中央日报》1934年4月16日第8版。
⑤ 中国教育学会编《中国教育学会会友通讯》,编者刊,1934年第3期,第9页。
⑥ 中国教育学会编《中国教育学会会友通讯》,编者刊,1934年第3期,第9页。
⑦ 《中国教育学会年会定期在武昌举行》,《中央日报》1935年10月31日第8版。

催促。11月4日,学会致函各会员,询问各自所承担的研究工作。此项书报提要工作的进展似乎难称令人满意。

姜琦不久便致函学会,称:"琦实无暇顾此,拟请马宗荣君主持一切,因马君对于此道研究有素故也。除函向马君请予恳允外,合行函达,即希查照。"①

英文方面召集人谢循初于12月7日致函学会,报告改组的进展及组员的意见。他接到第一次来函后,感觉"短期间欲召集本组同人会商甚感困难",遂由"他本人通讯征求各会员意见"。董任坚的意见为"关于儿童教育方面,中华儿童教育社已在《儿童教育》月刊上逐月有统系之选择介绍,如需要更详细之工作,不得不量杂志及书籍方面可着手,故目前计划之最简单者,即请会先拨付经费(约每月百元)购定书报,然后分配提要"。章益的意见为:"此项提要工作,现有商务印书馆出版之《教育杂志》约定专家多人从事提要,分期刊载,似与学会所计划者颇相吻合。惟该杂志所载之摘要非按论文性质分门汇集,学会方面如进行同样工作,尚可于此点有所改进。又该志摘要限于杂志论文,至于单行书籍介绍尚少,学会亦可从事补充。不过此时距下届年会为期甚促,如临时进行提要,决难有甚多成绩,可否商请商务教育杂志社,将其摘要之结果略加整理,报告于学会,好在担任摘要之人,亦多属学会会员,彼此沟通,未始不可等。"谢循初也觉得"为期大促,草草报会,定无成绩可观",而对此项工作"如欲进行……则非有多量之书报不可",所以只能"相应奉复,如何之处,即希酌裁"。②

德文方面常道直于次年1月25日致函学会,报告他们的进展及想法。他也曾致函郭一岑、艾伟,征询意见,结果"佥以为德文教育书报产量甚巨,弟等个人所得寓目者,不过沧海一粟,国内图书馆所有亦极鲜,如仅就弟等所见及者着手必贻一管窥豹之讥,且亦失去本会编刊此次书目之原意,对于教育界殊无何等价值"。故而"踌躇再三,未能执笔",不过也说道:"如本会诸同仁认为此次目录有编辑之必要,似应于资料供给上,谋妥切办法,敬希提出会议。"③

---

① 中国教育学会编《中国教育学会会友通讯》,编者刊,1936年第7期,第8页。
② 中国教育学会编《中国教育学会会友通讯》,编者刊,1936年第7期,第13页。
③ 中国教育学会编《中国教育学会会友通讯》,编者刊,1936年第8期,第5页。

二、筹备刊印《教育书报评论》

至于第二种措施,学会于1934年10月30日向会员发出通函一则,称:"本会为筹备刊印《教育书报评论》每年两册起见,拟搜集国内教育名流对于教育方面之著作,分别推定专家普遍评论并作介绍,以为研究教育者所需之参考书籍。素稔台端著作宏富,希将尊著(书籍及单行本)检赠一份寄会,毋任盼切。"①

通函发出后2个月间,收到著作、期刊共56种,64册。②其中外文者3册,其余皆中文,占绝大多数。期刊5种,共7册,其余皆为著作,占较大多数,当中既有学术专著,也有教科书,还有实验报告等类。

在收到捐赠后,教育学会又发函一封称:"本会为筹备刊印《教育书报评论》起见,曾具函征求有关教育方面之著作,兹承寄来……册,业经收到,除先予登记,汇请专家评论,广为介绍外,一俟此项《教育书报评论》印就后,当即寄奉。此后若有任何佳作出版,仍恳续寄,为盼,此致!"③

如今,我们在《民国时期总书目》(教育·体育)和《1833—1949全国中文期刊联合目录》(增订版)中检索不到"教育书报评论"的信息,基本上可以断定,此事未能按原先设想顺利推进并取得结果。

三、设立教育图书馆

学会为"促进教育专业,便利教育研究"起见,还曾拟设立教育图书馆。④此事与筹刊"教育书报提要"都是在学会首届二次理事会上通过的,当是推请江问渔等设计进行。⑤第三次理事会上,又加推陶知行为筹备委员。⑥此后,二届、三届理事会,对于此事没有跟进,因为学会会所问题未能解决,一直都是借用南京

---

① 中国教育学会编《中国教育学会会友通讯》,编者刊,1934年第4期,第5页。
② 中国教育学会编《中国教育学会会友通讯》,编者刊,1934年第4期,第15-17页;另见《中国教育学会会友通讯》,编者刊,1935年第5期,第33页。
③ 中国教育学会编《中国教育学会会友通讯》,编者刊,1934年第4期,第6页。
④《会务报告》,《中华教育界》1934年第21卷第7号,第183页。
⑤《中国教育学会昨日续开理事会议》,《申报》1933年7月2日第19版。
⑥《会务报告》,《中华教育界》1934年第21卷第7号,第183页。

中央大学房屋作为联络处,过着"居无定所、寄人篱下"的生活,既无经费添置书籍,也无房屋可以存放。

到了1948年下半年,学会通过向会员募捐以及接受美国全国教育协会(NEA)的捐款,欲在南京建筑会所,后决定在清凉山建筑,会所中附设图书馆及外埠来京会员招待所。[①]此时,国民政府币制改革失败,物价飞涨,不久中国进入了另一种社会,此事也就未能实现。这个设想却是极有价值的。教育研究不能平地起高楼,必须不断地积累,而专业的图书馆是最好的蓄水池,后来者可以从中汲取许多的营养。今日有教育学院的大学,其实都应当有这样一个教育图书馆,最低也得是资料室。

第十一节 发刊教育书报

教育社团与教育刊物关系极大,一社团至少应有一专门机关刊物[②],用以传播其研究所得,向社会传递其信息,从而引起社会反响,促进教育建设,与社会、与社团是两利的事情。更毋庸说研究性的社团对于教育书刊的需要了。

回首中国教育社团及其机关刊物的历史,可以发现,早在1902年时,中国教育会的成员,就已经获知机关刊物的重要了,所以才有了与《苏报》的关联,当然后来也因为"《苏报》案"而惨遭封闭。民国以来,江苏省教育会有《教育研究》,浙江省教育会有《教育周报》,中华教育改进社有《新教育》,中华职业教育社有《教育与职业》,中华儿童教育社有《儿童教育》,中国社会教育社有《教育与民众》,几乎有影响的重要教育社团都有自己的机关刊物。那么中国教育学会

[①]《中国教育学会在清凉山建会所》,《中央日报》1948年10月1日第4版。

[②] 教育社团与教育书刊的关系极其紧要,一般来说一社团即有一机关刊物,或书或刊,用以传递该社团的信息,随着教育研究的进步,如今已经突破了"一",如美国的全美教育研究协会(American Educational Research Association,即AERA),拥有6份学术刊物,即 Review of Research in Education、Review of Educational Research、American Educational Research Journal、Educational Evaluation and Policy Analysis、Educational Researcher、Journal of Educational and Behavioral Statistics。就世界教育的历史而言,还有由某种杂志而形成一种教育社团的事例,如日本的教育科学研究会,就是由《教育科学》杂志的作者与读者组合而成。

又打算发行什么样的刊物呢？

笔者就《民国时期总书目》（教育·体育）、《1833—1949全国中文期刊联合目录》（增订版）、《中华教育界》、《教育杂志》、《教育通讯》以及教育学会的内部资料等，整理出了中国教育学会出版书刊一览，如下所示。

表3-6 中国教育学会编辑出版书刊一览

届别	主编者	题名	出版者	年月	类型
第一届	学会主编	中国教育学会会章、会员录、成立会纪录	编者刊	1933	年报
	学会主编	中华教育界·中国教育改造专号	教育界杂志社	1934	刊物
	学会主编	中国教育学会会友通讯（第1~2期）	编者刊	1933	内刊
第二届	学会主编	中国教育学会第二届年会报告	编者刊	1934	年报
	学会主编	教育杂志·师资训练专号	教育杂志社	1935	刊物
	委员会主编	中国生产教育问题	商务印书馆	1935	图书
	学会主编	中国教育学会会友通讯（第3~7期）	编者刊	1934~1936	内刊
第三届	学会主编	中国教育学会第三届年会报告	编者刊	1936	年报
	学会主编	中国教育学会会友通讯（第8~12期）	编者刊	1936~1939	内刊
第四届	联合会编	建国教育（第1~2卷）	编者刊	1938~1942	刊物
第五届	未知	未知	未知	未知	未知
第六届	未知	未知	未知	未知	未知
第七届	学会主编	三十三年中国教育学会年报	中华书局	1944	年报
第八届	未知	未知	未知	未知	未知
第九届	学会主编	三十六年中国教育学会年报	中华书局	1947	年报
	学会主编	中华教育界·教育学会第九届年会论文特辑	教育界杂志社	1947	刊物
	学会主编	教育杂志·中国教育学会年会专辑	教育杂志社	1948	刊物
	学会主编	教育通讯·中国教育学会第九届年会专刊	教育通讯社	1948	刊物
	学会主编	中国教育学会会务通讯（第1~7期）	编者刊	1948	内刊

全面抗战期间，因纸张紧张及经济困难，似乎未能单独出版刊物，与其他学术团体组成的联合会曾出版《建国教育》杂志，共2卷。其他基本上可以分为这样几类：

(1)内部通讯，共出两种，一为"会友通讯"，一为"会务通讯"，前者为不定期

刊,从1933年4月一直到1939年3月,据学会介绍共出12期,今能见者仅10期,后者共出7期,都是1948年所出;

(2)年报,共出5册,成立会、二届年会、三届年会、三十三年、三十六年,前3册记载了前三届年会的详情,后2册主要以年会论文为主,附有学会活动的介绍;

(3)杂志论文专辑,全面抗战前在《中华教育界》《教育杂志》各出版一次专题论文汇集,抗战胜利后在《中华教育界》、《教育杂志》和《教育通讯》将会员向年会提交的论文加以发表;

(4)图书,1册,即《中国生产教育问题》。

可以发现,教育学会一直没有出版一种定期刊物,如"教育科学""中国教育学报"之类的刊物作为机关志,其内部通讯,除了"会务通讯"偶有一两篇学术论文外,都是学会活动的记载,研究的成果较少。

至于5册年报,前3册为年会活动记录,后2册为会员向大会提交的年会论文,当中有些与学会所认定的年度三个中心研究问题并无关系,所以同样名为年报,它们的学术含量与全美教育研究会的年报(Yearbook)还有着很大的距离。

第十二节 贡献教育主张

教育学会将研究所得,除了公诸社会供大家参考外,还有供行政部门采择施行,期望由研究以促进行政的改进。正如成立会上,教育部方面的代表、同时也是创会会员顾树森所言:"教育行政方面所定之法令规章,往往不能适合意志,此于身历其境者,尤感此情;今教育学会成立,则行政方面,多一咨询之机关,实为欣幸。"[1]

行政方面,特别是教育行政机关,对于教育学会也有所期待。教育学会除了向中央教育行政机关贡献教育主张外,有时也向其他部门提供关于教育的见解。

---

[1] 中国教育学会编《中国教育学会会章、会员录、成立会纪录》,编者刊,1933,第22页。

中国教育学会就曾向立法院建议"宪法上关于教育经费比例"的问题。1934年4月6日,学会二届理事二次会议上有会员提出"建议立法院关于宪法教育等章,应明白规定,教育经费一律独立,并加以保障,其所规定教育经费百分比之上,应添'至少'二字,以免发生弊端",议决:通过。①其后,学会根据这一决议,于4月30日函立法院供给上述建议。原函称:

敬启者:窃以教育为立国根本大计,际兹民族衰微国难危急之秋,复兴救亡,实为教育是赖,而教育之能否发展,则又视乎教育经费之能否独立稳固以为断。查欧战以还,所有复兴或改进之国家,其宪法上大率有教育专章或专条之设,而于经费之来源支配等问题,亦多有切实之规定。反观吾国自兴办新教育以来,对于教育经费,向无确实保障之明文。比年以来,外患频仍,内乱时起,事实上教育经费又受政治军事之影响,迄无一安定局势。国家之不幸,亦即教育事业之危机。从事教育之人迫于热诚,困于生计,因陷于进退彷徨之境,几无自立立人之道,以是相率改业,涉足宦海者,比比皆是。而国家教育交受其弊,似此而欲复兴救亡,殆亦戛戛乎难矣。

本会有见及此,爰于第二次理事会议决"建议立法院关于宪法教育专章应明白规定教育经费独立,并加以保障其所规定之教育百分比之上,应添'至少'二字,以免发生弊端"在案,用特申叙缘由,录案函达,敬祈于宪法教育专章内,明定条文,藉免教育经费紊乱之象,而臻教育事业于健全定之域,事关兴亡,尚希采择施行,不胜翘企之至。②

立法院接到建议书后,由秘书处复函一则,称:"本院接准大函,……除存候汇办外,相应函复,即希查照为荷。"③两年之后,在1936年5月5日,国民政府公布了《中华民国宪法草案》(即"五五宪草"),其第7章为"教育专章",共计8条。对于教育经费一项,规定为:"教育经费之最低限度,在中央为其预算总额百分

---

① 《中国教育学会在杭开二次理事会》,《中央日报》1934年4月16日第8版。
② 中国教育学会编《中国教育学会会友通讯》,编者刊,1934年第3期,第3页;另见《中国教育学会向立法院建议宪法上应规定教费独立至少之百分比》,《申报》1934年5月5日第14版。
③ 中国教育学会编《中国教育学会会友通讯》,编者刊,1934年第3期,第3页。

之十五,在省区及县市为其预算总额百分之三十,其依法律国立之教育基金并予以保障。贫瘠省区之教育经费,由国库补助之。"①虽未使用"至少"二字,却有"最低"的限定。

中国教育学会也向教育部贡献教育主张,尽管后续不详,但仍值得一叙。1934年12月,中国国民党第四届中央执行委员会第五次全体会议上,立法院长孙科及于右任、马超俊、梁寒操、陈庆云五人提出"学校减少假期缩短学年案",主张"各级学校,每年放暑假三十日,年假三日,国庆纪念假一日,每两星期放假一日,其余各日不得放假停课,而大学及高中修业年限,比现行者各缩短一年"。后经大会议决:"学校减少假期缩短学年,尚有他种复杂关系,交政治会议核议。"再经中央执行委员会政治会议第四四零次会议,议决:先交行政院核议,俟复到再提会讨论。再经行政院第一九六次会议决议:交教育部审议具复。教育部奉行政院第四一一号训令后,以"事关变更学校学年学期及休假日期,应先由各大学教育院系及研究教育社团,详细研究"为由,于1935年2月12日抄发原附件,以第一六一九号训令令中国教育学会"于文到一个月内,将研究结果,具报候核"。②

部令到达后,学会在内部通讯上发出启事,称:"本会前奉部令关于学校减少假期缩短学年一案,本会为集思广益起见,特将原文刊入本期,凡我会员对于此案,务请详加研究,并请尽春假前将研究结果函寄本会,以凭汇集讨论呈复教部,毋任盼切。"③后据媒体报道称"中国教育学会正在研究中,俟汇案讨论后,即呈覆教育部"。④抗战全面爆发后,学会在南京中央大学的所有文件、案卷等一切材料尽毁于炮火之下⑤,其后的进展无法探明。尽管如此,也足以表明合作是存在的。

---

① 《中华民国宪法草案中之教育条文》,《教育杂志》1936年第26卷第6号,第135页。
② 中国教育学会编《中国教育学会会友通讯》,编者刊,1935年第5期,第2页。
③ 中国教育学会编《中国教育学会会友通讯》,编者刊,1935年第5期,第34页。
④ 《缩短学年案中国教育学会研究中》,《新闻报》1935年2月11日第15版。
⑤ 中国第二历史档案馆编《中华民国史档案资料汇编·第五辑第二编·教育(二)》,江苏古籍出版社,1997,第828-829页。

第十三节　拟具《民族复兴与教育方案》

在1936年，教育学会还有一件值得纪念的事情，即完成了《民族复兴与教育方案》的编制，该方案又称《非常时期教育方案》或《国难时期教育方案》，后因教育部所发文告用的是《国难时期教育方案》，故而也沿用此名。但为了区别其他单位所拟的方案，这里还是恢复其旧称。据学会的会务报告言：

> 本会在武昌举行第三届年会时，各会员鉴于当前国难之严重，若仅恃此蹈故袭常之教育，讵能挽回国运之危殆，必须对于被教之儿童青年民众于通常课程外，实施有效的特种教育，因有非常时期教育之研讨，当时并曾由主席团及加推之黄任之等十会员先行讨论，草成《国难教育施行纲要》，经通过后交由理事会负责进行，理事会于是先就各地会员中汇集意见提交理事会缜密讨论，最后根据各理事意见，用郑西谷之原拟方案，推由陈剑翛等加以整理，除提供教育行政当局参考外，并曾将原文刊载于《会友通讯》第八期，内容分总纲、中学以上学校、小学及民众教育等部分，凡于行政设备、课程教学、公民及生活训练、体育童军、社会服务等等无不详为说明。①

中国教育学会拟具的《民族复兴与教育方案》列出三原则作为总纲：一是教育上一切设施须适应国家目前非常之需要；二是各项教育应在政府统制计划下统一意志、整齐步骤，培养共同信仰；三是国难时期之教育应特重精神训练、体格训练与国防有关学科及技能之研习②。这与其他部门或社团拟具的国难教育方案很不一样，如上海文化界救国会的方案所定推进大众文化、争取中华民族之自由平等以及保卫国家领土与主权之完整③，此更近乎整个抗战的目标，而不完全适用于教育部分，也无法指导教育的实践。反观，中国教育学会的方案就很具体，对学校当局以及教育行政机关而言，可立即着手进行或予以布置，且以

---

① 中国教育学会：《中国教育学会会务进展概况》，载中国教育学会编《三十三年中国教育学会年报》，中华书局，1944，第177-178页。
② 中国教育学会编《中国教育学会会友通讯》，编者刊，1936年第8期，第8页。
③ 上海文化界救国会：《国难教育方案》，《中华教育界》1936年第23卷第9期，第107页。

该方案的小学部分为例：

一、行政与设备

（一）各省市教育厅局应定期召集各县教育局长（或县政府主管科长）、督学及市立小学校长，训练二星期，讲授国难时期需要之军事常识及教育实施方法。

（二）各县教育局（或县政府主管科）应利用春假期间，分区召集各小学校长及教职员，受上级之训练。

（三）各省市立小学校长于受训后应利用春假期间，同样训练各该校全体教职员。

（四）各省市教育厅局应于最短期间编印国难时期教育刊物，指示实施方法，灌输军事常识，颁发所属各小学。

（五）各省市教育厅局应于最短期间编选发扬民族之各科教材，颁发各校应用。

（六）各地小学应尽量节撙办公消耗费用，渐次添置防毒、消防、医药等用品以及各种劳作设备。

（七）各市县教育局（或教育主管科）应将全部小学分为若干单位，每一单位以邻近之小学若干所互相联络协助，以便应对非常事变。

（八）各小学校长应领导教职员实地参加国难时期之各种工作及儿童训练事项。

（九）教职员于非常事变发生，应忍耐困苦，努力服务，维持教育生命。

（十）各省市县教育行政机关对于各校国难时期教育之实施应特派专员严加考查，切实督促。

二、课程与教学

（一）小学各科课程应特别注重发扬民族精神之教材及国难时期需要之知识技能。

（二）国语教材应多选民族英雄传记及有关国防时事之重要文字，无意义之笑话、谜语、滑稽、幽默等文字均应删除。

（三）常识教材应特别注重民族史上之伟大功绩，历次中外战事之成败得失，军事地带及要塞之形势，边境与各国之关系，本省及本地之地势，交通与运输,各国情势之大要,各国旗帜,毒气及其避免方法,避灾及简易救护方法,以及军事军械之简单常识等材料,每日并须规定时间,报告重要时事。

(四)劳作教学应训练儿童制造防毒面具、防空灯罩及开掘地窖等工作,并应注重缝补、烹煮、洗涤、搓绳、编结、农事及制作简易日用品等实用技能,务使能于非常事变发生时,替代一部分之成人工作。

(五)音乐教材应选授勇敢、奋发、激昂、慷慨之歌曲,绝对禁用萎靡、消沉及一切娱乐用之材料。

三、公民训练与生活训练

(一)国难时期之小学公民应特别注重下列各项精神训练:

(1)忠勇:养成儿童忠于国、忠于人、忠于事,勇敢有为,不畏牺牲之坚强意志,平日可多举忠勇故事,使儿童有具体之观念,并须支配服务事项,以训练其为公尽忠、尽责之习惯。

(2)服从:使儿童绝对服从团体、服从长上、服从规约,严守纪律,以养成整齐统一之习惯,儿童日常行动须绝决遵照家长、教师之命令,上下课出入教室以及一切团体活动,尤须严守纪律。

(3)礼貌:儿童遇升降党国旗及唱党歌时,须肃立致敬。

(4)敏捷:儿童工作以及日常行动,必须敏捷,排队集合、整理用物等须规定时间,切实练习。有寄宿生之学校,应训练其起身之敏捷,安置或搬运用物亦须迅速,并得参用军队之训管方法。

(5)沉着:学校中应常举行警备练习,以训练其临变不惊之习惯。

(6)勤苦:平日应用纸张笔墨,须力求撙节,衣食力求简单,并须切实从事劳动服务。

(二)紧急集合、避灾及消防练习为训练上列各项之主要方法,至少每二周举行一种。

(三)儿童无论在校外或校内,应有严密之组织,并酌采用军队编制,以便号召集合。

(四)小学校应切实联络儿童家长,对于应付非常事变发生之儿童训练取同一态度,勿存姑息宽纵。

四、体育与童军

（一）小学校在国难时期应特别注重体格锻炼。

（二）小学校每日应令儿童练习跑步，跑步时间依儿童年龄或年级分别规定之。

（三）小学校每周至少应举行校外远足、竞走或爬山一次。

（四）小学体育课程应多用模拟战争之游戏。

（五）小学体育课程应当使儿童练习攀登、负重等。

（六）已设童子军各校应加紧训练，并应注重传讯、架桥、消防、救护、运输、斥候等实用课程。

五、社会服务

（一）小学教职员应于课余及休假时间向民众宣传战争常识。

（二）小学教职员得于课余及休假时间协助当地公安机关办理警备事宜。

（三）小学儿童应每日向家长及亲邻报告时事。[①]

由上可知，教育学会拟具的方案比较具体，甚至有些琐碎，但对学校而言，不必再经过思维的转换，只需要依照意见进行微调甚至不需要调整，就可以付诸实施。操作性之所以如此强，主要得益于教育学会的会员多数是服务于教育一线的教育工作者，如撰稿人郑西谷当时任上海中学的校长，具有丰富的实践经验，所以这则方案比较贴近教育的现实。后来自然也就获得了教育部的认可，学会也由此凸显了自己的专业性及重要性。尽管存在有"后见之明"及"苛求前人"的嫌疑，还是要指明这份方案并不完美无缺，它对"服从"强调得太过了，课内课外守规矩重纪律是应该的，但是要儿童"绝对服从"，尤其是绝对服从长上，显然是中了"新生活运动"的毒，在不自觉与自觉之间，将教育变成了维护国民党统治的工具。

---

① 中国教育学会编《中国教育学会会友通讯》，编者刊，1936年第8期，第12—14页。

团体联合期的中国教育学会
（1937—1947）

第四章

热心者结成社团以共同推进教育事业,本就是近代史上非常特别的一幕,而更耀眼的是教育社团之间还会有联合,1911年的各省教育总会联合会开了个好头,此后全国教育会联合会更是指导了20年代的教育改革。北伐以后,地方性的教育会与事业性的教育社有所恢复及发展,学术性的教育学会也应运而生,只是各社团之间缺乏交流与合作,那么平台的建设就显得至关重要了。只是它的产生,需要一点契机。

第一节 应对第七届世界教育会联合会会议

教育上一社团之产生,绝不是无缘无故的,必有其背后的缘故,20世纪30年代中国教育社团的大联合——中国教育学术团体联合会(起初名为中国教育学术团体联合办事处,到1944年才更名为联合会)的产生,也有其特定的缘故。

一、中国教育学术团体联合办事处产生诸说

一种是"自然说",意味这种大联合是自然而然产生的,几乎没有什么缘由,如"1937年春,中国教育学会、中华儿童教育社、中华职业教育社、中国社会教育

社、中国民生教育会等14个教育学术团体在南京成立联合办事处"。[1]这样的解释难以令人满意。

另一种是"必要说",联合办事处在介绍其产生时,就持是说——"教育界同人鉴于团体繁多,而各不相谋,有联合组织以谋相互密切联系之必要,于是由中国教育学会约集中华儿童教育社、中华职业教育社、中国社会教育社、中国教育电影协会、中国卫生教育社、中华健康教育研究会各团体,联合组织办事处于南京"[2]。这一说法,后被沿用,如《教育杂志》称"教育界同人鉴于团体繁多,认为有联合组织必要"[3];吴鼎的说法与办事处一字不差[4];再如《第二次中国教育年鉴》亦称"其时我国教育界人士,因感国内各教育学术团体有相互联系之必要"[5]。疑惑在于究竟是什么样的"必要"呢?这一点倒正如任鸿隽以前所批评的"皆不免失之于笼统,不容易得一个明确的观念"[6]。

还有一种是"号召说",见于当时经历者的回忆,如李清悚称:"中国教育学术团体联合会是(全面)抗战前在南京国民党政府教育部为了组织民间教育学术团体选派代表出席东京召开的太平洋教育会议而号召组织的。联合会被邀约的有14个团体,……未及组成而抗战事起。"[7]问题在于中国参加太平洋教育会议是1921年的事情,代表团由蔡元培领衔,且是在檀香山举行的,而不是东京。此时离中国教育学会诞生还有十多年的空白期。在东京召开的是另一国际教育会议,即世界教育会联合会召集的"世界教育会议"。

三种说法,关于教育学术团体的数量存有分歧,有7个之说,也有14个之说。关于大联合之产生,有说是学者之见,有说是官方之意,究竟谁更接近事实呢?第二种说法,问题在于未能解释"必要"究竟是什么。50年后的回忆解释

---

[1] 李华兴主编《民国教育史》,上海教育出版社,1997,第587页;另见教育大辞典编纂委员会编《教育大辞典·中国近现代教育史》,第118-119页,该辞典的这一词条将"中国教育学会"误为"中国教育协会"。

[2] 《中国教育学术团体联合办事处成立及发展概略》,《建国教育》1938年第1卷第1期,会务报告第1页;另见中国教育学术团体联合办事处:《中国教育学术团体联合办事处概况》,《中国教育学术团体联合年报》,编者刊,1944,第1页。

[3] 《教育学术团体联合会办事处成立》,《教育杂志》1939年第29卷第2号,第92页。

[4] 吴鼎:《十二教育学术团体联合年会始末记》,《教育杂志》1939年第29卷第3号,第59页。

[5] 教育部教育年鉴编纂委员会编《第二次中国教育年鉴》,商务印书馆,1948,第847页。

[6] 叔永:《教育改革声中的师范教育问题》,《独立评论》1932年第28号,第7页。

[7] 李清悚:《回忆"中华儿童教育社"》,《江苏教育史志资料》1989年第4期,第55页。

了,只是出了偏差,这一"必要"不是因为"太平洋教育会议",而是"世界教育会议"。故而,这种大联合的产生,应为"应对说",应对第七届世界教育会议之产物。

二、中国教育学会准备出席第七届世界教育会联合会

世界教育会联合会为一全球性的民间组织,中国为创会成员之一,北伐以前,主要由中华教育改进社及全国教育会联合会派员参加,北伐之后由国民政府派人参加,可与其民间组织的性质不相符。到了1937年的第七届大会,按照上届会议决议将在日本东京举行,这种国际性的教育会议,首次在远东举行,中国离日本这么近,不参加不合适,但似乎不能再由政府派员,此时酝酿多年的中国教育学会已告成立,故而教育部希望教育学会方面能够派代表出席。

其实,按照规程,应该是由全国教育会联合会选派代表参加,只是曾经独领风骚的全国教育会联合会已经偃旗息鼓近十年了;另一方面,国民政府的历次规程,如1927年的《教育会规程》、1928年的《教育会条例》和1929年的《教育会规程》只认可地方的教育会[①],都没有提及全国性的,直到1931年的《教育会法》第14条的出台,才为组织全国教育会或全国教育会联合会扫清了法律上的障碍。但其规定也非常苛刻,一种是"教育部认为必要时",另一种是"有省教育会及行政院直辖市市教育会十个以上之提议时",才可以召集全国教育会联合会议。[②]尽管条件苛刻,但教育界至少有过两次组织全国教育会联合会的运动,在1933年5月,上海和北平两大都市教育会"为谋集中全国教育界抗日救国力量起见",致函各省市教育行政机关,调查辖区内有无教育会之组织,以便发起组织全国教育联合会。[③]可惜没有下文。第二次是在1937年,那已是中国教育学会被授权参加此次世界教育会联合会之后了,加上众人先议定的开成立会日子

[①] 教育行政委员会于1927年公布的《教育会规程》第2条规定:"教育会分二级:甲、省区教育会;乙、县市教育会。"大学院于1928年颁行的《教育会条例》中此条规定同前一年所颁《教育会规程》。教育部于1929年颁行的《教育会规程》将其分为三种:"一、省教育会;二、特别市教育会;三、市县教育会。"

[②] 中国第二历史档案馆编《中华民国史档案资料汇编·第五辑第一编·教育(一)》,江苏古籍出版社,1994,第70页。

[③]《沪平两市教育会发起组织全国教育联合会》,《申报》1933年5月20日第14版。

为1937年春假左右①,因各学校忙着会考及毕业考,于是又延期至10月10日,可是中间抗战全面爆发,形势的变化,使得此项动议也落空了。也就是放眼国内,最具有代表性的莫过于中国教育学会了,所以教育部希望学会能够出席此次世界教育会议,学会的会议录中也明文记载:"因我国现在尚无全国教育会,教育部及各方面意见,均希望本会负发起责任。"②

1936年11月23日,教育学会在教育部的会议室举行第三届理事③第四次会议,对于"世界教育会议举行期近应如何筹备参加案"及"教育部征集世界教育会议提案应如何办理案",并案讨论,议决:通函世界教育会会长孟禄博士,学会准备缴费加入该组织,并请答复会费及明年在东京开会情形;组织出席世界教育会议筹备委员会,并推定了委员人选;另邀集中华儿童教育社、中华职业教育社、中华学艺社、中国社会教育社以及其他教育团体,派员共同参加筹备。④

1937年1月19日,教育学会所组织之筹备委员会,在中央大学举行了第一次会议,议决:扩大组织,征求各教育学术团体加入,发起共同组织筹备会(名称另定),拟邀请中国社会教育社、中华儿童教育社、中华职业教育社、中国卫生教育社、中国健康教育研究会、中国教育电影协会各团体推派代表2人至5人来京,于1月27日下午4时在教育部开会,会后便致电上述团体:

> 鉴咸日在教育部开会,商发起出席世界教育会筹备会事务,请推代表准时出席,特此电催,并盼复。"⑤

学会方面推定了5名出席代表,2日之后,以通函的形式加以告知⑥。至于

---

① 《全国教育会将成立》,《申报》1937年3月3日第16版。
② 《中国教育学会筹备参加世界教育会议》,《中央日报》1937年1月21日第8版;另见中国教育学会编《中国教育学会会友通讯》,编者刊,1937年第10期,第2-3页)
③ 教育学会出席理事有:张伯苓、郑通和、陈剑儵、许恪士、邰爽秋、陈礼江、常道直、杨亮功、庄泽宣、程其保(陈代)、杜佐周等。
④ 中国教育学会编《中国教育学会会友通讯》,编者刊,1937年第10期,第2页。
⑤ 中国教育学会编《中国教育学会会友通讯》,编者刊,1937年第10期,第12页。
⑥ 1月19日的第一次筹备会议,推定蒋梦麟、马宗荣、杨亮功、刘湛恩、汪典存五位会员为学会出席筹备会代表。21日,学会通函上述五位:"本会参加世界教育学会一案,经筹备委员会决议,推请先生为本会出席筹备会代表,定于1月27日(星期三)下午4时在教育部与各教育社团合开筹备委员会,商讨参加该会之一切手续,至希赏临出席,代表一切为荷。"(中国教育学会编《中国教育学会会友通讯》,编者刊,1937年第10期,第11-12页。)

学会内原有之筹备委员会仍旧存在。①

三、组织中国参加第七届世界教育会议筹备会

1月27日,中国教育学会与应邀之学术团体,在教育部举行第一次联合筹备会议,出席12人,代表六教育学术团体,即中国卫生教育社、中华健康教育研究会、中国教育学会、中国社会教育社、中华儿童教育社和中华职业教育社。经众代表讨论后,议决:组织定名为"中国参加第七届世界教育会议筹备会",并准备再征集团体单位加入。但对于征集做了一定的限制,即"除原请之教育学术团体单位外,凡全国研究教育学术团体(地方教育除外),并以立案者为限"。如此,各地的教育会,即便是省教育会也不在受邀之列,故而此后的中国教育学术团体联合会中没有各地的教育会,是从最初就开始限制了的。或许这是中国教育社团发展进程中的一大遗憾。

会上,还将筹备会分成了总务组、考察组、交谊组、提案组、论文组和编辑组等六组,同时希望以后开会,请教育部派员出席指导。②

会后,教育学会便致函中国教育电影协会和其他教育团体,请其推派正式代表参加。函称:

> 敝会鉴于该会(世界教育会议)在东亚举行,尚属创举,我国倘不筹备加入,必致贻国际间以不良印象,甚至滋外人以文化落后之讥,爰经敝会理事会决议,联合各教育学术体共同筹备参加世界教育会议,一切手续,素仰贵会热心教育,对于此举必荷,赞同用特备函奉约至希,俞允为荷。③

2月10日,中华健康教育研究会亦复函教育学会,称:兹推定五人为本会代表,即希查照,通知出席筹委会。④16日,中国卫生教育社亦复函学会,称已推定

---

① 《中国教育学会筹备参加世界教育会议》,《中央日报》1937年1月21日第8版;另见中国教育学会编《中国教育学会会友通讯》,编者刊,1937年第10期,第2—3页。
② 《参加世界教育会议筹备会举行谈话会》,《申报》1937年1月28日第12版;另见《六团体昨首次会商参加世界教育会议》,《中央日报》1937年1月28日第8版。
③ 中国教育学会编《中国教育学会会友通讯》,编者刊,1937年第10期,第12页。
④ 中国教育学会编《中国教育学会会友通讯》,编者刊,1937年第10期,第12—13页。

该社代表五名①。2月20日,中国教育电影协会亦来函,告知推定代表名单及通信地址。其他教育社团亦来函,告知各自所推定正式代表,如此便完成了中国参加第七届世界教育会议筹备会的组织②。

四、改为中国教育学术团体联合办事处

原定2月20日在教育部举行第二次联合筹备会议,因个别团体代表名单姗姗来迟,故而延后了一些。

2月28日,为参加第七届世界教育会议而联合起来七教育学术团体以及教育部开筹备会,共有23人参加,其中中国教育学会5人,蒋梦麟(陈剑翛代)、刘湛恩、杨亮功、汪懋祖、马宗荣;中华健康教育研究会4人,朱章赓、钱用和、张崇德、孙家齐;中国教育电影协会2人,郭有守、褚民谊(郭有守代);中华儿童教育社4人,董任坚、马客谈、李清悚、程其保;中国社会教育社2人,陈礼江(顾良杰代)、雷宾南;中国卫生教育社4人,叶溯中、胡叔异、李紫衡、姜卿云(叶溯中代);中华职业教育社1人,陈重寅;教育部1人,黄建中;共7团体1机关,合8单位,23名代表,在教育部讨论参加与会事宜。会议讨论及决议:本国决定参加世界教育会,如伪满参加,我国绝不参加;组织名称欠妥,改为"中国教育学术团体联合办事处"。随后讨论了办事处的组织问题,办事处设干事会,处理日常事务,下设总务组、交谊组、提案组、论文组、编辑组、考察组六组。③

6月2日,联合办事处举行干事会,讨论世界教育会议我国既已决定参加,各教育团体代表如何产生,议决:根据各团体开送名单及与上级教育机关洽商结果后再推定。④

---

① 中国教育学会编《中国教育学会会友通讯》,编者刊,1937年第10期,第12页。
② 此时,组成"中国参加第七届世界教育会议筹备会",共有七教育学术团体,即中国教育学会、中华健康教育研究会、中国教育电影协会、中华儿童教育社、中国社会教育社、中国卫生教育社、中华职业教育社。(七团体代表名单参见:中国教育学会编《中国教育学会会友通讯》,编者刊,1937年第10期,第26页)
③ 中国教育学会编《中国教育学会会友通讯》,编者刊,1937年第10期,第4-5页;另见《世界教育会议我国决参加》,《中央日报》1937年3月1日第3版;《世界教育会议如伪国参加我国不出席》,《申报》1937年3月1日第12版。
④ 中国参加第七届世界教育会出席代表共17名,即胡适、何炳松、庄泽宣、汪懋祖、廖世承、周甦生、刘湛恩、高君珊、刘吴卓生、雷宾南、程其保、叶溯中、齐国栋、魏学仁、董任坚、罗廷光、胡叔异。(《出席世界教育会议我国代表已推定》,《中央日报》1937年6月3日第8版;另见《中国教育学术团体推定出席世教会议代表》,《申报》1937年6月3日第12版)

6月20日，各教育学术团体出席世界教育会议代表在南京开第一次会议，决议：团体定名为"第七届世界教育会议中国代表团"，并推胡适为团长，程其保为秘书长，刘湛恩为干事长；出发日期为7月23日，在沪集合，29日到神户。①然而其后的变化，使得上述筹备不得不中断，诸般辛苦付之流水。

第二节 中国拒绝出席世界教育会议

关于此次在东亚举行的第七届世界教育会议，中国方面出不出席的前提条件非常明确，那就是伪满方面不能参加。然而在这点上，日本方面又耍起了诡计。

一、日美表态伪满不参会

1937年3月7日，第七届世界教育会议日本事务局事务总长大岛正德来函，称伪满方面不参加此次会议。

4月28日，世界教育会会长孟禄来华，中央社记者曾当面采访，孟表示此次世界教育会议，伪满洲国不参加。②

4月29日晚，孟禄在中国教育学会上海分会、中华职业教育社、中华儿童教育社、中国教育建设社、中国特种教育协社、中华卫生教育研究会等六教育团体欢迎晚会上，当众演说亦称华盛顿总会未通知伪满参加，如果日本提议伪满出席，当以主席资格阻止，希望中国方面能够积极参与。③关于孟禄的来华游说，胡适记道："4月29日，到上海，上午看Dr. Monroe，小谈，他力劝我参加东京之世界教育会议。"④

---

① 《世界教育会议我国代表首次会议》，《申报》1937年6月21日第12版。
② 《孟禄博士昨晨抵沪谈世界教育会议伪无代表》，《申报》1937年4月29日第8版；另见《世界教育学会会长孟禄博士昨抵沪》，《中央日报》1937年4月29日第8版。
③ 《六教育团体昨欢宴孟禄博士》，《申报》1937年4月30日第12版。
④ 曹伯言整理《胡适日记全集》(第7册)，联经出版事业股份有限公司，2004，第408页。

5月间,日本方面再次表态,有高桥博士表示:"中日两国,政治上虽有种种隔膜,但教育上并不歧视,……希望中国多派代表出席世界教育会议,藉以引起两国教育上交换意见,以便互相提携云。"①

二、伪满列席系既定方针

6月间,有人具呈南京特别市党部称:"据最近日本《帝国教育》杂志所载,伪满组织竟将代表出席参加。"②

呈文是否属实呢?不妨核对一番。据日本帝国教育会的机关杂志《帝国教育》的报道:自2月23日起至3月末,申请参加会议有13国,代表300人。③自4月7日起至5月末,参加国家及团体有所增长,已有24个,代表572人。④自5月7日起,至6月末,预备参与国家及团体又有增多,达到32个,人数达622人。⑤第三次报告,伪满已赫然在列。

当时,申报记者采访日方某筹备委员,他面不改色地说道:"贵国教育界忧虑'满洲国'参加问题,实则不成问题,……'满洲国'尚未入会,未必派正式代表参加,如派员列席,亦须俟大家讨论。"⑥此则报道公布之次日,担心的变故已成真。

6月30日,联合办事处接事务总长来函,称日方已决定允许伪满代表特别参加。

办事处于次日开临时紧急会议,以我国教育团体早就明言反对伪满代表参加世教会议,而日方此前来函,声明不会邀请伪满参加,现背信前言,深为愤憾,特致电严重质问,并表示坚决反对之意。⑦

然而,日本事务局不顾中国之反对,于7月10日正式邀请伪满出席,并称系根据既定方针。⑧当日,联合办事处为此开紧急会议,经出席代表之一再考虑,

---

① 《日本教育界注意孟禄在华谈话》,《申报》1937年5月13日第12版。
② 《世界教育会议伪满竟拟出席》,《中央日报》1937年6月30日第8版。
③ 《第七回世界教育会准备进展状况》,《帝国教育》1937年第702号,第87页。
④ 《海外参加申告状况》,《帝国教育》,1937年第703号,第90页。
⑤ 《海外参加申告状况》,《帝国教育》,1937年第704号,第59页。
⑥ 《日本委员声称世界教育会议伪满不参加》,《申报》1937年6月29日第10版。
⑦ 《日当局食言背信 邀伪满参加世教会议》,《中央日报》1937年7月2日第8版;《世教会允许伪满参加 全国教育团体昨开紧急会 致电严重质问并坚决反对》,《申报》1937年7月2日第12版。
⑧ 《世教会议日事务局昨正式请伪满参加》,《申报》1937年7月11日第18版。

并作极详尽讨论后,议决:第七次世界教育会议,准许伪满特别参加,我国教育团体为维持不承认伪满之原则起见,决定不参加,但欢迎各国出席此次会议之代表来我国参观游览并竭诚招待。①弱国无外交,于此亦可窥见。

三、中国代表团就地解散

7月14日,教育部为此又特训令上海市社会局"国民外交,理应步伐整齐,凡我授身于教育文化事业之人员以及留日学生,均应体念此旨,一律不参加此次会议,以示举国一致之精神。倘有不明真相,被诱参加者,应即设法防止"②。

随后,世界教育会议我国代表团干事长刘湛恩博士参加庐山谈话会后,告知记者:"代表团自经决议不参加后,已全体一致中止东渡出席,现由团长胡适博士、秘书长程其保博士,协同团员办理一切结束手续。"③

前有"满洲之耻",后有"七七事变",对于这一标榜"以教育谋和平"却又不可得的世界教育会,自然更不可能参加了。教育界经此风波的冲击,更知精诚团结之重要。代表团虽然解散了,但联合办事处却留了下来,并且后来越发壮大了。

第三节 十二教育学术团体首次联合年会

随着日本的全面侵华,我国沿海地区的城市逐一沦陷,不愿做亡国奴的人们纷纷内迁。

一、由七教育学术团体至十二学术团体

山城重庆因远离交火线,一时间机关单位、文化团体、各级学校云集。不少教育学者亦随国民政府西迁至此,待生活暂时稳定后,便继续开展教育学术工作。

---

① 《世教会议我国不参加》,《申报》1937年7月12日第10版。
② 上海档案馆"上海社会局"档案,卷宗号:Q6-18-298。
③ 《世界教育会议我代表团结束》,《申报》1937年7月24日第12版。

此时，由七教育学术团体(即中国教育学会、中国社会教育社、中华儿童教育社、中华职业教育社、中国卫生教育社、中国健康教育研究会、中国教育电影协会)组成的教育学术团体联合办事处，开始谋求各团体之相互联络，并邀集中国心理卫生协会、中华图书馆协会、中国测验学会、中国民生教育学会等性质相近的团体加入，如此，联合办事处由战前的七教育团体发展为战时的十二教育团体。

在全面抗战开始前，各教育团体均有每年举行年会的习惯，用以检讨过去及策励未来。战时，会员四处星散，又迁徙不定，故而未能如期举行。联合办事处以为"关于抗战建国时期教育实施问题，亟待商讨"，故而主张联合举行年会，获得众人的认可。

关于此节，李清悚先生回忆称："抗战期间，各团体在重庆被邀派代表参加全国教育会议，会后联合会组成。"[1]顺序上似乎有些颠倒。国民政府在重庆举行的全国教育会议，为第三次，是在1939年，在此之前的一年，即1938年各教育学术团体已经联合举行了一次年会，这是办事处诸项工作中较为重要的一种。至于办事处改组为联合会，还是几年之后的事情，且跟第三次全国教育会议的关系也不大。足见回忆(记忆)材料存在着不准确的弊端。

由各团体在重庆之代表议定于1938年11月间在渝举行首次联合年会。大会以"抗战建国时期中之各种教育的实施问题"为中心议题。为了准备这次年会，办事处特组织了筹备委员会，前后共开了7次筹备会议，方才安排妥当。[2]

二、"空前之盛会"

是年11月27日，全国教育界俊彦自发地集合于一堂，共商抗战建国期中之各种教育问题。教育部次长顾毓琇致词略谓："联合年会为我国学术界之创举，含有重大意义，对于国内国外发生影响甚巨。"[3]吴鼎也评价道："无论从团结意

---

[1] 李清悚：《回忆"中华儿童教育社"》，载《江苏教育史志资料》1989年第4期，第55页。
[2] 《会务报告》，《建国教育》1938年第1卷第1期，第2页。
[3] 《教育学术团体联合年会昨闭幕》，《中央日报》1938年12月1日第3版。

义上说,抑或从学术沟通上说,均为空前的盛会。"①陈礼江认为这"空前之盛会",具有三点意义:有两点与前述相同,可谓不谋而合,至于第三点就是教育学术界共谋以教育力量助成抗战建国伟业的意义。②陆殿扬对教育学术团体自发集会表示"欢迎",并希望它们能够"议定一完整的抗战建国教育实施办法"。③

大会通过了"致各国文化教育团体宣言",对于日本摧毁中国教育学术团体,请其严予制裁,并请它们继续就图书与设备方面予以实际之协助。④还通过了"大会宣言",提出"教育必适应整个国策""必针对抗战建国之需要""必发挥其连系作用""必坚定抗战建国信念"这四点为今后教育者努力之鹄的。⑤

三、教育学会论战时的教育学

第一届联合年会主题为"抗战建国中之各种教育设施问题",学会方面对此提出十余件提案供大会讨论,并且后来拟出了一篇雄文。

文首便提出两个基本问题,即在这生死最后关头的时代,中国研究教育学的学者们"究竟有什么样的责任"以及"怎么样负起这种责任呢"这两个问题,既是社会、政府对教育学者的期待,也是教育学者的自觉,若没有这层意识,那整个研究就有陷入为他人做嫁衣的嫌疑,沦为外国理论的证明器,抑或成为工具主义的试验品。

教育学会的会员们写下了他们诚实而真挚的内心,用来回答第一个问题:

第一,就物质力和精神力之关系而论,教育学是属于精神的力量之一种,同时又是道德、科学、艺术——善、真、美——之综合。因为如此,所以教育学如同哲学一样,可以促成物质的力量之发展。……我们中国欲图能够抵抗得住日寇,那么,凡是有研究教育学术之责任的本会同人,不能不出来负起这种责任,去建设一种增加抗战建国所需要的物质力之质量的教育哲学。

---

① 吴鼎:《十二教育学术团体联合年会始末记》,《教育杂志》1939年第29卷第3号,第59页。
② 陈礼江:《祝中国教育学术团体联合年会》,《教育通讯》1938年第1卷第36期,第1—2页。
③ 陆殿扬:《欢迎十二教育学术团体联合年会》,《教与学》1938年第3卷第9期,第1—2页。
④ 吴鼎:《十二教育学术团体联合年会始末记》,《教育杂志》1939年第29卷第3号,第66页。
⑤ 《教育学术团体联合年会昨闭幕》,《中央日报》1938年12月1日第3版。

第二，就时间性和空间性之意义而论，教育学之建设固然是属于平时的一种工作，但是基于……"平时即战时"这个原则，我们在平时所建设而成的教育学说，实在就是为着战时的准备而设想的。……我们欲期在目前的抗敌救亡时期内能够有抵抗力，或在今后经过长期的抵抗而能够达到"最后胜利，终属于我"之目的，也不能不与军事家及政治家同时地建设一种怎样地抗战建国的教育哲学。

在空间的方面看来，学校的教育及民众的教育是后方的工作。因为原来所谓"国防"可以分作三个步骤来布置……：第一道防线是"国防的军备"，第二道防线是"国防的经济"，第三道防线是"国防的教育"。……"教育家"又可以分为两种：一种是教师，尤其是中小学教师，另一种是教育学者。前者是在后方直接地从事于培养精神力，以巩固其所谓"第三道防线"；后者是在后方研究怎样地培养精神力，即教一般教师怎样地去巩固其所谓"第三道防线"。……譬喻地说，所谓"教师"是无异于构筑工事防线之兵卒，而所谓"教育学者"是无异于指挥兵卒怎样地构筑工事防线之工程师；因此，所谓"教育学"不啻好像一部"军事工程学"一般。

基于前面所陈述的"后方即前方"这个原则，本会同人认为教育学不仅是后方的国防上所必需的，就是前方的两种国防——经济与军事——也是有依赖于教育学的地方……我们在后方所担任的这种精神力培养的工作，实在就是为着前方的物质力而使之有以常保其朝气而发挥战斗能力，以获得最后很有荣誉的胜利。①

关于第二个问题，中国教育学会的会员们认为，现今社会中所言的"学"，事实上具有一种"普遍妥当性"和"必然性"，同时并不排斥另一种"特殊现实性"和"偶然性"，两者可谓是互相联系的。科学研究的经历，使得学者们明白了：研究各个具体的事实，不忘它的普遍性；谈到一切普遍的事实，不忘它的具体性。②只是当加了中国的限定后，情况又变了，新式学校教育制度学习的西方，课程设置参考的西方，教学也是模仿西方的，有道是"一方水土养一方人"，这套办法在

---

① 中国教育学会：《抗战建国时期中之教育学》，《建国教育》1938年第1卷第1期，第2—5页。
② 中国教育学会：《抗战建国时期中之教育学》，《建国教育》1938年第1卷第1期，第5页。

第四章 团体联合期的中国教育学会(1937—1947)

欧洲是自然而然的过程,相对而言较为顺利,对中国这古老的文明国度而言,却明显不服水土;加上欧洲、北美等地的教育家对他们原生的教育学不满意,既从事种种改革的尝试,也想从学理上加以推翻,这些改革以及总结尚不可靠,有些甚至仍处在思考阶段,但中国学者以为能够实现"弯道超车"——既然欧美原生的教育学有这么多问题,中国教育何必要重蹈覆辙呢,不如直接引用新办法,20年代,全国教育会联合会的两份决议堪称代表,一是1921年第七届年会通过的《推行小学校设计教学法案》,另一是1923年第九届年会通过的《新制中学及师范学校宜研究试行道尔顿制案》,无论是设计教学法,还是道尔顿制,都有极其鲜明的特点,问题在于,它们是能够纠正班级授课制的不足,但同时也丧失了班级授课制的优点,当时在国际上亦只是一股潮流,但全国教育会联合会希望国内中小学校都能采用,未免过于冒进,忽视了中外发展教育的根基有着本质的不同。到了20世纪30年代,教育学者才逐渐理性地看待,中国教育学会更进一步,指出:

> 本会同人不能够静候着别人送来一部具有所谓"普遍妥当性"和"必然性"的教育学给我们应用,而必须先由我们自己在各地方的现实社会里面,找出些此时此地的教育的"特殊现实性"和"偶然性"加以研究,使它作为将来建设全体中国国民所共同地需要的有"普遍妥当性"和"必然性"的教育学之基础。[①]

相信,这一段话,已经完全表达出了他们对于国家与教育以及中国的教育学应负的任务。另外,他们还领悟到:"凡是有真正的爱护国家和救济人类之热诚的教育学者,时无古今,地无东西,大都决不是只坐在书斋里面,终日伏着案头上去冥想的,而是一定不辞劳苦,躬亲实践地跳入于现实的生活之中,经过反复的尝试和审慎的思考去把握住其真理。"[②]也就是说:"教育学之研究,一定要在现实生活里面去把握其真理,同时,教育学者又必须为此时此地的需要去建设一种有适应性的教育学。"[③]

[①] 中国教育学会:《抗战建国时期中之教育学》,《建国教育》1938年第1卷第1期,第5页。
[②] 中国教育学会:《抗战建国时期中之教育学》,《建国教育》1938年第1卷第1期,第7页。
[③] 中国教育学会:《抗战建国时期中之教育学》,《建国教育》1938年第1卷第1期,第6页。

他们能将建设教育学的目光停留在抗战建国——这一重大的任务之上,确实是一种认识上的飞跃,但他们的觉悟不尽于此,他们还希望顾到怎样地负起"提倡国际正义,涵养人类同情"这种终极的责任。①然而,他们的不足也正是在于,"以促进世界大同"是被写入国民政府颁行的教育宗旨的,但这太好高骛远了,当时的人类世界充满着歧视、仇恨及敌对,很多国家还是殖民地,主权不独立、民族不自由,与帝国主义谈"世界大同",无异于与虎谋皮。再有,他们所讨论的教育学不脱"三民主义"这一范畴,尤其是民生主义,他们也自言:"所研究而得和建设而成的教育学,就是抗战建国的教育学,也就是民生哲学的教育学。"②并且认为"无论过去或现在,乃至将来"都是如此,未免过于机械,尔后,事情的发展、学术的转型则证明了他们的预判出错了。这也很正常,任何人都会受到所处的时间及空间两因素的限制,认识难免有不足,所以历史研究才有意义。

四、教育学会参与《建国教育》的发刊

教育学会的雄文发表在《建国教育》杂志上,这是联合办事处的机关刊物。

为何如此命名呢?因为他们愿意遵守国民党临时全国代表大会所议决公布的《抗战建国纲领》宣言中的"一面抗战、一面建国,抗战与建国,同时并进"的原则。③

这一"纲领"公布后,教育之原理与方法,如何与之适应,亟须全国教育界人士发表意见,上而贡献政府采择,下而号召全国奉行,故而联合办事处决定刊发这一杂志。最初的定位,希望其能够成为季刊,"每逢二、五、八、十一月中旬各发行一期"④,实际上未能如愿。

---

① 中国教育学会:《抗战建国时期中之教育学》,《建国教育》1938年第1卷第1期,第8页。
② 中国教育学会:《抗战建国时期中之教育学》,《建国教育》1938年第1卷第1期,第15页。
③ 《发刊辞》,《建国教育》1938年第1卷第1期,第2页。
④ 《启示》,《建国教育》1938年第1卷第1期,第1页。

表4-1　教育学术团体联合办事处之《建国教育》概况

卷期	中心问题	出版日期
1卷1期	抗战建国期各种教育的实施问题	1938年11月27日
1卷2期	今后二年各项教育问题专号	1939年3月1日
1卷3-4合期	各省市教育实况中心号	1939年11月10日
2卷1期	心理专号	1940年12月20日
2卷2期	教育与宪政专号	1941年2月28日

该杂志从1938年11月至1941年2月发行了2卷,共5期,原拟季刊,后来几乎变成年刊,想来主要还是因为战时的困难。不过,从表4-1亦可见,各期都围绕一个中心问题去研究,这种研究思路是教育学会一直坚持的,也具有相当的价值。当时,还有2卷3期的计划,也是围绕中心问题去研究,拟在战区教育或中等教育方面选择[①],可惜未能实现。

五、加强组织办事处

首次联合年会上各团体出现之代表,均认可联合组织之重要,于是通过了"加强组织办事处案",由各团体推派代表2人至4人,组成联合办事处理事会。

理事会于1938年12月4日举行了第一次理事会,会上通过了《中国教育学术团体联合办事处组织章程》[②],如下所示:

中国教育学术团体联合办事处组织章程

第一条　中国教育学术团体联合办事处(以下简称本办事处)组织章程,依据中国教育学术团体第一届联合年会通过"加强组织决议案"订定之。

第二条　本办事处设立之主旨,在促进各教育学术团体之密切合作,并发挥互相精神,共谋教育事业之建设。

第三条　本办事处设在国民政府所在地。

---

① 《团体消息》,《建国教育》1941年第2卷第2期,第101页。
② 《本处消息》,《建国教育》1939年第1卷第2期,第96-97页。

第四条　本办事处设理事会,由参加工作之团体,各推派代表二人至四人组织之,并各就推派代表中指定一人为常务理事,组织常务理事会,任期均为一年。

第五条　本办事处设主任一人,商承理事会处理一切事务,由全体理事推选之,任期一年。

第六条　本办事处暂设总务、编辑、研究三组,各组各设主任一人、副主任二人,由办事处主任推荐任用之。

第七条　本办事处得视事实需要,设置各种专门委员会。

第八条　本办事处常务理事会议每一个月举行之,全体理事会议每三个月举行之,遇必要时,举行临时会议。

第九条　本办事处经费,除由各团体分担外,得请求中央党部及政府酌予补助。

第十条　本章程未尽事宜,由理事四人以上之连署,得提请理事会修正之。

第十一条　本章程经全体理事会议通过后,分呈中央党部、教育部备案。

至此,办事处的活动有章可依,有规可寻,经费也有了稳定的渠道,工作可以不间断地进行。此次理事会上,郭有守被推举为办事处主任,章益任总务组主任,蒋复璁、罗刚任该组副主任;姜琦任编辑组主任,许恪士、李清悚任该组副主任;常道直任研究组主任,江问渔、萧孝嵘任该组副主任。在是月18日的第二次理事会上,又推定了各种专门委员会及其负责人,计有学制研究委员会(程其保、常道直负责召集)、战区教育问题研究委员会(陈礼江、马客谈负责召集)、边疆教育研究委员会(吴南轩、陆殿扬负责召集)、教育基本理论研究委员会(许恪士、姜琦负责召集)。①组织建构基本完成,研究计划也已经拟定,各项事业均可推进。

从临时性的偶然集会到成为一个正式的组织,联合办事处用了近两年的时间。这一过程固然跟国家政治经济形势的变化有莫大的关系,但跟教育学者的求团结、争合作的意愿也非常相关。

因1939年有教育部召集的全国教育会议,教育界人士多半致力于此,所以

---

① 《本处消息》,《建国教育》1939年第1卷第2期,第97页。

第二届联合年会,定在1940年举行。原拟8月份在重庆举行,年会筹备委员会已经数次集会,总务、提案、招待、会序等各组均已开始开展工作,不料遭遇大轰炸,办事处亦被炸毁,年会不得不暂停举行。①

第四节 学会与编译馆再续前缘

1938年11月,十二教育学术团体在重庆举行第一届联合年会。其间,教育学会在大会上报告称:近年来工作,在教育方面,一般工作,如审查教育名词、编纂教育丛书、介绍欧美教育思想等等已经着手进行。②

联合年会后,12月24日,教育学会在重庆南开中学开第四届第二次全体理事会,对于此事,众理事意见为:函国立编译馆表示本会对于教育名词之审查工作,愿尽力合作,以期早日完成。③

编译馆方面,自1937年7月之后至1938年12月,这一年半时间,教育名词的进展情况为:原起草人赵演已过世,留下不完全之草稿,后由专任编译汪少伦及王成瑜、彭荣淦继续补充,内容包括教育概论、教育史、教育名著、教育心理学、教育社会学、教学法、教育行政、学校管理、初等教育、中等教育、高等教育、社会教育、特殊教育等项。计得译名四千余则,并附英、德、法、日文名词对照表。④

1939年春,学会会务报告称"与国立编译馆合作审查教育学名词,不日可望完成"⑤。编译馆方面则如此报道:"本名词(教育名词)初稿,由王成瑜、彭荣淦二君搜集,已于去岁十一月间完成,当经送请中央大学教授常导之、许恪士两先生校阅,其一部分现已送回。"⑥3个月后,"初稿编就后,曾送请中央大学教授常导之、许恪士两先生校阅,嗣经送还,复由王成瑜君加以整理,计得名词三千余

---

① 《各团体消息》,《建国教育》1940年第2卷第1期,各团体消息,第76—77页。
② 《会务报告》,《建国教育》1938年第1卷第1期,各团体消息,第3页。
③ 《教育消息》,《教育通讯》1939年第2卷第5期,第2—3页;《教育文化史的新页》,《教育杂志》1939年第29卷第4期,第86—87页;《中国教育学会筹设各地分会》,《申报》1939年2月10日第13版。
④ 国立编译馆编《国立编译馆馆刊》,编者刊,1939年第28期,第12—13页。
⑤ 《各团体消息》,《建国教育》1939年第1卷第2期,第108页。
⑥ 国立编译馆编《国立编译馆馆刊》,编者刊,1939年第30期,第3页。

则，现已开始油印初审本云"①。

1939年秋，教育学会会务报告称"与国立编译馆合作审查教育名词，初步工作，已经完成。为郑重起见，不日由国立编译馆再将初稿分函专家，征求意见"②。实际上，教育名词于6月底就已缮印完竣，7月下旬起，编译馆寄请专家作初步审查。第一批寄送了49人③，不久又寄送了第二批，计有33人④，共计82人，实际上多数是教育学会会员。

一份《教育学名词》，向全国80多位教育专家征询意见，而且改了又修，修了又改，从中可见国立编译馆对待编审名词的严格——"一编之成，亦有审核三四次，历时二三年者"所言非虚。

时任编译馆馆长的陈可忠也记述了《教育学名词》的产生，1938年增补条目，初稿完成，分送国内教育学者及教育部聘请之教育学名词审查委员会委员审查。1941年3月，教育部召开审查委员会议于重庆，逐字讨论，审慎将事。会后复由编译馆加以整理，送请委员吴俊升、程其保、汪少伦等再行校订，于同年11月由教育部公布。⑤实际上，教育部聘请的教育学名词审查委员会39人⑥皆为教育学会会中人。至此，关于《教育学名词》的前因后果，基本上可以明了了。

如此，则发现学会的报告似乎存有问题，特别是"本会成立不久，即注意此事，后经第四届理事会第二次会议决议与国立编译馆合作。学会移渝后，审查

---

① 国立编译馆编《国立编译馆馆刊》，编者刊，1939年第31-33期，第6-7页。

② 《各团体消息》，《建国教育》1939年第1卷第3-4期，第8页。

③ 第一批寄送者计有：吴俊升、陈东原、廖世承、陈礼江、程其保、陈鹤琴、庄泽宣、沈子善、汪少伦、陆殿扬、郑宗海、崔载阳、刘季洪、章友三、欧元怀、蒋梦麟、顾树森、常导之、艾伟、李蒸、李建勋、邰爽秋、黄钰生、许恪士、黄炎培、萧孝嵘、喻传鉴、赵廷为、陶知行、欧阳湘、钟道赞、戴应观、黄龙先、邵鹤亭、唐惜分、李之鸥、汪懋祖、吴研因、杜佐周、李清悚、王书林、朱君毅、张耀翔、王凤喈、戴夏、马师儒、赵廼传、刘廷芳、陈雪屏。(国立编译馆编《国立编译馆馆刊》，编者刊，1939年第34-35期，第6页。)

④ 第二批寄送者计有：高君珊、何清儒、陈剑脩、黄冀、沈履、罗廷光、樊际昌、查良钊、雷通群、吴康、孙贵定、董任坚、陈科美、高翰、胡毅、傅葆琛、刘廼敬、刘国钧、马客谈、沈祖荣、齐泮林、张伯苓、余家菊、俞子夷、许崇清、汤茂如、郑通和、黄觉民、舒新城、孟宪承、姜琦、杨亮功、瞿菊农。(国立编译馆编《国立编译馆馆刊》，编者刊，1939年第38-39期，第4页。)

⑤ 陈可忠：《序》，载国立编译馆编订、教育部公布：《教育学名词》，正中书局，1947，第1页。

⑥ 教育部所组织的教育学名词审查委员会，吴俊升为主任委员，汪少伦为副主任委员，其余委员有王凤喈、陈剑脩、艾伟、陈礼江、沈子善、陈鹤琴、沈履、章益、杜佐周、许崇清、余家菊、崔载阳、李蒸、常导之、汪懋祖、庄泽宣、邰爽秋、程其保、邱椿、黄钰生、孟宪承、傅葆琛、姜琦、廖世承、胡毅、赵廼传、高觉敷、滕大春、陶行知、刘季洪、许恪士、郑宗海、陈东原、谢循初、陈科美、钟道赞、罗廷光，皆教育学会会员。

工作仍赓续进行"一句,时间上有所颠倒,逻辑上也不顺。就前所述可知,教育学会决定就此项工作与国立编译馆进行合作,在三届四次全体理事会已有决议。至于,学会1944年的年报为何如此采用另外说法,可能当时正是全面抗战最为艰苦的时候,报告人身边缺少足够的参考资料,在汇报时只凭借回忆,于是难免出现差池。对此,既有的研究未能识破。

至于编译馆为何会与中国教育学会展开合作,可能出于三方面的原因。一是既有的定位,编译馆对于统一名词负"起草、整理及呈请教部审核公布"之责,但鉴于"学术名词实为全国之公器,必须先得各方面专家之同意……推行时无发生扞格之虞",所以每种名词之草案完成"必分送各有关系学会及各著名大学诸专家审查,务使每一名词之决定,咸本公意"[①]。二是先前的成例,基于上述立场,国立编译馆与中国社会学社、中国电机工程师学会、中国气象学会就审订学术名词方面曾经展开过合作。[②]三是中间人的作用,此人应为赵演,教育学会成立时,赵演即为创会会员之一,其登记信息为"南京国立编辑馆编辑"[③],教育学会开三届四次全体理事会时,赵演曾列席参加,同行的还有教育部高等教育司司长黄建中[④],编译馆隶属于教育部,黄建中亦为教育学会的会员;编译馆方面对于此事也有记载,教育学会"曾于去岁十月廿三日开会讨论此事,本馆派赵演君为代表,出席接洽"[⑤]。所以正是由赵演从中撮合两大组织的合作,这是于国、于民、于学术都有利的合作。

从上亦可见,教育学术团体虽有着较高的学术追求,但其自身是松散的,加以其成员本身又有着许许多多的事务,如生存的需求、家庭的赡养、课业的繁重等,所以对于教育研究往往心有余而力不足。而教育学术机关,其工作人员为专职,无后顾之忧,便能一心从事,但个人学识往往有限,所以需要集合众智。此时合作恰好能解决这样的矛盾,因而《教育学名词》的产生正是合作的典范。

需附带提及的是,现今关于过去统一科学名词的论述,都不曾提及教育学名词。不知是它的公布与出版间隔年份太长,以至于遗漏了这则信息;还是基

---

① 国立编译馆编《国立编译馆馆刊》,编者刊,1935年第1期,第6-7页。
② 国立编译馆编《国立编译馆馆刊》,编者刊,1935年第1期,第7页。
③ 中国教育学会编《中国教育学会会章、会员录、成立会纪录》,编者刊,1933,第13页。
④ 张朋园、沈怀玉:《国民政府职官年表》(1925—1949),第187-189页。
⑤ 国立编译馆编《国立编译馆馆刊》,编者刊,1937年第21期,第4-5页。

于以往对科学的狭隘认识,依然认为教育学不能称为一门科学,难闻其详。

第五节　学会为战时教育政策贡献智慧

在抗战全面爆发前,教育学会曾编辑出版了"师资训练专号",当时对师资养成的制度也有一定的讨论,但教育学院制是为《大学组织法》所认可的——该法第四条规定大学分文、理、法、教育、农、工、商、医各学院[①],《大学规程》第六条规定大学教育学院或独立学院教育科分教育原理、教育心理、教育行政、教育方法及其他各学系[②],这种建制虽与美国相近,但不适用于中国。换句话说,就是"国际化"程度高,却缺乏"本土化"——中国是一个古国、大国、穷国,基础教育更需要的是能教语文、数学、外语、物理、化学、生物等学科的科任教师,而非"坐而论道"、知道"怎么教"却不知"教什么"的准研究者。当然不是说中国教育不需要此类人才,即便是发展到了今日,此类人才的需求也不如科任教师之广,在80多年前,需求量更是有限。然而专门负责培养健全师资的"六大高师",多数已经"弃师范"而"奔综合",其教育学科的设置虽符合《大学规程》的要求,却与中国教育的事实相去甚远,故而遭受严厉的批评。在抗战全面爆发、需才孔亟、却遭遇"师荒"的情况下,国民政府高层终于意识到问题之所在,在全国临时代表大会通过的《战时各级教育设施方案纲要》中说:"对师资之训练应特别重视,而亟谋实施。各级学校教师之资格之审查,与学术进修之办法,须从速规定,为养成中等学校德、智、体三育所需之师资,并须参酌从事高等师范之旧制而谋设。"[③]

自此,教育学院的改制问题已经迫在眉睫,什么"教育行政系""教育哲学系""教育心理系""教育方法系"等一概取消,只保留教育学系,然而教育学系的

[①]《大学组织法》,《立法院公报》1929年第8期,第123页。
[②]《教部公布〈大学规程〉》,《申报》1929年8月17日第17版。
[③] 中国第二历史档案馆编《中华民国史档案资料汇编·第五辑第二编·教育(一)》,江苏古籍出版社,1997,第14页。

课程究竟该如何设置呢？据战前的几次调查，公私立大学教育系的课程各不一样，存在着因人设课的现象，导致专业水平有限，这也是为什么教育学会将"大学教育学系之方针及课程"列为重点研究的三大问题之一，当时各地分会，如杭州分会、广州分会、南京分会等对此问题都有所跟进。教育部方面为了避免重蹈覆辙，于是委托教育学会开展"教育学系之目标及课程"的研究。学会方面接到任务后，随即展开了研究。先由热心会员详细交换意见，再将意见汇总给理事常道直来起草，再将草稿提交学会的理事会讨论，同时还提交了学会重庆分会第五次常会加以研讨，取得共识后，再经整理后上呈教育部，供决策时参考。[①]遗憾的是学会方面上呈教育部的议决案无缘目睹，不知其是否尚存人世，目前无法与教育部公布的《师范学院分系必修及选修科目表》[②]进行比较，看究竟有无采纳学会方面的意见，以及采纳的究竟有多少。不过放眼当时国内，能承担是项研究的机构及团体，实在屈指可数，中国教育学会应该是起了一定的积极作用。

学会为战时教育政策贡献智慧的表现，还有值得一述的便是积极参加第三次全国教育会议。早在1928年5月，国民政府乘政局渐趋稳定之际，由大学院负责召开了第一次全国教育会议，这次会议取得了一些共识，但分歧也不小，所以大学院的后身——教育部在1930年又召开了第二次全国教育会议，主要讨论教育部方面编制的《教育方案》，也取得了一些成绩。在抗战全面爆发的情形下，在重庆召开的第三次全国教育会议，可以说是近代教育史上又一次非常重要的、全国性的官方会议。这次会议也奠定了战时教育的基调。

对于这么重要的会议，教育学会方面非常重视，据媒体报道："中国教育学会自迁渝恢复工作以来，一切会务，在积极进行中，日昨举行第三次理事会，议决通过《改革现行督学制度》与《修正现行学制》等重要议案，提交全国教育会议。"[③]学会也说："全国教育会议，除由本会理事研究目前教育问题，提交讨论

[①] 中国第二历史档案馆编《中华民国史档案资料汇编·第五辑第二编·教育（二）》，江苏古籍出版社，1997，第836页。

[②] 教育部参事处编《教育法令汇编》（第5辑），正中书局，1940，第120-122页。

[③] 《中国教育学会通过两要案提交全教会议》，《中央日报》1939年3月10日第4版。

外,并有西北等地分会提案多件,提出全国教育会议讨论。"[1]事情追索至此,似乎可以画一句号了,不过这样未免草率了些,毕竟《第三次全国教育会议报告》尚在人间,尽管因战时的困难,加以时间的久远,底稿不清、字迹模糊,但大致能够识别。

整本报告的末尾为"建议案目录",其中标明建议者为"中国教育学会西北分会"的共有7件,教育行政类有5件,分别为《各国所退庚款用以补助高等教育之经费应由教育部统制案》《各国立大学之经费应为合理的分配教授应平均待遇案》《现行督学制度改革案》《教育行政机关之组织应功能化及专业化案》《调整县市以下教育机构推进全面教育案》,中学教育类有《请中央明令规定中等学校教员之任用及待遇并明令逐年减少未受专业训练教员办法案》1件,高等教育类也只有《师范学院应一律单独设立案》1件[2],并未找到《修正现行学制案》。再有,此次大会通过的议案中有《现有督学制度改革案》,与教育学会西北分会的提案名称上只有一字之差,但据报告书所言,前者系根据陈剑翛所提《提高县政府督学地位及资格以加重其职权、藉增督导效率案》、程时煃所提《厘定督学制度以增进教育效率案》、王捷三所提《现行教育视导制度亟宜统筹调整案》和国立西北联合大学所提《现行督学制度改革案》合并整理而成[3],并没有提到学会西北分会的提案,原因不详。但程时煃与陈剑翛都是教育学会的创会会员[4],国立西北联合大学系由北平师范大学和北洋大学、北洋工学院合组而成,北平师范大学也是教育学的重镇,参加教育学会的教师着实不少。尽管是以个人的名义提出的,但一定程度上也是学会的贡献。同理,在这份报告中没有发现《修正现行学制》的提案名,在"初等教育类""中等教育类""高等教育类""师范教育类""职业教育类"各类之下都有一"××教育改进案",先列教育部交议的,后列出席代表们的提案,其中也有不少熟悉的面孔。惟时间久远、加以当事人早已故去,故而难以辨别比例究竟有多少。

---

[1]《各团体消息中国教育学会最近的会务报告》,《建国教育》1939年第1卷第2期,第108页。
[2] 教育部:《第三次全国教育会议报告》,教育部,1939,第368-371页。
[3] 教育部:《第三次全国教育会议报告》,教育部,1939,第98-101页。
[4] 据《中国教育学会会章、会员录、成立会纪录》中的会员录,程时煃的登记信息为江西籍、为江西省教育厅厅长(第12页),陈剑翛的登记消息也为江西籍、为中央大学教授(第7页)。

第六节　学会建言"今后三年之教育建设"

1942年2月8日至9日,农历腊月廿三至廿四,已近年关,中国教育学术团体第二次联合年会在重庆顺利举行,距第一次年会已经过去了三年有余,《中央日报》为此特发了一篇社论,表扬教育学者们"站在本位上唤起了民族意识,加强了民族力量,成为中国神圣抗战之最坚实的基础",希望他们认识到"今天教育建设的急务,就在养成身心健全的国民,来争取抗战的胜利,完成建国的大业"。[1]

此次大会提案,系依据筹备会所决定之"今后三年之教育建设"为讨论中心,各方提案亦多以此为原则。已收到之重要提案,团体方面有:中国卫生教育社提《今后三年之卫生教育建设方案》,中华职业教育社提《今后三年之职业教育建设方案》,中国教育电影协会提《抗战建国期间电影教育应如何积极利用与普遍推行案》;个人方面有:陈剑翛提《建议我国今后三年教育计划高等教育部分案》,程其保、王镜清提《改革教育案》,胡英提《我国战时文物损失亟应积极调查具体情形,以备战后与敌清算索偿案》等数十件。[2]中国教育学会提交的是《今后三年教育建设之建议》[3],分教育行政、幼稚教育、国民教育、小学教育、中学教育、师范教育、职业教育、大学教育八个部分,其要点如下。

甲、教育行政之部

总纲

一、缩短现行学制之总年数,俾能加速造就抗战建国建设所需人才。

二、各级学校应一律实行春秋两季始业,以求教育节约,而符政府会计年度。

三、确定教育审议机关在各级教育行政组织中之地位,以收集思广益之效。

---

[1]《教育建设之目标》,《中央日报》1942年2月8日第2版。
[2]《教育学术团体联合年会今晨开幕会》,《中央日报》1942年2月8日 第3版。
[3] 中国教育学会:《今后三年教育建设之建议:中国教育学术团体第二届联合年会本会提案》,编者刊,1942,第1—4页;另见中国第二历史档案馆:《中华民国史档案资料汇编·第五辑第二编·教育(二)》,江苏古籍出版社,1997,第831—834页。

四、加强视导组织，提高视导人员之地位，以收教育上中央集权之实效。

五、并合现行中学会考与大学统一招生办法，为中学学业检定考试。

六、废除中等以上学校之贷金制，代以工读及奖学金办法。

七、增加相当程度（同等学力）学额，以广造就。

八、创办实际教育调查所，协助政府推行计划教育。

九、加强导师制度，养成善良学风。

十、大学参考[书]及中小学教科书由政府设厂自行印刷，以资解救后方书荒，增进教学效率。

乙、幼稚教育之部

普遍设立幼稚儿童各种教育机构，积极训练师资，以奠定国民身心健康基础，完成教育建设大业。

丙、国民教育之部

总纲

一、国民教育"量"之推广与"质"之提高，应兼筹并顾。

二、乡镇中心学校、保国民学校校长及教职员均应改为专任，不兼地方行政职务，以保持教育事业精神。

三、实施国民教育期间，仍应注重高才儿童之培育。

四、加强国民教育视导制度。

丁、小学教育之部

一、提倡初等教育学术之研究，以建设健全理论，增进实际效率。

二、提倡高小学教师训练标准，改善小学教师待遇办法。

三、广设公务员子弟小学，招收公务员之"第四子"，由国家教养，实施极优良之教育。

戊、中学教育之部

总纲

一、确定中学教育政策之方案。

二、准备重组中学之课程。

三、明定国、省、市、县立中学之各别主要功用，以便互相发挥中学教育一般性能。

己、师范教育之部

子、关于初级师范者

总纲

一、增设师资训练机关。

二、调查师资训练课程。

三、改善师范生待遇。

丑、关于高级师范者

总纲

一、设立教育研究所,并增设师范研究所教育学部,以提高教育学术水准。

二、师范学院应尽量使其独立设置,俾为发挥其特殊之功能。

三、各大学教育院系应与师范学院并存。

四、师范学院招生办法应酌予变通,解除实际上之困难问题。

五、师范学院应酌行正辅系办法。

六、改善师范学院学生待遇及任用办法。

七、注意培养职业教育之师资,以应职业学校实际上之需要。

庚、职业教育之部

总纲

一、促成建教合作之具体实现,增加生产教育费,协助各大工厂兼办职工训练。

二、补救现行学制之缺点,使辍学或失业之青年或成人均有深造之机会,应在工商业繁盛区域设置国立或省市立职业补习学校。

三、为求造就职业教育行政人员计,各师范学院教育系应以职业教育课程为必修科。

四、扩充职业学校生产设备,加强实习工厂、农场、商店等行政机构,以期造成真正职业环境,提高教学效率。

五、职业学校应试行学分制及活期招生办法。

辛、大学教育之部

总纲

一、大学组织应民主化。

二、切实规定保障教授办法。

三、各大学之相同院系应尽量通力合作。

四、大学各院系之修业期间,应随各院系之需要,重行厘订。

五、战后专科以上学校之地域的分布,应依据客观标准,妥为配置。

八个部分分别论述,几乎涵盖了教育制度的主要方面:既有直面战时的困难,也有谋划将来的建设;既触及细微的小问题,也论及宏观的大政策。从这项提案的待遇上也可窥见其独到之处。是月8日的审查会上,此案获得通过,后按部门之性质分别交四组审查,提出审查意见。9日下午的大会上,此案被公评为"最重要",出席各团体代表照着审查会的意见,逐一表决,逐项通过。①外界媒体也评价是项计划"比较具体",可供"政府采择施行",如《中央日报》就加以了摘要报道。②可见此案并非泛泛之谈,也不是以我为主、充满主观判断的个人之见。

图4-1 《中国教育学会对于今后三年教育建设之建议》书影

此案的出台非个人之力,乃是集体的产物,由学会理事会约集重庆等地分会,几经研究讨论后,方才提出。个人的学识及阅历是有限的,特别是在专业化日趋严重的社会中,对一个领域的所有问题都能精通,那是极其困难的,所以需要分工与合作。教育学会的存在,能够帮助教育学者建立起这样的联系,使每个人的能力与智慧得到发挥,并将其综合,形成统一的认识,这种形式为教育学自身的发展也奠定了坚实的基础。唯其如此,教育学方才能有所进步,也不为别的学科学者所轻视。

---

① 《教育学术团体年会研讨完毕圆满闭幕》,《中央日报》1942年2月10日第3版。

② 《今后各级教育之建设 教育学会拟定具体计划》,《中央日报》1942年2月10日第3版。

第七节　学会设立中国教育调查所开展教育调查

1942秋季,中国教育学会还进行了教育调查的活动,由其附设的中国教育调查所进行。此所建于1941年的冬季。

1941年11月9日,中国教育学会在重庆南开中学举行第六届第七次理事会,诸理事鉴于教育事象繁复万端,而对于现实设施之价值以及改进方案之产生,均须以科学的正确的调查为张本,一致通过决议创设中国教育调查所,从事实际教育调查事项。[①]并推请常道直理事主其事,至于经费方面,则呈请教育部加以补助。

后拟定教育调查范围,分两类。一为国内教育之调查,包括:(1)接受中央及各省市县教育行政机关之委托,从事某种类、某阶段或某地区教育实际之调查,并提供改进方案;(2)以国内教育上之重要疑难问题为中心,进行详密调查,并拟定解决之途径。另一为国外教育之调查,包括:(1)调查各国教育最近发展情况及其应付困难问题所采取之方策,以资比较借鉴。(2)采集关于教育之论著,并加以整理,以为全国教育学术界及教育行政机关参考。[②]正式开始调查工作,还在一年之后。

1942年9月25日,教育学会为商讨重庆迁建区在校儿童学业及健康调查等事宜,于中大教职员集会所举行茶会,招待该校师范学院研究所教育心理研究部、卫生署卫生实验院及社会局等机关。到会者有吴俊升、许恪士、常道直等理事,教育心理研究系主任艾伟,卫生实验院院长朱庚章以及其他会员来宾等30余人。商讨结果,该会成立之中国教育调查所,决定先分三区开始进行调查工作:

(1)甘肃临洮县教育调查,由甘肃教育厅厅长郑通和协助进行。

---

① 《教育消息》,《教育通讯》1941年第4卷第43期,第3页。
② 中国教育学会编《三十三年中国教育学会年报》,中华书局,1944,第183页。

(2)四川资中县教育调查,由四川教育厅厅长郭有守协助调查。

(3)迁建区在校儿童学业及健康调查,由中央大学教育心理研究部及卫生实验院协助进行。①

实际上,迁建区的调查,始于1942年9月,学业方面的调查由学会请中央大学研究所教育心理学部负责进行,健康方面的调查则请卫生署负责进行,至于学业成绩与健康之记录及统计则由中央大学教育心理学部负责,结果发表在学会的年报上。②

甘肃临洮县的教育调查,学会委托给甘肃省教育厅办理,由郑西谷、沈亦珍两会员办理。这两位当时一为教育厅长③,一为教育厅主任秘书④,所以学会便委托给教育厅,主要调查教育行政、学校教育、社会教育、教育经费、教师待遇等五项,结果也发表在年报中。⑤

至于四川资中县地方教育调查,拟请四川省教育厅厅长郭有守协助,郭有守亦为教育学会会员,调查计划"早经拟定,后以事未能赓续进行"⑥。至于缘故为何,无从查考。

所以,教育学会最终只完成了两项教育调查,即迁建区在校儿童学业及健康调查和甘肃临洮县教育调查。

战前受制于经费,教育调查只能拟具计划,而不能切实地展开,战时经费同样有限,但因行政的关系以及自我的认识,此项研究终于落到了实处。

---

① 《中国教育学会即着手教育调查》,《中央日报》1942年9月27日第8版。
② 艾伟:《重庆迁建区小学学生智力学力及体力调查报告》,载中国教育学会编《三十三年中国教育学会年报》,中华书局,1944,第82-98页。
③ 郑通和:《六十自述》,三民书局,1972,第24页。
④ 沈亦珍:《我的一生》,作者自印本,1986,第121页。
⑤ 沈亦珍:《甘肃省临洮县教育调查报告》,载中国教育学会编《三十三年中国教育学会年报》,中华书局,1944,第99-145页。
⑥ 中国教育学会编《三十三年中国教育学会年报》,中华书局,1944,第183页。

第八节 设立监事会以完善学会领导体制

以上所述的主要是学会的研究进展,本阶段学会的组织建设也有变化,特别是领导体制上。

学会第四届年会开会之夜便逢"七七事变",大会因故未能选举,理事们则由第三届顺延。至1938年开第五届年会,依例进行选举。此后,随着学会的发展,其领导体制上也有了新的变化。从历届(第四届至第八届)名单中亦可窥见。

表4-2 中国教育学会理监事名单(第四届至第八届)

届别	选定日期	类别	名单	人数
第四届	第三届于1936年2月3日选定,1937年7月7日顺延	理事	邰爽秋 程其保 陈剑翛 谢循初 庄泽宣(三) 张伯苓 杜佐周 郑晓沧 陶知行 孟宪承(二) 刘廷芳 陈礼江 杨亮功 郑西谷 许恪士(一)	15
第五届	1938年11月30日	理事	陈礼江 许恪士 常道直 江问渔 姜琦(三) 邰爽秋 程其保 陈剑翛 谢循初 庄泽宣(二) 张伯苓 杜佐周 郑晓沧 陶知行 孟宪承(一)	15
第六届	1942年2月8日	理事	张伯苓 常道直 章益 程其保 郑西谷 许恪士 吴俊升 陈剑翛 欧元怀 吴南轩 李蒸 艾伟 黄炎培 高阳 萧孝嵘	15
第七届	1944年5月5日	理事	常道直 许恪士 李蒸 艾伟 吴俊升 陈礼江 王凤喈 张伯苓 钟道赞 罗廷光 马客谈 邵鹤亭 杜元载 曹刍 谢循初	15
		常务监事	赵迺传	1
第八届	1945年8月19日	理事	张伯苓 朱经农 李蒸 常道直 许恪士 柯育甫 庄泽宣 艾伟 邵鹤亭 欧元怀 陈礼江 李清悚 马客谈 谢循初 陈剑恒 郑鹤声 陆殿扬 林本 钟道赞	19
		监事	黄敬思 黄炎培 姜琦 赵迺传 吴南轩 蒋梦麟 杨卫玉	7

表格中(三)(二)(一)分别表示任期三年、二年、一年。

第四届理事会依然分成三类,任期一年、任期二年及任期三年者,至1938年,任期一年者即刘廷芳、陈礼江、杨亮功、郑西谷、许恪士五人已届满,需要重新选举,结果陈礼江、许恪士再次当选,常道直属于"老人"(第一、第二届理事,第三、第四届候补理事），江问渔和姜琦属于新面孔。"前江"为江苏灌云人，前清秀才，未曾留学，"后姜"为浙江温州人，早年曾留学日本，后又留学美国，得硕士学位。

第六届年会开会于1942年2月，算下来第五届理事的任期全部届满，便进行了重新选举，共选出15名。此次，新面孔共有8位，即章益（安徽籍留美硕士）、吴俊升（江苏籍留法博士）、吴南轩（江苏籍留美博士）、李蒸（河北籍留美博士）、艾伟（湖北籍留美博士）、黄炎培（江苏籍未留学）、高阳（江苏籍留美硕士）、萧孝嵘（湖南籍留美博士），更换了一半。有"帽子"的13位，没有"帽子"的只有2位。

第七届年会，会员们进行了选举，不仅选出了理事，还选出了监事。15名理事中，属于新面孔者有理事王凤喈（湖南籍留美博士）、钟道赞（浙江籍留美博士）、罗廷光（江苏籍留美硕士）、马客谈（江苏籍未留学）、邵鹤亭（江苏籍留法博士）、曹刍（江苏籍未留学），赵洒传也是新面孔，但其身份为常务监事。此处的记录似有缺失，这届年会修订了学会的章程，其第9条"本会设理事会，由个人会员及团体会员之代表（每团体一人）公选理事十五人组织之，计划本会进行事宜"，第10条"本会设监事会，由个人会员及团体会员之代表（每团体一人）公选监事五人组织之，任期一年，连选得连任"，第12条"本会设常务理事五人，由理事互选之，处理本会日常事务"，第13条"本会设常务监事一人，由监事互选之"，也就是说学会的领导体制中，有理事及候补理事，理事们互相选举出常务理事；现出现了监事，同理事的规定一样，也应有监事及候补监事，由监事们互相选举出常务监事，这里只有常务监事一人，监事至少应该还有四人，其信息及候补监事的姓名，均不得知，原因不详。

说起学会的监事制度，究竟始于何时，也存有一定的疑问。现今所见的1944年修订的会章有明文规定，但1943年12月中国教育学会四川分会成立之时，其分会章程中已经出现了是项规定，其第10条"本分会设监事会，由全体会员公选监事五人、候补监事二人，监察会务进行，任期一年，连选得连任"，第11条"本分会设常务理事五人、常务监事一人，各由理监事会互选，处理本分会日常事务"，其章程乃是总会章程制订出来的，那么监事制度究竟是分会先设立呢，还是总会先设立呢？从时间来看，似乎分会在先。此前的第六届年会（1942

年2月8日)上,学会会员们似乎修改过会章,但其记录不详,无法得知是否已经设立了监事。而据中央社的报道,是日选举,选出了15名理事和5名候补理事[1],名单同表4-2所载,而未出现监事及其姓名[2],似乎还未建立是项制度。1942年初,教育学会桂林分会,拟有分会章程,但还未找寻到,所以此处暂且存疑。

第八届年会,开会于1945年。因学会的发展及会务的需要,大会扩充了理事的规模,由15名增至19名。新增人员,理事有朱经农(江苏籍留美硕士)、柯育甫(安徽籍留美硕士)、李清悚(江苏籍,后曾游学美国)、陈剑恒(山东籍留美硕士)、郑鹤声(浙江籍未留学)、陆殿扬(江苏籍是否留学不详)、林本(浙江籍留日学士),监事有黄敬思(安徽籍留美博士)、蒋梦麟(浙江籍留美博士)、杨卫玉(江苏籍未留学)。

教育学会的理事制度上也有一特色之处,即理事任期分成序列、按年递减、逐渐更换,即分成三年、二年、一年,并由众理事抽签决定,保证其公正性。这一作法最初是第二届理事们自己商议出来的,这样做可以避免别有用心者借换届选举时无端生事或拉拢选票,败坏学会的纯洁,以至于偏离原定的方向;也可以避免某些人把持会务,一直都是"老人当政",造成学会内部的派系倾轧,从而削弱学会的生命力,是很好的创举。后来得到了学会会员们的认同,被写入了会章,成为学会的一项基本制度。其1944年5月5日第七届年会修订的章程中如此规定:"本会设理事会,由个人会员及团体会员之代表(每团体一人)公选理事十五人组织之,计划本会进行事宜,任期分为三年、二年、一年三种,由每届理事会第一次会议时自行抽签定之。"[3]1945年第八届年会时,对此未曾修订,似乎加以了坚持。

---

[1]《教育学会昨开年会》,《中央日报》1942年2月9日第3版。

[2] 报道原文:(中央社讯)中国教育学会八日下午在中央图书馆举行年会,到吴南轩、黄炎培、高践四、陈剑倄、程其保、顾树森、欧元怀、袁敦礼、彭百川等80余人。首推郑通和主席,并致辞后,由常道直、许恪士分别报告会务;次修改会章、讨论提案及会务进展;最后选举理事,计张伯苓、常道直、章益、程其保、郑通和、许恪士、吴俊升、陈剑倄、欧元怀、吴南轩、李蒸、艾伟、黄炎培、高阳、萧孝嵘15人当选为理事,顾树森、郭有守、邱椿、卫玉、庄泽宣等5人当选为候补理事。

[3] 中国第二历史档案馆编《中华民国史档案资料汇编·第五辑第二编·教育(二)》,江苏古籍出版社,1997,第826页。

第九节　学会重建分会以开展教育研究

因战火的蔓延，教育学会原来的各地分会，如上海分会、南京分会、无锡分会、北平分会、天津分会等均告停顿，无法赓续研究活动。又因学校及人员的西迁，教育学会便在西南、西北各地组织新的分会，计有重庆分会、沙磁分会、青木关分会、广东分会、湖南分会、江西分会、桂林分会、四川分会、遵义分会等。

其中，重庆分会系于1939年2月成立；广东分会于中山大学迁坪石后，由广州分会旧会员联络曲江、连县等地会员组织而成，会员多系中山大学教育研究所及师范学院教授；湖南分会会址设于湖南蓝田，会员多系国立师范学院教授；江西分会会址设于江西泰和，系"江西教育学会"改组而成，会员有百余人；遵义分会于浙江大学迁贵州遵义后始行成立，会员多系浙江大学师范学院教授。[①]

各地分会之中，有两处值得一述，一个是位于"文化城"的桂林分会，另一个则是位于成都的四川分会。

桂林是原广西的省治所在，民国初年曾迁省府至南宁，1936年，再次回迁至桂林，桂林也是"桂系"势力的核心地域。随着战争的进行，特别是1938年10月广州、武汉沦陷之后，不少文化机构、学校相继撤到桂林，不少文化人也来到这景色秀美的山城。在团结抗战、一致对外的口号下，中国共产党在桂林也设立了八路军办事处，该办在对"桂系"进行统战、筹运抗日物资、领导抗战文化运动等方面开展了大量卓有成效的工作。

桂林的人口由原来的7万人，不断激增，高峰时有近50万人，学校林立、出版繁荣，以报纸论，除了本土的《广西日报》外，还有国民党中央军事委员会的《扫荡报》、中国共产党的《新华日报》、上海文化界救国协会的《救亡日报》、天津的《大公报》《力报》等，故而被称为"文化城"。

1942年1月1日元旦节，在桂林活动的教育学会会员雷沛鸿、陈剑脩、高阳、

[①] 中国第二历史档案馆编《中华民国史档案资料汇编·第五辑第二编·教育（二）》，江苏古籍出版社，1997，第837—838页。

曾作忠、董渭川、张雪门、唐现之、王慕曾等20余人,在广西省立教育研究所内开桂林分会成立大会,由曾作忠担任会议主席,陈剑翛报告了桂林分会的筹备经过,众人讨论了分会的会章、工作计划及研究分组,围绕"今后三年之中国教育计划"一案进行了分组,计分高等、中等、初等、幼稚、职业、社会、师范、华侨等组,并推定了各组负责人。

是月25日,桂林分会进行了第一次月会,二十余人到会,仍由曾作忠主持,各组负责人依次报告了研究所得。2月,又进行了第二次月会。3月22日,开第三次月会。次日,分会登报扩大征求会员。至是年12月,共举行九次月会。[①]1943年亦有几次活动。但是1944年豫湘桂战役之后,长沙、衡阳、桂林、柳州先后沦陷,"文化城"不复存在,学会分会亦停止活动,直到1948年7月4日,才开始复员后的首次活动。[②]

全面抗战爆发之初,撤退至四川的学会会员颇多,成都为四川省治,居于此的会员较为集中,理事会有鉴于此,在1941年曾请刘国钧、傅葆琛、蔡乐生、郭有守等任分会筹备人,几位筹备委员曾一度开会,后因刘国钧去了甘肃,此项工作遂告停顿。嗣后由傅葆琛、郭有守、蔡乐生、袁伯樵、徐国榮、唐世芳、张乡兰、黄觉民、方叔轩等26人再次发起组织,具呈省社会处请求立案,并派员指导,时在1943年10月初。进展非常顺利,至是月12日便在华西大学体育馆进行发起人会议,推定黄建中、郭有守、唐世芳、傅葆琛、蔡乐生、陈行可、张乡兰等7人为筹备员,成立筹备会。此后即积极筹备,举凡起草章程、登记会员等事,均于短时期内完成,遂定期举行成立大会。

12月19日上午,在四川省国术馆开分会成立大会,计到来宾及学会会员百余人,推定黄建中主席,讨论通过了学会新版的章程。因年代的久远、战时的限制等因素,至今还未找到这版章程,只找到了同期四川分会的章程,按照30年代的经验,分会章程一般是依据总会章程斟酌改定的,故列出四川分会的章程,以想象总会此版章程的大概样貌。[③]

[①] 桂林市文化研究中心、广西桂林图书馆编《桂林文化大事记》(1937—1949),漓江出版社,1987,第191-233页。
[②] 桂林市文化研究中心、广西桂林图书馆编《桂林文化大事记》(1937—1949),漓江出版社,1987,第354页。
[③] 中国教育学会四川分会编《中国教育学会四川分会报告》,编者刊,1943,第134-136页。

中国教育学会四川分会章程

1943年12月19日分会成立会订定

第一条　本会依据中国教育学会总章第十三条之规定组织成立,定名为中国教育学会四川分会(以下简称本分会)。

第二条　本分会以研究及改进教育为宗旨。

第三条　本分会会所设于省府所在地。

第四条　本分会任务如左(下):

(一)研究教育问题;(二)收集教育资料;(三)调查教育实况;(四)提倡教育实验;(五)贡献教育主张;(六)促进教育改革;(七)发刊教育书报。

第五条　本分会会员分个人会员、团体会员两种。

第六条　凡对于教育有专门研究或从事教育工作有贡献者,由本分会会员二人以上之介绍,经本分会理事会之通过,得为个人会员,并报请总会备查。

第七条　凡教育团体或机关赞助本分会工作,由本分会会员二人以上之提议,经本分会理事会之通过,得为本会团体会员,并报请总会备查。

第八条　个人会员及团体会员入会时应纳之入会费及每年应纳之常年费金额均概照总会之规定。

第九条　本分会设理事会,由个人会员及团体会员之代表(每团体一人)公选理事十五人,候补理事七人,办理本分会一切进行事宜,任期一年,连选得连任。

第十条　本分会设监事,由全体会员公选监事五人、候补监事二人,监察会务进行,任期一年,连选得连任。

第十一条　本分会设常务理事五人、常务监事一人,各由理监事互选,处理本分会日常事务。

第十二条　本分会理事会为工作进行便利起见,得分组办事,其细则另定之。

第十三条　本分会于必要时得设各种委员会。

第十四条　本分会得在各县市设立支会,其办法另定之。

第十五条　本分会每年举行会员大会一次,开会日期及地点由理事会决定公告之,遇必要时得召开会员临时大会。

第十六条 本分会经费除会员会费外,遇有特别需要时得临时募集或请由政府补助之。

第十七条 本章程如有未尽事宜,得由会员三分之一以上之提议,经会员大会议决修正之。

第十八条 本章程经会员大会通过,呈经主管机关核准施行,并报请总会备查。

从上可知,这个时期分会的组织建构有两大变化,一个是领导体制上出现了监事,并且有常务监事,监督会务及研究的开展;另一个是组织更加发达了,除了各种委员会之外,还拟在境内各县设立支会,形成"总会—分会—支会"的三级网络。

当日还进行了理事监事选举,提案讨论,颇为热烈,至下午方才散会。选举结果,当选理事者郭有守、傅葆琛、黄建中等,当选监事者为邓只淳、刘绍禹等。①

分会在教育学会的组织制度中极为重要,对于研究也能独立地展开,如战前北平分会进行关于会考制度的研究,战时西北分会曾有重要提案送交第三次全国教育会议讨论,学会也一直鼓励分会集中力量讨论一些重要问题。

图4-2 《中国教育学会四川分会报告》书影

随着国际形势的变化,抗日战争已经开始看见胜利的曙光了,豫湘桂战役亦是日寇最后的挣扎而已,在重庆,教育界人士不仅盼望胜利的到来,而且已经谋划战后教育该如何建设。1944年5月间,中国教育学术团体第三届联合年会

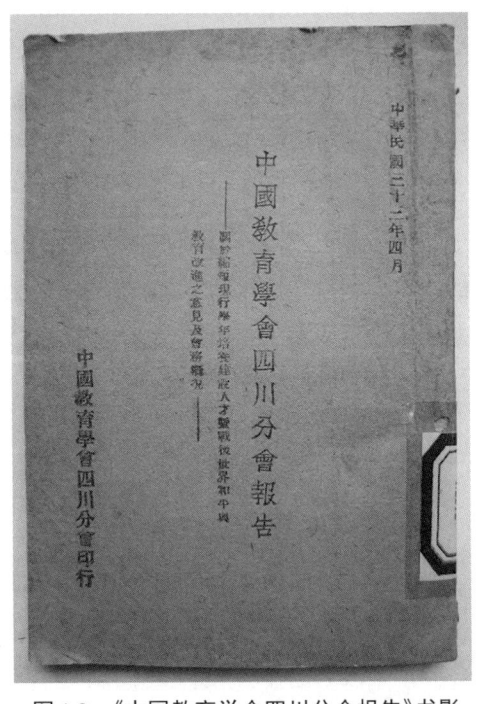

① 中国教育学会四川分会:《中国教育学会四川分会报告》,编者刊,1943,第131-132页。

讨论的核心问题有两则,其中之一便是"战后世界和平与教育改造"。学会方面,除了艾伟和黄觉民以个人会员的名义提出建议外,还有三份意见是以地区分会的名义提出的,即沙磁分会、青木关分会、广东分会。

这种总会—分会的制度,有利于研究人员的集中,是一项很好的制度。抗战结束,各大中等学校纷纷复员,返回原址办学,教育学会亦回迁至南京中央大学。时局稍稳定之后,理事会便敦促各地积极筹备分会。已成立者有长春分会、上海分会、北平分会等。[①]学会迎来了再一次重建分会的高潮。

第十节 中国教育学术团体联合会之解散

由中国教育学会发起并牵头组织的中国教育学术团体联合办事处在抗战的末尾,也迎来了组织制度上的又一大变化,成为一个正式的教育团体,从办事处变成了联合会。

一、改组为中国教育学术团体联合会

某教育辞典在解释"中国教育学术团体联合会"时,出现了这样的说法:"1938年各学术团体为密切合作……同意将办事处改为中国教育学术联合会……1944年5月6日,该会在重庆举行第三届联合年会,决议将中国教育学术联合会正式改名为中国教育学术团体联合会。"[②]这一解释存有错误。

事实上,1938年各教育学术团体在重庆联合举行了首届年会,被视为学术界的创举,当时依然名为联合办事处。在1944年5月举行的第三届联合年会上,郭有守、许自诚等提议将中国教育学术团体联合办事处改组为中国教育学术团体联合会,以加强教育学术研究,推进国际文化合作,大会一致通过,并交由办事处执行。[③]7月16日,各团体代表20余人在川东师范教育部礼堂举行会

[①]《中国教育学会各地分会成立》,《中央日报》1947年11月30日第4版。
[②] 教育大辞典编纂委员会编《教育大辞典·中国近现代教育史》,上海教育出版社,1991,第118-119页。
[③]《教育学术团体联合昨晨正式成立》,《中央日报》1944年7月17日第2版。

议,讨论通过了联合会的章程。可见,1938年时该会已经成立的说法错误,1944年5月就已经定名的说法也不准确。

经过各团体代表的商讨,中国教育学术团体联合会的宗旨为"促进各教育学术团体之密切合作,协助推行国家教育政策,沟通国际文化,共谋教育事业之建设"。凡属于全国性之教育学术团体,经该会理事会通过,可加入为会员。该会实行理监事制,由各学术团体推派代表们互选理事25人至31人,监事7人至9人,组成理事会及监事会。[1]当日出席会议代表,推选出了该会理事27人、监事9人,还商讨了之后的工作计划。[2]

二、第四届联合年会为教育复员出谋划策

由联合办事处改为学术团体联合会后,在日本宣布投降后(1945年8月15日),学术团体联合会在重庆北碚召开了第四届联合年会。

第四届联合年会讨论的议题,从会场悬挂的一副对联亦可窥见[3]:

收复故乡、设学校、改方针、一切从头想起
和同世界、变思潮、通教化、这回仔细商量

十二团体共三百余人出席,通过提案85件,主要集中于战后实施计划教育这一中心问题。[4]

大会还通过宣言一件,提出四点共识,即:"发扬我国先哲仁爱和平之精神,以实行世界和平之教育""达成战后我国工业化之目标,需要二百万以上经济技术人才,今后我国教育须配合此种需要,为有效之努力""实行民主政治之教育,应训练全国同胞,使具有实行民主政治之知识、能力及道德""提倡科学教育"[5],并认为这需要全国上下一致共同来努力,同时还拟定下届联合年会在沈

---

[1] 中国第二历史档案馆编《中华民国史档案资料汇编·第五辑第二编·教育(二)》,江苏古籍出版社,1997,第843-844页。
[2]《教育学术团体联合会昨晨正式成立》,《中央日报》1944年7月17日第2版。
[3]《教育学术团体联合年会闭幕》,《中央日报》1945年8月20日第3版。
[4]《中国教育学术团体四届联合年会开幕》,《中央日报》1945年8月19日第3版。
[5]《教育学术团体联合年会闭幕》,《中央日报》1945年8月20日第3版。

阳举行。

三、为"加速教育民主化"而努力

东北的局势变化很快,沈阳已经没有开年会的可能了。后拟改在台湾举行,但因交通困难,又改在了南京。

第五届年会于1947年10月26日、27日举行,这是抗战结束后,教育学术界的一大盛会。国民党中央文化运动委员会主任委员及副主任委员致电庆贺,称:"聚全国之儒贤,弘斯文之成绩,群策群力,济济以宁,瞻望嘉猷。"[1]

此时,中国教育学术团体联合会,已由十二团体发展为十四团体,年会开幕时,另有两团体派代表参加,即世界文化合作协会中国分会及国民就业协进会,共十六团体130余人出席,教育部部长朱家骅(次长田培林代)、社会部部长谷正纲(司长曹沛滋代)、青年部长陈雪屏、南京市长沈怡等均莅会。[2]

五届年会讨论主题紧紧围绕当时国家的形势,国民政府准备开始行宪,教育学术团体联合会以为"教育为百年大计,应与宪法配合,实行民主与教育打成一片,民主需要教育之力量来完成,由建立真正民主教育,而建立真正的民主政治"[3],故而讨论主题定为"民主与教育"。

各团体多有提案建议,其中最重要者,如各级教育行政机构之设立、设立私立教育研究院、加强教育专业组织、国际文化教育工作机构之设立、对日和约中之教育问题等。中国教育学会所提我国教育学术界应如何多方一齐努力,加速教育之民主化,以适应世界潮流案,被视为最为重要[4]。

四、教育学术团体之中国教育研究所

出席第五届年会的诸位长官虽然都认为建国工作以教育学术最为重要,然

---

[1]《教育学术团体年会明晨九时在京揭幕》,《中央日报》1947年10月25日第4版。
[2]《代表百三十人参加教学年会昨起举行》,《中央日报》1947年10月27日第4版。
[3]《代表百三十人参加教学年会昨起举行》,《中央日报》1947年10月27日第4版。
[4]《加速教育民主化》,《中央日报》1947年10月28日第4版。

目前教育界受人轻视,学人埋头研究,亦备极清苦,此种现象,必须改正。①但是,作为国家最高学术机关的中央研究院,对于教育研究,只是将一直没有成立之教育研究所更名为教育学研究所,此后便没有了下文。

此种窘境下,教育学术界决定自行设立一全国性的教育研究所,在第五届年会上以联合会的名义提出"筹设中国教育研究所案"②,议决:通过,"应从速筹设中国教育研究所,以实际工作成绩,表著教育研究之重要;(主席团商定原则,由每团体推举一人为当然委员,其余筹备委员由大会授权理事会推定)。"③

年会结束近一个月后,中国教育学术团体联合会在南京召开了理监事联席会议,对于年会的议决"筹办中国教育研究所案"有所跟进,决定:由理事会及各教育学术团体分别推选常道直、顾毓琇、吴南轩等25人为筹备委员,进行筹备工作。④委员会方面虽拟有组织规程,但此事随着联合会的解散又被迫偃旗息鼓了。

五、教育学术团体联合会之分裂

就在十六个教育学术团体相聚于南京,开第五届联合年会之时,曾有声音希望它们能够合并,"出席年会的团体是这样的多,为什么不结合为统一的组织?又为什么不更加周密普遍地博征会员,把全国教育界人士网罗无遗,以增强团体的力量?"至于为何如此建议,用意在于"一方面,今日教育上现实的困难甚多,惟有教育界人士统一其组织,集中其力量,才能与政府合作,渡此难关;在另一方面,……文化存亡兴废问题,切望我全国教育界人士结成一坚实的阵营,为保持我民族国家的意识,民主政治的信仰,与社会主义的理想而奋斗"⑤。这个声音发表在《中央日报》上,毫无疑问代表了官方的意见,特别是"与政府合作,渡此难关"等语更是亮出了底牌,然而中国教育学术团体联合会却走向了另一端,不仅没有合并,反而分裂了。

据李清悚回忆:抗战胜利后在南京召开最后一次年会,中途为国民党特务

---

① 《代表百三十人参加教学年会昨起举行》,《中央日报》1947年10月27日第4版。
② 《代表百三十人参加教学年会昨起举行》,《中央日报》1947年10月27日第4版。
③ 《加速教育民主化》,《中央日报》1947年10月28日第4版。
④ 《公举荣誉教师》,《中央日报》1947年11月18日第4版。
⑤ 《向教育学术团体年会进一言》,《中央日报》1947年10月27日第2版。

所破坏,从此停止。但是新闻界的报道却是"此教育学术界之盛会,经两日之集议,顺利结束",并透露了闭幕后一些活动,"中央文化运动委员会茶会招待,继由青年部长陈雪屏在中央团部大礼堂设宴慰劳,餐后并放映电影"。[①]可见,年会还是顺利闭幕的,并且议决下届在台湾举行,但是分歧已经很深了。组成中国教育学术团体联合会的各个团体,对于民主有着不同的认识。

在新社会之初,曾有七教育团体欲继续召开联合年会,将这种民间最广泛的教育合议制度保留下来,只是新的社会有新的任务,旧的似乎难以适合,但真的是难以承担新的任务吗?那什么样的组织才能够承担呢?

[①]《加速教育民主化》,《中央日报》1947年10月28日第4版。

专业自觉期的中国教育学会（1947—1948）

第五章

日寇投降了,抗战胜利了,教育总算复员了,终于可以放心大胆地去建设了,可是该如何建设呢?教育部虽然开了会议,可是部长朱家骅的成见,却使得师范教育及教育学研究再起波澜。[①]民主,不仅教育实践需要,教育行政也需要。再有就是专业化的思潮已经不可阻挡,如何提升教育专业水平呢?中国教育学会经历过复员带来的人事动荡后,对这两点都有思考及行动,由此学会也进入了新的发展阶段。

第一节 建议各级教育行政机关增设评议机构

战后,中国有从"训政"结束走向"宪政"的迹象,所以1947年10月教育学术团体联合会在南京开第五届联合年会,以"民主与教育"为会议主题,认为:"行宪即将开始,教育为百年大计,应与宪法配合,实行民主与教育打成一片,民主需要教育之力量来完成,由建立真正民主教育,而建立真正的民主政治。"[②]教育学会在会上提出"我国教育学术界应如何多方一齐努力,加速教育之民主化,以适应世界潮流案",其中有一点专论教育行政机关的改造,即"各级教育行政机关应设立代表教育界公意之教育评议机构,俾教育工作人员对于重要教育问题

[①] 张礼永:《高师教育的"朱陈之争"——1942年朱家骅与陈立夫争论师范学院制之探析》,《河北科技大学学报》(社会科学版)2016年第16卷第1期,第101–106页。

[②] 《代表百三十人参加教学年会昨起举行》,《中央日报》1947年10月27日第4版。

之决定亦有参与之机会"。①可惜此次大会后,各教育团体分道扬镳。

第五届联合年会后,教育学会筹备自己的第九届年会。对于教育行政机关的改革,学会北平分会提出"各级教育行政机关设参议会以收集思广益之效案"的提案。至于设置教育参议会的目的有三:一是提供实际需要以备当局之抉择。二是明了当局意旨使政策易于推行。三是修正当局意见使行政措施趋于合理。认为,以往教育行政,也有成立各种委员会,并且召开过全国教育会议,但是"非偏于一隅未能顾及全局,即限于期间仅属咨询性质,与此处所谓参议会,不可同日而语"②。同时拟定了各级教育行政机关设置参议会的办法,认为"为使教育带有民主精神,及行政悉臻于合理化,各级教育行政机关则有设置教育参议会之必要"③。

无独有偶,学会理事常道直对此也有设想,认为应设评议机关,以使各级教育行政机关采择人民公意及专家意见。他分析了当时世界上比较有影响的几种在教育行政组织中代表民意或专家意见的机构,即美国的教育董事会(Board of Education)、英国的中央教育参议会(Central Advisory Council for Education)、法国的教育审议会(Counseil Super ieur de e'Education Natronale),以及日本的文教审议会。认为日本的直隶于内阁,权能驾乎文部省之上,职权广泛,似不易发挥实际效能,折中英美法等国的教育议事组织,衡以当时我国之需要,定名为教育评议会。④并且厘订了其原则和组织方法。基本原则分为8则,即:

(1)在各级教育评议会之组织规程中,以明文列举各级教育行政机构首长应行交议之事项,该会并得自行提出有关改进教育之建议,以供教育行政首长之采行;

(2)各级评议会之构成人员应包括有关之教育行政人员(当然委员)、学校及社会教育机关人员(原则上,应由互选产生)、热心教育而有切实贡献之人士(由各该级政府聘任)、教育专家(由各该级教育行政机关聘任)以及民意机关之代表;

---

① 《加速教育民主化》,《中央日报》1947年10月28日第4版。
② 许椿生、陈侠、蔡春编《李建勋教育论著选》,人民教育出版社,1993,第363页。
③ 许椿生、陈侠、蔡春编《李建勋教育论著选》,人民教育出版社,1993,第363页。
④ 中国教育学会编《中国教育学会会务通讯》,编者刊,1948年第7期,第1页。

（3）各级评议会开会时，均以各该教育行政机关之首长为主席，并设副主席一人，由全体委员互选之，在未设置教育局之市或县，其教育行政首长即为市长或县长；

（4）各级评议会议决之事项，由各该级教育行政首长交由所属主管部门分别执行；

（5）各级评议会之委员均为无给职；

（6）各级评议会开会均有定期，并设有常务委员，办理休会期间研究、联系及全体会准备等事宜；

（7）各级评议会应经常与适当之教育研究机构保持密切联系，凡比较繁复之问题，应先发交适当之教育学术研究机关，俟其提出研究或调查报告，再由评议会审议决定之；

（8）各级评议会得按照工作性质及需要分设若干小组委员会，并得邀请会外专家及热心教育人士参加，以收集思广益之效。①

从上可见，8条原则，每条都有所指，从工作范围到人员组成，再到会议的会期、主席、常务委员会等，都有涉及，而且相当具体，足见是深思熟虑之产物。

随后，依据原则，拟定了各级教育行政机关设置评议机关的基本办法。②

表5-1　三级教育行政机关民主化办法（中国教育学会理事常道直拟）

	全国教育评议会	省市教育评议会	县教育评议会
交议或建议	1.教育部经管之教育经费预算之编制 2.准备提请立法院制定之法律草案 3.教育部订颁之规程及其修正 4.教育部直属教育机关首长资格之审查 5.全国教育施政方针之拟定 6.教育部部长认为应行交议之事项	1.省(市)教育经费预算之编制 2.省(市)单行教育法规之草案 3.教育厅局所订颁之细则办法 4.省(市)属教育机关首长资格之审查 5.省主席(市长)或教育厅(局长)认为应行交议之事项	1.县(市)教育经费预算之编制 2.县(市)教育章则之订定 3.县(市)教育机关首长资格之审查 4.县(市)长或教育局长认为应行交议事项

---

① 中国教育学会编《中国教育学会会务通讯》，编者刊，1948年第7期，第1—2页。
② 中国教育学会编《中国教育学会会务通讯》，编者刊，1948年第7期，第2—3页。

续表

	全国教育评议会	省市教育评议会	县教育评议会
组成人员	1.教育部次长、参事、司长、处长、督学(3人)为当然委员 2.公立(包括国立、省立、市立)大学、独立学院及专科学校代表9人,按照院科别分组选举之 3.私立大学、学院、专科学校之代表3人,由各私立高等教育机关选之 4.师范学校代表2人 5.中学代表3人 6.职业学校代表3人 7.国民学校代表2人 8.社会教育机关代表2人 9.教育专家7人,由教育部聘任 10.热心教育并有切实贡献之人士1至5人,由教育部聘任 11.立法院代表2人	1.教育厅(局)之科长、督学(1至3人)为当然委员 2.省(市)内公私立高等教育机关互选之代表1至3人 3.本省(市)公私立中学互选之代表1至3人 4.本省(市)师范学校互选之代表1至2人 5.本省(市)公私立职业学校互选代表1至3人 6.本省(市)社会教育机关互选之代表1至2人 7.本省国民学校代表2人 8.教育专家2至5人 9.热心教育并有切实贡献之人士1人至5人,省政府聘任之 10.省市参议会代表1至3人	1.教育局(科)之科长、督学(1人)为当然委员 2.设于本县(市)师范学校代表1人,由全体教员互选之 3.本县(市)社会教育机关互选代表之1人 4.本县(市)国民学校教师互选之代表2至5人 5.教育专家1至3人,由县(市)长聘任 6.本县(市)热心教育并有切实贡献之人士1至3人,由县(市)长聘任之 7.本县(市)参议会之代表1至3人
会期	每年2月及8月各举行会议一次,遇有必要时,由部长召集理事会议	每年1月及7月各举行会议一次,遇必要时由厅(局)长召集	每年1、4、7、11月举行,必要时由县(市)长或局长召集
任期	除部内人员及立法院代表外,所有选举或聘任人员之任期均为三年,每年改选或改聘三分之一	除当然委员及参议会代表外,所有选举或聘任委员任期均为二年,每年改选二分之一	除当然委员及参议会代表外,所有选举或聘任委员任期均为二年,每年改选二分之一
委员会	设常务委员会,以由教育部长指定之四人与评议会选举之五人组织之	设常务委员会,以由厅(局)长指定之1至3人及全体委员选举之2至4人组织之	县(市)教育评议会设常务委员1人,由全体委员选举之

需要说明的是全国教育评议会为教育部之评议机构,并非一独立设置之机关,这一点与北平分会的见解一致。不同之处在于,常道直的方案更加具体,更加细致,思考得更加周全,如委员会之构成,除了当然委员及聘任委员以外,都由选举产生,此外对于委员之任期以及委员之改选比例都有涉及。

当时三级教育行政体系尚未完全建立,中央及省级已经初具规模,而县级尚未建立完备,时常有所变动,所以教育学会第九届年会通过了"维持教育局案",并且建议提交于教育部与立法院等机关。

按常道直的见解,三级教育行政机关均设置评议机构,可以提供教师参与教育行政之机会,提高其服务之精神,其结果对于行政与教学效率之增进,能有所补益。[1]这一措施可以促进教育行政民主,若能实现,则可避免许多似是而非的政策的出台。因内战的炮火,这一计划未能实现。今日观之,这一方案亦不过时,仍有相当的参考价值。

第二节 专业组织与专业道德规约

中国教育学会在抗战结束后,主要的活动除了召开年会、研究教育问题、贡献教育主张之外,还有构建中国的教育专业组织。

一、专业与专业组织

何谓"专业"？据美国印第安纳大学教育学教授李契研究所得,一种专业之构成必须具备如下的全部或绝大部分条件：

1. 每一专业皆要求其所属的会员在其从事于专业活动时,必须运用较高级的心能；
2. 须经相当长期的专业教育；
3. 订定入会资格,并藉在职进修以促其会员日新又新,与时俱进；
4. 结成组织,并以高度自治的方式去提高其本业之水准,改良其服务,促进其自律和改善其会员之经济权益；
5. 要求其会员应以服务社会为重,而以谋利营生为次；
6. 具备并遵守一套道德规约,以约束其成员之行为和执业；
7. 视专业为终身事业。[2]

---

[1] 常道直:《各级教育行政机关应如何增设评议机构以期采择人民公意及专家意见》,中国教育学会编《中国教育学会会务通讯》,编者刊,1948年第7期,第1页。

[2] 黄炳煌:《教育与训练》(修订版),文景出版社,1983,第24—31页。

台湾学者黄炳煌对此有所归纳,认为前三个要件与专业人员"个人"之自我发展与修养有关,四五两则条件与专业人员的"社会性"有关,而最后一则条件则兼顾专业之自保性及利他性。[1]

那么,中国教育学会属不属于教育专业组织呢?

二、中国的教育专业组织

1946年,教育学会理事常道直出席了在美国召开的世界教育会议。其间,美国的康兹(G. S. Counts)教授曾问询中国教育学会的政治背景如何,常道直回答道:"中国教育学会会员,包含大中小各级学校之教员、校长,社会教育人员以及教育行政人员,纯然为教育专业人员之组织,并无政治党派色彩,其本质上可说已经具备了统一的教育组织之雏形。"[2]

此次世界教育会议,中国众多教育团体中,被美国全国教育协会(NEA)认可为教育专业组织可以派代表与会的,只有两个,一为中华儿童教育社,另一便是中国教育学会。[3]其实也能够说明问题。

在这次世界教育大会上,常道直还提出"世界教育专业道德规约"一案,请大会采择施行,引起与会代表的认同,产生了国际影响。

不过对照李契所述的七则要件,当时中国教育界人士却缺少一套可以共同信奉遵守的道德规约。

第三节 构建中国的教育道德规约

1947年10月26日至27日,中国教育学术团体联合会在南京举行第五届联合年会。教育学会提出"我国教育学术界应如何多方一齐着力,加速教育之民

---

[1] 黄炳煌:《教育与训练》(修订版),文景出版社,1983,第31页。
[2] 常道直:《世界教育专业组织与国际和平》,《教育杂志》1947年第32卷第1期,第15页。
[3] 李清悚:《回忆"中华儿童教育社"》,《江苏教育史志资料》1989年4期,第55页。

主化,以适应世界潮流"议案,于第十二项着重指出"为提高教育事业修养,发扬教育专业自治精神起见,应共同商定教育专业道德规约,以资信守"。①全案在26份议案中被视为"最为重要",后经大会议决,一致通过。

随后,中国教育学会筹备第九届年会。会员朱经农为大会特作一文,认为国内教育组织虽多,可是符合"一般性的全国性的教育专业组织"的,不得不首推中国教育学会。认为其自成立以来,虽"有一半的时间是在战争的苦难中挣扎",但是"综其影响所至,不仅增厚了教育界的团结力量,提高了教师的专业地位,发皇了教育学术的研究,促进了国家教育的改革,同时奠定了国际合作的初步基础"。②不过,依然面临着时代的使命。对于"提高教师专业地位",他认为学会必须"设法增进教师的专业知能与其他素质,提高专业水准,以使从事教育工作的人员,均有深厚广博的训练基础"外,也提及须努力提倡专业服务精神与道德,务使国内每一教育工作人员,能够敬业、乐业,对于教育事业具有真正信仰和抱负,能以毕生精力,贡献于教育事业③,但没有提议该如何订立。同为学会的会员及商务印书馆编辑的赵廷为,在《教育杂志》"教育学会年会专辑"里,则有这样的提议:"美国全国教育联合会曾订有专业道德规条,以资信守,这次年会,似宜同样地根据本国情形制定一种守则,供作专业的行为标准。"④

不久,中国教育学会第九届年会在南京正式开幕(1948年1月3日,金陵大学),4日改在金陵女子文理学院大礼堂开会。当日在15小组分别报告提案审查结果之后,特别讨论由常道直和朱炳乾草拟的"全国教育专业道德规约以资信守案",大会议决:交理事会整理,并书面征求会员意见后发表。⑤

---

① 《加速教育民主化》,《中央日报》1947年10月28日第4版。
② 朱经农认为中国教育学会面临的时代使命有四,即提倡教育学术研究、发扬教育民主精神、提高教师专业地位和促进教育国际合作。
③ 朱经农:《中国教育学会的时代使命》,《教育杂志》1948年第33卷第1号,第1—2页;另见中国教育学会编《中国教育学会年报》(三十六年),中华书局,1947,第1—3页。
④ 赵廷为:《编者附言》,《教育杂志》1948年第33卷第1号,第64页。
⑤ 中国教育学会编《中国教育学会会务通讯》,编者刊,1948年第1期,第4—5页。

全国教育专业道德规约

中国教育学会第九届年会通过(1948年1月)

第一章　总则

一、本规约所称教育专业包括全国公私立各级学校教师校长、教育行政人员及其他一切教育工作人员。

二、本规约之宗旨在以教育专业界自身之力量达成左(下)列各项目标:

1. 挽救当前教育界颓风;

2. 充实教育专业修养;

3. 发挥教育专业精神;

4. 加强教育专业组织力量;

5. 提高教育专业社会地位。

第二章　对于学生与社会

三、持论公正,不为某种主义作宣传。

四、不见诱于私利,不拘泥于成见。

五、尊重学生之人格与兴趣性向与能力,了解学生之社会背景。

六、不以任何方式利用学生达成偏私之企图。

七、尽忠职守保守职务上之秘密。

八、谋学校及家庭间之密切合作。

九、不受非分之报酬。

十、对于公共事务如举行选举与办福利业务等等,以公正立场为民众之顾问。

第三章　对于教育专业

十一、信守专业规约,提高专业声誉。

十二、提高教学效率,增进教学技能。

十三、忠于教育,视教育为终身事业。

十四、争取应得之报酬与应有之工作环境。

十五、不依附任何权势,不以教育职务为个人晋升之阶梯。

十六、不为优厚之俸给所诱,而退换职位或擅离职守。

十七、不利用职权以谋私利,不因推荐工作而受报酬。

十八、不结党营私党同伐异。

第四章　对于教育界同人

十九、教育专业为整个的,各级学校教育均应相互尊重不得有所歧视。

二十、对同事不妄加批评,不文过饰非。

廿一、对于校内外共同问题之处理均采取民主原则与方式,不流于徇私专断。

廿二、不干涉他人分内事务。

廿三、不鄙薄非自己所专攻之学科。

廿四、与同事群策群力推诚合作。

廿五、不排挤他人而自窃高位或位置私人。

廿六、尊重他人资格与能力,以二者为任职与晋级之主要因素。

廿七、不嫉妒他人之能力与成就。

廿八、不片面毁弃聘约破坏诺言。

第五章　附则

廿九、本规约经各教育团体多数会(社)员之决议通过发生效力。

三十、参加本会各会员均应明白表示愿诚意接受本规约作为其行为之准绳。

卅一、如有违背本规约之言行,由服务机关之同人予以规劝,较严重者,由教育团体予以谴责;必要时经全体会员之议决,得开除会籍。

卅二、本规约如有未尽事宜,得由参加人多数之表决修正之。

学会第九届理事程时煃,对于学会的发展曾提出十点期望,有一则专论此事,"务盼全体会友,提出意见,供理事会会议修正之参考"。[1]

后来,朱炳乾撰文交代了这则规约的参照文献,他将美国全国教育协会(NEA)的《教育专业道德公约》(Code of Ethics for the Teaching Profession)[2]和美

---

[1] 中国教育学会编《中国教育学会会务通讯》,编者刊,1948年第1期,第1页。
[2] 美国全国教育协会制定的《教育专业道德公约》,除"前言"外,由四个部分构成,分别为:(1)关于学生与家庭,分四条;(2)关于公民事务,分三条;(3)关于教育专业,分十四条;(4)关于专业道德常设委员会之设立,为公约的执行机关。

国波士顿教育委员会(Boston Committee)的《非专业行为》(Unprofessional Practices)[①]加以详细的研究,发现前者虽然是一条一条的,但并非简单的条文,而是一连串的陈述。其优点在于具体地提出各项应该遵守的事项,但过于琐碎,不容易引起一般人的注意,后者头绪井然,易引人注意,但没有将其列成一种文告的形式。遂取前者的方式,综合二者之内容,并按照实际需要斟酌损益,简括地列成32条[②],并认为这种规约对于挽救教育界颓风与提高教师社会地位,关系极为重大,希望教育界同人热烈地加以讨论,发挥各人的意见。[③]

第四节 "全国教育专业道德规约"的大讨论

对于这则中国的教育专业道德规约的出台,赵廷为评价"真令人兴奋",为此他还特撰文论及此事,对于其作用,他认为有二:一是对于教师做人之道,定出若干标准,共同遵守。因为教育是教人做人,要教人做人,教师自己要懂得做人的道理。二是可作为师资训练的教材,今后各级师范学校,均应加意讲授,俾使未来的师资,奉为圭臬,以约束其平时的行动。随后,他对于订立教育专业道德规约提出几点意见,如标准不要太高、着重服务的理想、着重合作、着重对于专业的尊敬等,同时希望"教育界同仁重视这个《规约》,而在尚未正式订定之

[①] 波士顿教育委员会所举的《非专业行为》,具体分为十一项:(1)泄露秘密;(2)歧视任何种族宗教或社会阶级;(3)经营副业;(4)浪费学校工作时间;(5)憎恨或嫉妒他人;(6)闲话他人长短;(7)空谈私事;(8)任意诋毁他人;(9)用欺骗手段谋居高位;(10)破坏合同或契约;(11)结党营私。每项项目再附带说明,如"泄露秘密"项,说明为:凡学校教职员泄露教员与教员间,或教员与职员之间的秘密,破坏学校、教员与学生之信诺,在校外闲话学校每日进行之工作或发布不应公开之学校消息,均系非专业行为。

[②] 朱炳乾发表在《教育杂志》上的《〈全国教育专业道德规约〉草案》与中国教育学会第九届年会通过的规约,形式与内容基本一致,个别条款上用字不一,如第三条"持论公平,不为任何一种主义作宣传",议决案为"持论公平,不为某种主义作宣传",本文引用议决案,因为朱自己也说:草案要提交中教会本届年会讨论,不得不在短时间内仓促写成,不周到或零乱的地方自然很多,……在年会小组审查及大会讨论的时候,一般的意见,认为在原则上,我们应该一致接受,但内容及文字方面,则须加以修正。议决案更能体现公意。

[③] 朱炳乾:《〈全国教育专业道德规约〉草案》,《教育杂志》1948年第33卷第3号,第6页。

前,尽量发表意见"。①

随后,《教育杂志》各期上对此事展开了讨论,计有常道直、李季开、程时煃、莫仲义分别撰文,阐述各自对于此项的见解和意见。

常道直作为规约的作者之一,对于此事解释道:"在每一专业群中,对于所属的分子,应该具备的普通教育和专业训练,以及有关业务活动的规范等等,大都各有其共同信守之成文的或不成文的规条。"这些规条的用意"不外提高专业训练水准,防止同业者间不正当的竞争,以求增进各该专业之社会的声望"。对于中国教育学会年会通过的议案,他希望"这些如能被教育界同仁当作行动的指针,则教育专业精神之形成,即已获有坚实的基础"②。

李季开对中国教育学会制订全国教育专业道德规约,评价为"实是我国教育界近年极重要的创获"。他从教育行政人员的角度来论述这一问题,一般所订教师专业道德规约,都会说明同样包括教育行政人员,但是中国教育界存有一种误解,往往认为各级学校教师属于专业分子,至于教育及学校行政工作,与普通行政并无二致,即"不知教育行政同是一种专业"。随后,他批判了当时教育行政人员的种种非专业思想及行为造成的危害,在借鉴美国学者里特(Ward G. Reeder)建议教育及学校行政人员所应遵守的专业道德基础上,并参酌本国国情与需要,提出教育行政人员所应遵守的专业道德,分为专业信念、服务理想、民主作风、负责精神、合作态度、公允判断、同情心理和廉洁操守。③

程时煃指出:"世界各国无不重视教育专业之训练,而专业训练中尤重教师服务道德之培养。"他依据自己多年从事教育行政的经验,提出订立原则有五,即简明、切要、具体、慎定、笃行。然后根据这五条原则,拟订教育专业道德规约十六条,主要分为三部分,即对于学生、对于教育专业、对于社会。④

莫仲义则认为教育专业道德规约的内容,最好包括如下几条原则:

1. 应该是积极的,而不是消极的;
2. 应该是广泛的,而不是狭隘的;

---

① 赵廷为:《关于全国教育道德规约的问题》,《教育杂志》1948年第33卷第3号,第7-8页。
② 常道直:《如何促成教育之专业化》,《教育杂志》1948年第33卷第4号,第50-51页。
③ 李季开:《教育行政人员的专业道德》,《教育杂志》1948年第33卷第4号,第52-57页。
④ 程时煃:《从行政经验论教育专业道德规约》,《教育杂志》1948年第33卷第5号,第1-4页。

3.针对目前中国的教育病态;

4.能够行得通而有效果;

5.有相当的拘束力;

6.不限于教育团体的会员,凡参加教育工作的人员与各级学校教师均须遵守;

7.集中教育界的力量,而不是分散教育界的力量。

他建议"规约"最好改为"公约",因为"公约"表达共同商订的意义,是出于自动的自发的,而不是被动的强迫的。随后,拟订"中华民国教育专业道德公约草案",共24条,分为总则、内容和附则三部分。[①]

中国教育学会的原来计划,在第九届年会后征询会员意见,准备"下届年会通过"。已有会员发表意见,虽然篇数有限,但是提出好几份有价值的草案,只待第十届年会加以众议。学会第九届理监事于1948年11月6日的第六次联席会议,曾议决:第十届年会于次年春在南京举行。[②]当时,还讨论了教育学会总章的修订稿,于原定七项任务外,另加一项新任务,即"树立教育风范",议决通过,也是提请第十届年会讨论。[③]此时,内战的炮火已经非常激烈了,形势使然,第十届年会只能展期。

对于教育究竟是职业,还是专业,今天还有所争论;对于教师专业道德,抑或专业伦理,或职业精神,教育界也有所讨论;概观这些讨论,最主要的依据或者说逻辑,就是国外已经形成定论,中国自然也应如此。殊不知,此乃历史的过程,更不知,本国历史上曾有集中的讨论。相信,观了此节,能有所启示。教育学会的这点贡献,也是当时时代的反映——各业自治、职业自决,既有自由、又有约束,既有自治、也有规范,这些才是教育民主的真意。

时过境迁之后,也有学者认为这份规约存有一定的不足,如"本土问题关照不够",美国全国教育协会的《教育专业道德公约》文本体例与内容被大量移植,尽管中美教育存在着不少的共同问题,但两者的状况差距太大,"中国教育学会历经战乱之后虽有所发展,但其规模仍然较小,且成员多为教育学术界人士,希

[①] 莫仲义:《对"全国教育专业道德规约"的意见》,《教育杂志》1948年第33卷第6号,第12—15页。

[②] 中国教育学会编《中国教育学会会务通讯》,编者刊,1948年第7期,第6页。

[③] 中国教育学会编《中国教育学会会务通讯》,编者刊,1948年第7期,第6页。

望借助这一个学会的力量去改变当时中国教育界教师道德失序状况,恐怕只能是杯水车薪"。[1]又如对作用的估计"过于乐观",中国教育学会是一个学者居多的教育社团,在中小学教师群体中影响有限——尽管也有中小学教师加入该学会,但从创会之初,这部分人士便是少数派,教育学会也没有掌握教师资格鉴定的权力,依靠这样一个学术团体来带动整个教师群体的专业意识与精神的发展,谈何容易?再如,对专业道德的研究也有不足,使用"不"字的否定性条规占多数,对于教育专业道德与一般道德之间的区别,以及与医生、律师等其他专业人士之间的道德的区别与联系也没有深入探讨[2];还有就是对于中国传统的师道与师德也没有什么讨论,对这部分几乎是放弃,更不用说批判性继承了,这既反映了他们"崇美"过度,也反映了他们对于优秀传统文化认识之不足。概言之,任何人及社团都有历史的局限性。

---

[1] 王凯:《民国时期常道直的教育专业道德规约研究》,《教师发展研究》2017年4期,第102页。
[2] 王凯:《民国时期常道直的教育专业道德规约研究》,《教师发展研究》2017年4期,第103页。

第六章 式微及消退期的中国教育学会（1949—1950）

随着"三大战役"的结束,国家的未来、社会的形势也已经很明朗了。中国教育学会究竟能否跟得上时代的列车,能否继续扮演专业主义者的角色,这对当时的教育学者们而言,或许还是个未知数。然不管怎样,教育事业总归要进行下去,实践者继续实践,研究者持续探索,但指导思想的不同也会使得整个事业的性质有本质的不同,而思想的转换随着解放区的扩大也已经排上了日程。

第一节 两支教育大军的会师

自1949年6月起至7月初,北平方面的教育工作者董必武、林砺儒、叶圣陶、晁哲甫、马叙伦、钱俊瑞、孙起孟等44人[1],先后举行过全体及部分会议五次,取得了共识:举行一个全国性的教育工作者的代表会议,响应毛主席"恢复和发展人民的文化教育事业"的号召,团结所有的教育工作者,深入研究并坚决执行新民主主义教育方针,更好地为人民服务。[2]7月中旬,第六次会议决定:中华全国教育工作者代表议会的筹备会,于7月22日在北平举行。

22日先举行预备会议,23日举行开幕典礼。会场悬着四幅大标语:"在毛主席领导下,建设民族的、科学的、大众的、新民主主义教育!""教育工作者和广

---

[1] 44人名单为:丁华、丁浩川、方与严、成仿吾、朱智贤、李复生、李维汉、何礼、杜君慧、吴晗、吴鸿迈、邱椿、林砺儒、周扬、孟昭江、柳湜、胡锡奎、郝人初、马叙伦、孙文淑、孙起孟、徐侍峰、徐特立、晁哲甫、张志让、张宗麟、张奚若、张致祥、陶淑范、陆志韦、陈其瑗、汤用彤、程今吾、程哲文、傅彬然、董必武、董渭川、叶企孙、叶圣陶、刘皑风、黎锦熙、钱俊瑞、韩黎、薛成业。

[2]《全国教育工作者代表会筹备会定期在北平举行》,《人民日报》1949年7月14日第1版。

大人民结合起来！""扫除一切奴化的、封建主义的与法西斯主义的教育！""全国教育工作者团结起来，为恢复和发展人民的文化教育事业而奋斗！"会议中心任务为讨论筹备召开全国教育工作者代表会议，以团结全国教育工作者，从事恢复和发展人民的文化教育事业。到会有发起人及来自东北、华北、华东、华中、西北各解放区，上海、南京、武汉、天津等大城市，待解放区和人民解放军、国内各少数民族、海外华侨的教育工作者代表共127人，连来宾、列席者、旁听者共约二百人。会议选出大会主席团①和正副秘书长。②

会议开始，由该会发起人之一的华北人民政府主席兼高等教育委员会主任委员董必武致开幕词，介绍了国家今后工作的重点要放在建设方面，放在经济建设和文化教育建设上面。此前既有解放区的教育，还有国统区的教育，随着战争节节胜利，为两支教育大军胜利会师创造了条件，而今天是"胜利会师的开端"，如今"政治情况是完全改变了，全中国广大人民要求我们，不论我们来自哪个地区和哪种工作岗位，都应该在中国共产党和毛主席领导之下，全心全意地，同心同德地，为人民大众服务。我们必须在人民利益为第一的前提下，消除一切派系斗争、小集团活动，团结一致地从事于人民教育事业的恢复和发展，完成我们伟大而艰巨的建设任务，使我们几千年来苦难重重的祖国得到完全的翻身"。他预祝"这次会议的胜利完成，从此组成全国教育工作者代表会议和全国性的机构，使全国各地的教育界团体以及各个教育工作者，得以进一步加强和巩固自己的团结，及时地交流经验，在毛泽东的光辉旗帜下，积极愉快地开展全国的人民教育工作"。③

随后由朱德、陆定一、李济深、沈钧儒、徐特立、郭沫若、吴玉章、李德全等来宾讲话。朱德在谈话中也强调："今天的筹备会议就是要筹备一个全国的教育工作者代表会议，要筹备产生一个全国教育工作者的大团体。这就是全国教育工作者的大团结。这个大团结一定要有个原则，有个目标。这个原则，这个目标，就是毛主席的方针，就是新民主主义革命的方针，就是新民主主义文化和新

---

① 大会主席团由21人组成，名单为：方与严、成仿吾、江问渔、车向忱、吴有训、杜君慧、李敷仁、林砺儒、陆志韦、徐特立、韦悫、马叙伦、孙起孟、陈鹤琴、黄炎培、傅钟、董必武、叶圣陶、潘梓年、黎锦熙、钱俊瑞等。钱俊瑞为正秘书长，孙起孟为副秘书长。
② 《筹开全国教代会议　筹备会议昨完满闭幕》，《人民日报》1949年7月28日第1版。
③ 《董必武主席开幕词》，《人民日报》1949年7月28日第1版。

民主主义教育的方针。"教育部部长马叙伦因病未能到会,但提供了书面讲词,号召教育工作者加强团结,加紧自我教育,特别要学习马克思列宁主义、毛泽东思想,为人民大众,首先是为工农兵服务。

会议讨论和通过了筹委会的章程。选出35人为筹委会常务委员会委员[①],取31和39之中数。并一致通过向毛主席、朱总司令致敬电和致新政协筹备会贺电。

筹代会闭幕典礼于27日举行,车向忱、高镇五、嵇文甫、丁西林、古楳、韦悫、陈鹤琴、吴有训、白寿彝和北平市叶剑英市长等讲了话。后由董必武致闭幕词,指出这次会开得很完满,表现了教育工作者开始在新民主主义的革命方针和新民主主义的文化教育方针下团结起来了。[②]

从所举的几次名单中可见,既有国统区的教育学者,也有根据地的教育工作者,确实是"两支教育大军"的会师,不过,只能算是"先锋"的会师,大军的汇合还需要时间。只是共和国对于发展全国教育工作者的组织却有着不同的思路,究竟是发展专业主义的教育团体,还是发展工会主义的教育团体呢,历史给出了选择。

第二节　又一次的教育七团体

1949年9月,陈鹤琴作为华东教育界代表团副团长(团长为上海副市长韦悫)奔赴北京参加中华全国教育工作者代表会议筹备委员会,受到周恩来的接见。其间,陈受中央教育部领导人之托,筹备召开中国教育学术七团体联合年会,以便产生全国教育工作者的组织。这七团体为:中国教育学会、中华职业教育社、中华儿童教育社、中国社会教育社、中国心理卫生协会、生活教育社和中国幼稚教育社。[③]

[①] 35人名单为:丁西林、王祝晨、方与严、成仿吾、李复生、李敷仁、车向忱、沈体兰、林砺儒、胡一声、余庆棠、柳湜、马叙伦、晁哲甫、韦悫、陶淑范、张宗麟、张国藩、张澜庆、陈其瑷、陈鹤琴、黄炎培、黄松龄、高博泽布、傅钟、傅彬然、董必武、汤用彤、葛志成、董纯才、楚图南、杨卫玉、黎锦熙、潘梓年、钱俊瑞。

[②]《筹开全国教代会议　筹备会议昨完满闭幕》,《人民日报》1949年7月28日第1版。

[③] 陈秀云、陈一飞编《陈鹤琴全集》(第六卷),江苏教育出版社,2008,第597页。

随后组织了筹备委员会,共54人,名单如下:

丁瓒　方与严　江恒源　朱洁夫　沈百英　吴研因　杜佐周　沈蒴斋
李清悚　李楚材　李蒸　汪达之　林汉达　林砺儒　金海观　马客谈
马侣贤　胡颜立　陆志韦　袁昂　孙起孟　唐现之　陶国泰　陈兆蘅
陈剑恒　陈剑脩　陈选善　陈鹤琴　高觉敷　张宗麟　张文郁　章柳泉
曾昭森　章益　黄钰生　黄嘉音　舒新城　程时煃　程锡康　童润之
杨志先　杨卫玉　雷震清　廖世承　葛志成　董渭川　董任坚　郑晓沧
欧元怀　萧孝嵘　钟昭华　钟道赞　关瑞梧　顾树森

其中陈鹤琴为主任委员,副主任委员有林砺儒、杨卫玉、陈选善、程时煃。

七团体联合年会筹备委员会还设立了一处筹备处、一处办事处以及十二处联络处。

表6-1　七团体联合年会筹备委员会之分支机构

筹备委员会分支	地址	负责人员
北京筹备处	北京和平门外师范大学	林砺儒　董渭川　陈兆蘅
上海办事处	上海愚园路404号	程时煃　李清悚　钟道赞　沈百英　章柳泉 杜佐周　程锡康　葛鲤庭　杨志先　刘于艮 宋恩明
天津联络处	天津南开大学	黄钰生
南京联络处	南京大学师范学院	曹刍　高觉敷　熊子容　沈子善　雷震清 吴树琴　汤铭新　钟昭华　汪达之　陶国泰 胡颜立　乔一乾　周淑钟
安庆联络处	安庆安徽大学	马客谈　操震球
无锡联络处	无锡文化教育学院	童润之　古楳　周葆儒　施仁夫　吴增莽
苏州联络处	苏州师范学校	俞钰　王季玉　瞿苞丰
杭州联络处	浙江大学	郑晓沧　赵述庭　俞子夷　孟宪承　王承绪 金海锐　赵欲仁
重庆联络处	重庆大学	陈剑恒　黄次咸　孙铭勋　周勖成
桂林联络处	桂林省立图书馆	唐现之　曾作忠
广州联络处	中山大学	曾昭森　郭一岑　王越　汪德亮　黄庆云
东北联络处	沈阳东北人民政府教育部	董纯才
武汉联络处	汉口中南人民政府教育部	陈剑脩
成都联络处	四川大学	常道直　傅葆琛　易铁夫

第六章　式微及消退期的中国教育学会(1949—1950)

从表6-1可见,以当时重要的文化重镇为中心,中有旧日的,也有新生的,几乎覆盖了全国,具备代表性。

此外,筹备委员会还制订了联合年会须知,包括会期、会址、报到、费用、随带行李诸项。

会期:7月24日至7月30日,共计七天。其中五天学习文教政策及各与会团体分别检讨会务,两天参观教育学术机关。

会址:北京和平门外北京师范大学。

报到手续:

(1)各地区联络处须于7月15日以前将出席会员名单,北京地区寄交北京师大本会北京筹备处,其他地区寄交上海愚园路本会办事处;

(2)出席会员须由各地区联络处具函介绍在7月23日向北京师大本会筹备处报道,由该会发给出席证。

费用:各地会员来京参加年会,在开会期间,其膳宿由本会招待。旅费自理,北京市区参加会员,膳宿自理,郊区会员照外地会员办理。

随带行李:各地来京会员请随带薄棉被、被单或毛毯等用品。

从委员会名单及各地联络处负责人名单中可见,七团体联合年会是"老人当道",除了极个别的来自于解放区,如董纯才,主要都是服务于"国统区"的教育界人士。虽然都具有深厚的学识、丰富的经验,但对于发展"人民的教育",他们能否承担?是否已经做好了准备呢?

对于为何要组织教育七团体联合年会,陈鹤琴在"缘起"中这样写道:"当中华人民共和国成立,中央以及地方人民政府正全心全意为人民服务为祖国建设的开始,我们七个中国人民的教育学术团体,……在中央人民政府所在地的中国人民首都北京,举行联合年会,我们认为这完全是适时而且必要的。"

至于为何是"必要的呢?"陈认为共有三点缘由[①]:

[①] 陈鹤琴:《中国教育学术七团体联合年会缘起》,铅印本,1950,第10页(由陈一飞先生提供)。

第一，我们要团结。过去，我们是理想分歧，意志涣散，而且各自为政，并不团结的。因此，我们的成就不大，对服务人民，建设祖国的帮助，也很有限。……我们自然应当不再分歧散漫，彷徨犹豫，而要加紧地统一于新民主主义的理想及共同纲领的意志中，并且团结于毛主席以及中国共产党的周围，以期对服务人民，建设祖国，多加帮助。

第二，我们要学习。解放后，我们对于新民主主义及其文教政策的学习，已有了相当的进步，不致徘徊踌躇于门外了。但入门之后，还必需升堂、入室，正确地认识革命的真理。因此，我们要集合首都，倾听中央人民政府首长们的宝贵报告，并且参观中央为人民的一切设施……把学习所得的带回去，传达给各团体的同志们以及会外的群众……对服务人民，建设祖国，更多帮助。

第三，我们要检讨。我们是在旧时代成长的。……以前我们大部分观念模糊，脱离人民，也不知道利用批评、自我批评的武器来改造自救。……利用这武器来进行检讨，以期改正过去的错误，发扬过去的优点，并且为将来的工作商定进行发展的正确方向，使我们对于服务人民，建设祖国，能更有力地予以帮助。

他们要团结、要学习、要检讨，都是为了对"服务人民、建设祖国，能更多帮助"，无疑都是发自内心的真诚。关于"不够团结"，全国教育工作者筹代会上，就已经出现了批评的声音，过去他们确实不够团结。然而，这次他们想团结在一起的七团体联合年会，却未能如期开会。

关于"学习问题"，次年9月，北京、天津20所高等学校教师3000余人，开展了以改造思想、改革高等教育为目的的学习运动。29日，周恩来在学习报告会上做了《关于知识分子的改造问题》的报告，10月，京津高等学校教师学习委员会成立。12月间，教育部发出通报，介绍学习情况和初步经验。此后，这项运动在各地相继展开，直至1952年秋结束。[①]

[①] 中国大百科全书出版社、《中国教育年鉴》编辑部编《中国教育年鉴》(1949—1981)，中国大百科全书出版社，1984，第930页。

第三节　中国教育工会的兴起

原拟7月间在北京召开的教育七团体联合年会未能召开，不是展期，而是流会。在其后一个月，在北京召开的是中国教育工会第一次全国代表大会。

一、工运领袖对于教师能否组成工会的解释

对于教师能否像工人一样，组成产业工会的疑问，工运方面的领袖——全国总工会副主席李立三于11月间，在北京院校教职员代表大会上曾论及此事，认为"就工人阶级的广义来讲，凡是靠工资薪水作为生活来源的劳动者，不管是体力劳动者也好或脑力劳动者也好，都是属于工人阶级范畴的。教育工作者包括教授、讲助教、教员、职员等，他们和工警一样，都是靠工资薪水来维持生活，都是雇佣劳动者，即都是属于工人阶级的。……脑力劳动者包括教授、工程师等等，虽然生活方式与思想意识与产业工人有不同，但他们是依靠薪水来维持生活的劳动者，所以他们也是属于工人阶级"。李还就当时的国家形势指出："现在，组织教育工作者工会，包括脑力劳动者如教授、讲助教、教员、职员和体力劳动者如工友、校警等，是完全有必要与可能的了。"[①]

二、筹备中国教育工作者工会第一次全代会

1950年5月5日，全国总工会发出《关于召开第一次全国教育工作者代表大会的通知》（以下简称《通知》），认为："为了要把文化落后的中国，变为文化先进的中国，中国的教育工作者是负有重大的历史使命的。为了使中国的教育工作者能够胜利地负担起并完成其历史使命，首先就要组织起来。"[②]对于上述那个疑问，《通知》指出："教育工作者绝大多数都是依靠工资（薪水）收入为自己生活

[①] 金凤：《谈谈教育工作者工会（根据全国总工会副主席李立三在北京院校教职员代表大会上的报告写成）》，《人民日报》1949年11月2日第1版。

[②] 中国教育工会全国委员会编《中国教育工会文献资料汇编》（1950—1990），群众出版社，1992，第34页。

资料的全部或主要来源的脑力雇佣劳动者,因此,中国的教育工作者应当是整个中国工人阶级的一个组成部分。"①可见,《通知》与谈话的精神是一样的。另外,《通知》里还强调"教育工作者工会也应当是中华全国总工会领导下的一个重要的工会组织单位"。②孰料其后总工会的遭遇也波及教育工会,难免令后人再生"城门失火殃及池鱼"之感。

《通知》决定于当年8月1日举行第一次全国教育工作者代表大会,办法及步骤共四则:

(1)在全国总工会的直接领导之下成立全国教育工作者工会工作委员会③,负责进行召开第一次全国教育工作者工会代表大会的各项筹备工作。

(2)第一次全国教育工作者工会代表大会主要讨论并解决这些问题:1.目前教育工作者工会的方针任务问题;2.制定教育工作者工会的章程;3.教育工作者工会的基层组织问题;4.教育工作者的学习问题;5.教育工作者工会的福利事业问题。

(3)全国代表大会的名额分配与产生办法(略)。

(4)为了帮助筹委会进行关于大会的各项准备工作,在7月5日前各地先派代表一人到京,参加筹备工作。此代表即作为参加大会的正式代表。④

三、中国教育工作者工会第一次全代会盛况

1950年8月2日,中国教育工作者工会第一次全国代表大会在京正式开幕,至11日结束。出席大会代表329人,除待解放的台湾、西藏及刚解放的海南岛未有代表出席外,其余每一个省、区都有代表出席,代表中包括了大学、中学、小

---

① 中国教育工会全国委员会编《中国教育工会文献资料汇编》(1950—1990),群众出版社,1992,第34页。

② 中国教育工会全国委员会编《中国教育工会文献资料汇编》(1950—1990),群众出版社,1992,第34页。

③ 委员会由吴玉章(筹委会主任)、钱端升(副主任)、刘子久(副主任)、钱俊瑞、薛成业、萧采瑜、葛志成、王仁忱、张澜庆、温寒江、李广锜、叶维民、李扬、盛瑾、张潮、费振东、孙起孟、雷洁琼、刘皑风、杨静仁等20人组成。

④ 中国教育工会全国委员会编《中国教育工会文献资料汇编》(1950—1990),群众出版社,1992,第34-36页。

学、社会教育、教育行政、少数民族和华侨等方面的教育工作者,表现了中国教育工作者的空前大团结。①筹委会主任吴玉章致了开幕词,评价此事为"中国历史上的一件大事情",也是"人类社会发展史上很大的一件事情"。对于"为什么要成立教育工作者工会?它有什么目的?",他解释道:"保证人民政府教育计划的完成。"②中华全国文学艺术界联合会主席郭沫若为大会作了演讲,指出:"在今天我们把老师们从神龛上请了下来,同体力劳动者的工人一样的组织工会了,这难道不是一件天变地异吗?"③教育部部长马叙伦也讲了话,介绍了人民政府教育部成立以来的所拟工作计划及改造旧教育的情况,指出:"政府的计划,是一回事,实现这一计划又是一回事……实现政府的计划,主要地靠人,就是靠在座所代表的全国教育工作者。"④来自苏联的日米洛夫向与会代表介绍了苏联教育工作者是为何以及如何团结在一起的。⑤

那么,对于大会所要讨论的五个问题,与会代表又有着怎样的共识呢?

针对第一个问题,方针及任务方面,刘子久在大会上做了《团结一切爱国教育工作者 为人民的教育事业服务》的报告,提出教育工会的职责:(1)就是要团结与教育一切爱国的教育工作者,保证《中国人民政治协商会议共同纲领》中所规定的人民的文化教育政策⑥之彻底实现,保证中央人民政府政务院文化教育委员会和中央人民政府教育部的教育计划之完成。为了达到这个目的,中国

---

① 《中国教育工会代表大会闭幕》,《人民日报》1950年8月17日第1版。
② 何东昌主编《中华人民共和国重要教育文献》(1949—1975),海南出版社,1998,第51-52页。
③ 郭沫若:《阶级的转变——在教工工会首届全代会开幕演讲词》,《光明日报》1950年8月18日第1版;另见中国教育工会全国委员会编《中国教育工会文献资料汇编》(1950—1990),群众出版社,1992,第44-47页。
④ 《中央教育部马叙伦部长在教工工会首届全代会的讲话》,《光明日报》1950年8月18日第1版;另见中国教育工会全国委员会编《中国教育工会文献资料汇编》(1950—1990),第47-53页。
⑤ 中国教育工会全国委员会编《中国教育工会文献资料汇编》(1950—1990),群众出版社,1992,第53-61页。
⑥ 中华人民共和国成立前夜,1949年9月,中国人民政治协商会议第一届全体会议通过了《中国人民政治协商会议共同纲领》。这是建国初期的施政纲领,是团结全国人民建设新中国的大宪章,在1954年《中华人民共和国宪法》颁布以前,实际上起着临时宪法的作用。其中关于"文化教育政策"规定:"中华人民共和国的文化教育为新民主主义的,即民族的、科学的、大众的文化教育。人民政府的文化教育工作,应以提高人民文化水平,培养国家建设人才,肃清封建的、买办的、法西斯主义的思想,发展为人民服务的思想为主要任务。"

教育工会首先就要教育其会员明确地树立为人民服务的思想,明确地指出教育工会工作的方向就是面向工厂、面向农村、面向部队。(2)在原来教职员联合会(即"教联")①的基础上,在中华全国总工会的统一领导下,把中国境内的一切爱国教育工作者都组织在教育工会之中。(3)按照不同的具体情况,加强教育工作者的政治、文化与业务的学习,提高教育工作者的政治、文化与业务水平,以便在教育工作者自己的提高指导之下进行对广大人民的教育普及工作。(4)保护教育工作者的利益,应该进行改善教育工作者的物质生活和文化生活的各种措施。②大会最后确定中国教育工会的工作方针是:教育工作者要面向工农兵;学校教育要向工农开门。③

第二个问题,大会通过了《中国教育工会章程》。其总则部分,定名为"中国教育工会"。关于定名,也是众议的结果。因为开会通知使用的是"教育工作者工会",同样接受总工会领导的其他兄弟工会并不如此命名,如中国铁路工人的工会不称"铁路工人工会"或"铁路工作者工会",而称"中国铁路工会",邮电工人的工会也不称"邮电工人工会"或"邮电工作者工会",而称"中国邮电工会",其他产业性质的工会也是如此。为了整齐起见,也为了简洁起见,称"中国教育工会",而不称"中国教育工作者工会"。关于领导和任务,章程规定:"本会(教育工会)受中华全国总工会的直接领导,为全国一切依靠工资收入为自己生活资料之全部或主要来源的教育工作者按照产业原则及行政系统,自愿结合的群众组织。本会各级组织同时受各该级地方总工会的领导。本会以组织并教育全国教育工作者,保护教育工作者的利益,提高教育工作者的阶级觉悟,用理论与实践一致的教育方法,实施新民主主义的教育,以提高人民政治文化与技术

---

① 教联,教员联合会之简称,教师运动的推动者,其性质与作用不同于教师工会。如上海地区解放前有"小教联"(上海小学教师联合进修会)、"中教联"(上海市中等教育研究会)和"大教联"(上海大学教授联谊会),都是中国共产党领导下的教师组织。刘子久在报告中这样总结它们:"过去的教联,在某种程度与某种意义上,是带有教育工会的性质,起了教育工会的作用。"所谓"某种程度与某种意义",那是因为过去的教联是分散的、地方性的、职业性的组织,还不是一种按产业性质的组织,还不是一种系统的全国统一的组织。

② 中国教育工会全国委员会编《中国教育工会文献资料汇编》(1950—1990),群众出版社,1992,第37—43页。

③《中国教育工会代表大会闭幕》,《人民日报》1950年8月17日第1版;另见《教育工会首次全代会闭幕,教育工会全国委会成立》,《光明日报》1950年8月17日第1版。

水平,培养国家建设人才,保证完成人民政府的教育计划为宗旨。"①

第三个问题,教育工会分为四级。在全国,为全国代表大会、全国委员会、全国会员代表会议;在省市,为省市会员代表大会;在县市,为县市会员代表大会、县市委员会、县市会员代表会议;在学校、研究所、机关等,为会员大会(或会员代表大会)、基层组织委员会。此次大会上选出了教育工会的领导机构——全国委员会。以吴玉章等65名为正式委员②;盛瑾等17名为候补委员③;大会并一致同意推举这次出席教育工作者工会国际第五次大会的代表方明为教育工作者工会国际副主席的候选人。

第四个问题,关于教师的学习,大会通过了《关于教师学习问题的决议》(草案)。

第五个问题,关于教师的待遇,大会讨论了全国教育工作者中的大部分——小学教师,尤其是乡村小学教师的生活待遇问题,并建议教育部批准乡村学校可以实行公办民助,并酌收学费。

此外,大会一致通过"关于扩大和平签名运动的决议"。决定把和平签名运动作为最近一个时期教育工会的中心工作之一,争取每个教育工作者动员一百人在和平宣言上签名,并使全国的教育工作者都成为和平签名运动的组织者与宣传者。还一致通过了向毛主席、中华全国总工会及朝鲜人民军最高司令官金日成将军等的致敬电,向坚持灾区教育阵地的教育工作者及海外华侨教育工作者慰问并致敬电。④

大会最后,由吴玉章致闭幕词,他指出教育工作者今后首先是要团结,要走

---

① 何东昌主编《中华人民共和国重要教育文献》(1949—1975),海南出版社,1998,第54-55页;另见中国教育工会全国委员会编《中国教育工会文献资料汇编》(1950—1990),群众出版社,1992,第71-72页。

② 中国教育工会全国委员会名单为:吴玉章、马叙伦、刘子久、雷洁琼、汪金丁、黄静涛、萧项平、叶维民、陶淑范、吴天石、于达、吴富恒、王亚南、吴容、操震球、吴有训、方明、萧太初、刘庆云、李广绮、萧采瑜、王仁忱、钱端升、何戊双、王俊英、陶廉、董遂平、苏和、卢金堂、郎洁华、郑文华、潘佛章、张江明、尚友、孟夫唐、曾广济、孟兰生、朱剑农、刘绪贻、杨新月、刘彦忠、胡波黎、吴宗骥、车向忱、张如心、李光年、高永龙、周太暄、李松涛、吕敬先、李钟庆、杨士林、潘大逵、李忻、饶博生、李朝璧、粟纯熙、冯泽生、刘泽如、马汝邻、吕赞襄、艾沙尼牙孜、张德莨(保留西藏、台湾各一名)。

③ 中国教育工会全国委员会候补委员名单:李扬、张潮、盛瑾、蒋秀琳、汪允鉴、陈友英、张文芳、李大立、邵群、焦璞元、聂恒锐、王敏、漆宗棠、郑方、陈立纲、卢鸿飞(保留海南岛一名)。

④《中国教育工会代表大会闭幕》,《人民日报》1950年8月17日第1版。

群众路线;其次是要学习毛泽东思想;最后是工会要切实为会员谋福利。①

四、中国教育工会的发展

大会结束以后,李立三、刘子久向中央汇报了此次大会的概况,以及各地教育工会的发展情况。根据当时各地不完全统计:全国教育工作者有889467人(西南区缺小学教职员数字,其他区多半缺农村教员及教工数字)。教育工会的会员已有176949人,全国已成立了8个省教育工会的组织,43个市教育工会的组织,3个系统教育工会组织,这些数字包含筹备会在内。②就在教育工会如其他工会迅猛发展的当头,工运领袖却被戴上了"工团主义"的帽子,被迫离开了总工会。

距第一次全国教育工作者代表大会六年之后,又召开了第二次全国代表大会,日期为1956年8月6日至15日。吴玉章发表工作报告,指出"六年来,工作取得了一定的成绩,也积累了一些经验,但是发展是极不平衡的,同时还存在着许多缺点,甚至是错误"③。此次大会选举出了中国教育工会第二届全国委员会,吴玉章为主席,冯宿海、钱端升、吴平、方明、肖向平为副主席。大会"亮点"在于,通过决议"以《中华人民共和国工会章程》为章程,废除《中国教育工会章程》"④。此举不知是否可以理解为纠正了此前工作上的"错误"。中国教育工会再次召开全国性代表大会已是31年以后的事情了。而且,令人费解的是,共和国的第一部教育年鉴中却没有中国教育工会的身影。

---

① 中国教育工会全国委员会编《中国教育工会文献资料汇编》(1950—1990),群众出版社,1992,第61—64页。

② 中国教育工会全国委员会编《中国教育工会文献资料汇编》(1950—1990),群众出版社,1992,第100—101页。

③ 吴玉章:《充分动员和发挥教育工作者、科学工作的力量,为伟大的社会主义建设服务——在中国教育工会第二次全国代表大会上的工作报告》,中共四川省委党史工作委员会《吴玉章传》编写组:《吴玉章文集》(上),重庆出版社,1987,第503页。

④ 中国教育工会全国委员会编《中国教育工会文献资料汇编》(1950—1990),群众出版社,1992,第118页。

第四节　教育学在中国的转型

新中国除了对教育社团的发展路径有不同的考虑之外,教育学者旧有的生存根基——师范学院的教育学系也产生了重大的变化,它的目标被重新厘定、制度被重新设计、课程也被重新安排。

表6-2　师范学院教育学系必修科目表(1939年)[①]

科目	规定学分	第二学年 第一学期	第二学年 第二学期	第三学年 第一学期	第三学年 第二学期	第四学年 第一学期	第四学年 第二学期	第五学年 第一学期	第五学年 第二学期	备注
社会学	(6)	(3)	(3)							略
普通心理学	6	3	3							略
论理学	4	2	2							
伦理学	3			3						略
教育统计	3			3						
心理及教育测验	3				3					
发展心理学	4			2	2					
教育哲学	4					2	2			
教育行政	4					2	2			
初等教育	3					3				略
社会教育	2							2		
比较教育	4							2	2	
中国教育史	6			3	3					略
西洋教育史	6					3	3			略
训育原理及实施	3				3					
分科教材及教法研究	8					3	3	1	1	
教学实习	16					3	3	5	5	
毕业论文	2-4							1-2	1-2	
总计	81-83	5	5	11	11	16	13	11-12	9-10	

[①] 教育部参事处编《教育法令汇编》(第5辑),正中书局,1940,第120—121页。

表6-3 师范学院教育学系选修科目表(1939年)[1]

科目	学分	科目	学分	科目	学分
生理学	4	遗传学	3	实验心理学	6
变态心理学	3	社会心理学	3	比较心理学	3
心理卫生	2	学校卫生与体育	3	教育视导及调查	2
乡村建设与教育	2	中外教育家研究	2-4	师范教育	2
家事教育	2	女子教育	2	职业教育	2
学校行政	3	民权行使及实习	2	升学及就业指导	2
儿童及青年读物	2	课程编制	2	中国社会史	4-6
中国经济史	4-6	总理学说	3-6	近代教育思潮	3
中国文学专书选读	4-6	图书馆学	2	公文程式	2
演说与辩论	2				

自20年代，教育学科在中国公私大学出现以来，一直存在一个缺点，那就是课程的不统一，因人设课的现象比较明显，专业性自然容易受到质疑；到了大力建设师范学院的时候，才由国民政府教育部予以统一，前已述及中国教育学会为课程统一做了一定的贡献。教育部将其课程分为两大类，一类为必修，见表6-2；另一类为选修，见表6-3。这样一来，专业性虽得到了保障，但也出现了新的问题，因为陷入了"为教育而教育"的境地，培养出来的学生只懂得教育，其他方面的知识太过贫乏，且课程本身也存有"既病重复、又失联络""理论有余、实用不足""课程与目标南辕北辙""学科与教师张冠李戴""分科支离、有失统整规念"[2]等问题。

新中国诞生伊始，1949年10月11日，华北高等教育委员会基于若干次调研及充分讨论的基础上公布了《各大学专科学校文法学院各系课程暂行规定》（以下简称《暂行规定》），其中涉及文学、哲学、历史、教育、经济、政治、法律7个学系的课程，足见民国时期大学文法教育一直存在着痼疾。亲身经历过这份文件从起草到诞生的董渭川，对此评价道"这在我国大学教育方向与内容的改革上，

---

[1] 教育部参事处编《教育法令汇编》（第5辑），正中书局，1940，第121-122页。
[2] 王秀南：《师范学校教育课程的批评与建议》，《教育杂志》1948年第33卷第5号，第47-50页。

无异乎迈出了一大步"①。其中关于教育学系的课程,在第一次座谈会上就有很多的批评:如从外国抄袭和贩卖回来的,受美国的影响最深,充分表现了"半殖民地的色彩";又如和政治不相联系,除了一两门是国民党强行加入的以外,其他的则根本超脱于政治之外;再如,理论与实际脱节,许多的课程只是为了理论的探讨,而不顾及实际的应用,更不能因时因地作特殊的适应;又再如,科目繁多而内容重复,既浪费学生的光阴,又降低了学习的效果;又再如,不客观、对象狭隘、偏重教学技术等问题。会上对于新课程编制的原则等问题也有所讨论,最终公布的方案分为两部分:

1. 文学院、法学院的公共必修课程

(1)辩证唯物论与历史唯物论(包括社会发展简史),第一学期学完,每周3小时;

(2)新民主主义论(包括近代中国革命运动史),第一学期学完,每周3小时;

(3)政治经济学,第二学年起,每周3小时,一年学完。

2. 教育系课程

(1)任务:根据新民主主义的教育方针及马克思主义的理论与方法,培养为人民服务的中教教育工作者的知识与技能。

(2)基本课程:新民主主义教育概论、教学方法、教育心理学、中国近代教育史、西洋近代教育史、教育行政、教育测验与统计、现代教育学说研究、职业教育概论、实习、政策法令、政治经济名著选读、苏联及新民主国家教育研究(部分科目得列为选修)。

(3)本系得分组修习,如教育行政、儿童教育、中等教育、社会教育、职业教育等,其课程由各校酌定。②

---

① 董渭川:《教育系课程改订的经过与意义》,载董乃强编《董渭川教育文存》,人民教育出版社,2007,第532页。

② 华北高等教育委员会:《各大学专科学校文法学院各系课程暂行规定》,《中华教育界》1949年复刊第3卷第10期,第61-62页。

董渭川基于这份《暂行规定》,结合北京师范大学教育系的实际情况,拟定了"北京师范大学教育系新定课程表(草案)",如表6-4所示:

表6-4 北京师范大学教育系新定课程表(草案)(1949)[1]

科目		第一学年		第二学年		第三学年		第四学年	
		上学期	下学期	上学期	下学期	上学期	下学期	上学期	下学期
辩证唯物论与历史唯物论		3							
新民主主义论			3						
政治经济论著选读		2	2						
新民主主义教育概论		2	2						
教育心理		3	3						
哲学教育名著选读		(2)	(2)						
自由选修		(10)	(10)	(10)	(10)	(6)	(6)		
政治经济学				3	3				
中国近代教育史				3					
西洋近代教育史					3				
教学方法				2	2				
社会教育					3				
实习				2	2	2	2		3
思想方法论				(2)					
政策法令						2	2		
中等教育						3			
教育行政							3		
教育统计与测验						2	2		
中国古代教育史						(2)			
西洋古代教育史							(2)		
认识论						(2)	(2)		
儿童教育组	儿童发展					(3)			
	学前教育						2		
	小学教育						2		

[1] 董渭川:《教育系课程改订的经过与意义》,载董乃武编,人民教育出版社,2007,第542-544页。

续表

科目		第一学年		第二学年		第三学年		第四学年	
		上学期	下学期	上学期	下学期	上学期	下学期	上学期	下学期
中等教育组	职业教育概论					3			
	青年心理						2		
	青年生活指导						2		
职业教育组	职业教育概论					2			
	职业心理						2		
	职业指导						2		
社会教育组	民众读物					2			
	视听教育						2		
	图书馆学						2		
教育行政组	学校行政					3			
	教育视导						2		
	学校事务管理						2		
集中实习								15	
现代教育学说研究									3
苏联及新民主主义国家教育研究									4
学校卫生									2
教育专题讨论									(2)
毕业论文									(2)
儿童教育组	小学各科教材教法								3
中等教育组	师范教育								2
职业教育组	职工文娱活动								2
社会教育组	博物馆学								2
教育行政组	教育调查								2
共计		15—20	15—20	15—20	15—20	15—20	15—20	15	15—17
总计		120—152							

上表中带( )符号者为选修。就这两份课程计划而言，前后的变化也很明显，1949年的方案删去了教育课程的繁芜。

第七章 综论

中国教育学会从酝酿到诞生、到发展、到联合、到专业自觉、到式微、再到消退的各个阶段已经如前所述，它早已成历史之符号，但经验教训、成败得失仍值得总结。唯当事人早已魂归道山、加以文件散失严重，只能就有限的材料予以简单总结。

第一节 中国教育学会的生命之路

一个社团的生命究竟何在呢？人员是非常重要的一点，社团的成员多、分布广，表明其活力强，但并不表示越多越好、越广越好，因为吸收时如果只注意数量，而不注意质量，难免泥沙俱下，甚至会反噬社团自身的声誉，正应了"多即少"之意。那么，中国教育学会对此有怎样的考虑及设计呢？

一、会员的吸收

1933年初，几十位教育学者相聚于上海八仙桥青年会，讨论了数日，中国教育学会才正式诞生。在成立会上，众人对于学会征收新会员一事也进行了讨论，所以学会"既以研究学术为宗旨，是以会员资格，应严加规定"的提案，得到原则通过。①并在学会章程第四条中得到进一步落实,该条规定:"凡对于教育有专门研究或从事教育工作有贡献者,由本会会员二人以上之介绍,经本会理事会之通过,得为本会会员。"②这一规定与教育会明显不同,与教育社相似,但也有差别。

教育会发端较早,其入会资格,一开始没有特别的要求,清末时只须"品行端正,有志教育"即可;民国前期,要求任教育职务者、于教育上富有经验者、或有专门学识者;民国后期,如1927年的章程规定教职员为"当然会员",1929年的新章程中又将社教机关人员增为"当然会员",但须中等以上学校毕业才行;1931年的《教育会法》,又补充规定"学生不得入会"。教育社方面,因以教育中的某项事业为中心任务,故而在接收新社员方面,要求对该项有学识、有经验,但并不排斥有志者,如表7-1所示:

表7-1 教育社和教育学会对于成员资格的规定一览

年份	教育社团	个人社员之资格
1917	中华职业教育社	凡合于下列各项资格之一,经社员二人以上之介绍,得以其志愿为本社普通社员或特别社员:甲、办理职业教育者;乙、有志研究职业教育者;丙、热心倡导职业教育者。③
1922	中华教育改进社	社员资格分为四项:1.机关……;2.个人,担任本社每年合组费二百元以上者;3.研究学术有特别成绩者;4.办理教育有特别成绩者。合以上四项资格之一者,由本社会员三人以上之介绍,经董事会通过得为本社社员。④
1929	中华儿童教育社	凡研究或从事儿童教育之个人,由社员二人以上之介绍,经本会理事会审查通过,得为个人社员。⑤
1931	中国社会教育社	凡研究社会教育或服务于社会教育机关者,由社员二人之介绍,经理事会之通过,得为个人社员。⑥

---

① 《纪第一二日中国教育学会》,《申报》1933年1月30日第15版。
② 《中国教育学会第一届年会昨闭幕》,《申报》1933年1月31日第15版。
③ 朱有瓛、戚名琇、钱曼倩、霍益萍编《中国近代教育史资料汇编·教育行政机构及教育团体》,上海教育出版社,2007,第454页。
④ 朱有瓛、戚名琇、钱曼倩、霍益萍编《中国近代教育史资料汇编·教育行政机构及教育团体》,上海教育出版社,2007,第563页。
⑤ 陈秀云、陈一飞编《陈鹤琴全集》(第六卷),江苏教育出版社,2008,第266页。
⑥ 《中国社会教育社缘起及简章》,《民众教育季刊》1932年第2卷第2号,附录第5页。

中国教育学会也要求由两名正式会员之介绍,并经过理事会的讨论通过才能加入其中。至于标准定为"对于教育有专门研究或从事教育工作有贡献者",经过几年的发展,发现此标准还是有些笼统,于是在学会的第五届理事第八次会议上其细分为:大学各院系教授讲师,师范学院教授、讲师及助教,或中等学校校长及教师,对于教育研究有特殊兴趣者。[①]到了1948年的春天,学会将标准稍加放宽,定为六种资格,即:(1)高等考试及格者(限教育门类);(2)国内外大学教育院系、师范大学、师范学院或高等师范毕业者;(3)师范专修科或师范专科学校毕业,曾任教育职务二年以上者;(4)专科以上学校毕业,曾任教育职务三年以上者;(5)师范学校本科或高中师范科毕业者,曾任教育职务五年以上,著有成绩者;(6)对于教育工作有特殊贡献者。[②]这一年的冬天,在学会第九届理监事第六次联席会议上(1948年11月6日至8日),入会资格又增加了一种,即"普通考试及格者(限于教育门类)",并作为第五种,原第五、六种依次改为第六、七种[③]。尽管比之前的标准有所放宽和降低,但其实还是做了严格的限制,这充分表明教育学会与教育社、教育会性质是不同的,当然也是直接导致教育学会规模有限的重要因素。

中国教育学会成立之初,并没有团体会员的设置,1934年第二届年会之后,通过修改会章,才增加了此类成员。其入会的要求也是得由两名及以上正式会员之提议,经过理事会的讨论才能加入。[④]会费要远高于个人会员,正如之前所言的,学会增收团体会员主要是出于经济的考虑,但这种考虑不是纯经济的,而是为了教育学术。学会的规模太小,只依靠会员个人的会费,学会正常的运动难以维持,更遑论来开展教育研究了。

二、组织的建设

当有志愿、有学识、有能力的一批人,为了某个正当的目的聚集起来组成了一个社团,此项事业自然有进步的希望,为何说可能,而不是绝对呢,因为如果

[①] 中国第二历史档案馆编《中华民国史档案资料汇编·第五辑第二编·教育(二)》,江苏古籍出版社,1997,第835页。

[②] 中国教育学会编《中国教育学会会务通讯》,编者刊,1948年第2期,第4页。

[③] 中国教育学会编《中国教育学会会务通讯》,编者刊,1948年第7期,第6页。

[④] 杨炳勋等:《中国教育学会第二届年会记略》,《大公报·明日之教育》1934年2月12日第11版。

组织制度方面建设没有跟上或者建设不良，反而会将不少的时间和精力浪费在内耗上面，也就是说原本应该是正向的，结果却出现了负向的表现。

（一）理事与监事

中国教育学会在其有限的生命进程中，从未出现过教育学会会长。即便是在教育界久负盛名、作为前辈的黄炎培、张伯苓等人，还是后进的、学术水准得到公认的孟宪承（第一批"部聘教授"）、常道直（第二批"部聘教授"）等人，都没有得到过教育学会会长或副会长之类的头衔，与今日有别。不消说，这也是基于对有限的教育社团发展历程的反思而得到的。

按照清末学部的章程，教育会是实行会长制的，既然是"长"，那只能由一人能担任，问题是谁能担任呢？特别是这位会长有决定会中经费支配的权力时，章程中说"由会中公举"[①]，可是，实践下来，弊端迭出。教育会成员因地缘或学缘的关系而相互攻击，如湖北教育界被"经心"（出于经心书院者）、"两湖"（出于两湖书院者）、"高师"（出自武昌高师者）三派把持。[②]江西教育界分为"高等系""东洋系""西洋系""高师系"，为争夺省教育会会长，"高等系"和"东洋系"结盟，"西洋系"与"高师系"联络，双方互不相让，致使省教育会一分为二。[③]山东教育界有"选科派"（山东选科师范出身者）、"老师范派"（山东优级师范出身者）、"新师范派"（山东第一师范出身者）、"北高派"（北京高等师范出身者）、"高等派"（山东高等学堂出身者）、"东洋派"（留日生）之分。各派之间因会长之争，使省教育会"数年不能改选，以致形同虚设，会务停滞"。[④]当时在野的国民党对于这些"泥腿绅士、退职官僚"的做法很不满意，其机关报不禁发出改制的呼吁，认为"倘改用委员制，这些弊病，一概可免"，并且不但"各处省教育会应该取法，就是别的公团，也应改造"。[⑤]在国民党掌握政权之后，教育会方面立刻被要求舍弃

[①] 朱有瓛、戚名琇、钱曼倩、霍益萍编《中国近代教育史资料汇编·教育行政机构及教育团体》，上海教育出版社，2007，第257页。

[②]《教育界消息》，《教育杂志》1926年第18卷第12期，第4页。

[③] 周宁：《地缘与学缘：一九二〇年代安徽教育界（1920—1926）》，博士学位论文，复旦大学，2007，第84页。

[④] 周宁：《地缘与学缘：一九二〇年代安徽教育界（1920—1926）》，博士学位论文，复旦大学，2007，第83页。

[⑤] 疾风：《单独制与委员制》，《民国日报》1921年12月23日第7版。

"会长制",改行"理事制"。[①]

中国教育学会的创会会员们,有的切身经历过"会长制"到"理事制",有的则旁观过"会长制"的弊端,为了这个学术团体的长久发展,不致陷入内耗之中,大家都认同"理事制",采用集体领导体制。而理事之产生,由全体会员公选,充分体现了民主的概念在教育社团之表现。

随着会务的进展,这种体制也出现了一些问题,都是那些老面孔当选、"老人当政",没有新鲜血液输入,部分人士只重视当选、不重视会务,还有的为了当选而出来拉票等。经过共同协商,学会的理事制产生了一定的变化,即分成序列、按年递减、逐渐更换,即分成三年、二年、一年,这样可以保持流动,不至于陷入僵化。问题在于,哪位理事可以任职三年,哪位能够任职二年,哪位只能任职一年呢?谁来决定?即便是最德高望重者来决定,都可能会出现不服或不公的情况,于是理事们决定交给命运——抽签,以充分保证其客观及公正。

再有就是,1944年的第七届年会修订了学会的章程,学会的领导体制除了理事之外,还出现了监事,虽然1931年的《教育会法》中早已有相关规定,但教育学会直到十多年后才设立这一职务,这并不表示教育学会没有吸取前人的经验,而是学会在发展到一定规模之后,为了更好地促进会务及研究的开展,才需要这样的设置,这更符合自然进化之原则,而不是"照猫画虎",照法定的章程、搬一个现成的体制过来,那样反而有些不伦不类。

(二)总会与分会

中国人最重乡土,"亲不亲,是乡党",一句"老乡"能迅速拉近陌生人之间的

[①] 1927年8月,教育行政委员会公布的《教育会规程》规定:"省区教育会,设执行委员二十人,任期一年,由大会选出之","县市教育会会员,互选执行委员八人至十六人,任期二年,每年改选二分之一"。1928年2月,大学院公布的《教育会条例》规定:"省区教育会设执行委员会,由大会选出委员十一人至十五人组织之,任期一年","市县教育会会员互选执行委员八人至十六人,任期二年,每年改选二分之一"。1929年5月,教育部公布的《教育会规程》规定:"省教育会设执行委员会,由大会选出委员十一人至十五人组织之,任期一年","特别市教育会设执行委员会,由会员大会选出委员五人至九人组织之,任期一年","市县教育会设执行委员会,由会员大会选出委员五人至九人组织之,任期一年"。1931年1月,国民政府公布的《教育会法》规定:"区教育会设干事三人至五人,候补干事二人,由会员大会选举之","县市教育会设干事五人至七人,候补干事三人,由会员大会选举之","省教育会及行政院直辖市教育会设理事七人至十一人,监事五人至七人,候补理事三人,候补监事二人,由会员大会选举之"。

距离。连文人雅士著书立说,在姓名字号前也是先标明籍贯。此种文化之盛行,由此可见。教育社团与地理的关系,自然也值得予以关注。

教育会因其地方的性质,而有地理因素的限制,如久负盛名的江苏省教育会,其前身为1905年诞生的江苏学会,该会一大特色便是"由本省同志组成"。[①]此后,清廷学部的《奏定教育会章程》欲破除省籍限制,提出外籍旅居当地的绅民凡"品行端正,有志教育者,呈具入会愿书,由确实之介绍人加保证书",会长可审查允许。由于这份章程的强制性,不少成立在先的教育会也按章修改,但地理因素一直是制约教育会发展的重要因素。山西教育界有南北两派[②],安徽省教育界有"皖北""皖中""皖南"三家[③]。江苏则有"宁属"与"苏属"之争[④],为了避免这一问题,创立此会的热心者将苏省教育总会设在上海,在南京(即江宁,简称"宁属")与苏州("苏属")各设一事务所,同时设立两名副会长,并要求"苏属"与"宁属"中各出一人,而这与学部的章程明显不符——《奏定教育会章程》第7条会员之名目提及会长一员、副会长一员、会员无定员。[⑤]但为了避免内讧,也不得不如此设计,然而防不胜防。

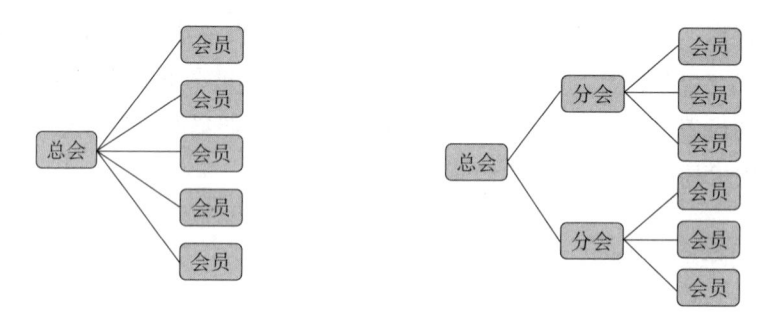

图7-1 两种教育会架构

[①] 朱有瓛、戚名琇、钱曼倩、霍益萍编《中国近代教育史资料汇编·教育行政机构及教育团体》,上海教育出版社,2007,第278页。

[②] 经亨颐记《经亨颐日记》,姚辉、黄建国整理,浙江古籍出版社,1984,第213、216页。

[③] 周宁:《地缘与学缘:一九二〇年代安徽教育界(1920—1926)》,博士学位论文,复旦大学,2007,第11页。

[④] 江苏的情况比较复杂,督抚不同城,"省会督帅驻宁,抚帅驻苏,省份之名称一,而省会之地方二"。清末兴学,朝廷下令裁撤学政,设立提学使司,于是江苏出现了驻南京的江宁提学使和驻苏州江苏提学使,两个都管辖全省学务,于是时时发生职权上的争执。清廷明知这样会产生不必要的纷争,但仍如此处理,主要还是出于巩固统治的需要。

[⑤] 朱有瓛、戚名琇、钱曼倩、霍益萍编《中国近代教育史资料汇编·教育行政机构及教育团体》,上海教育出版社,2007,第257页。

教育社与教育学会在这一点上有明显的不同,省籍意识与地缘观念不明显,其成员来自天南海北、五湖四海,甚至还有国外人士,如中华教育改进社[①],再如中国教育学会。此种集会结社,正如陆尔奎所言"无地方关系,即不以地为限制,千里之外,声应气求",属于同志集合。但这样也给教育社与教育学会方面出了一个难题,如果是"总会(社)—会(社)员"这样的结构,其形式非常松散,没有向心力,不利于研究活动的开展。中国教育学会的创会代表们想到的是建立分会,并且认为分会是总会的骨干,只有分会组织健全,会务才能开展。所以第一版会章第10条规定:"本会总会设于首都,各省市有会员五人以上,得组织分会,公推干事若干人处理该地会务,其细则另订之。"由此也形成了新的组织结构,总会可以将研究计划传达给分会,再由分会集合所属会员进行研究,回传给总会,这样有利于集中;会员是分散于全国各地的,有了分会之后,可以便于交流。也就是说省籍意识与地缘观念有可能成为制约社团良性发展的消极因素,但只要制度方面建设得比较好,再加上出于共同的意愿,如促进中国教育研究水平的提高,也可能变为积极因素。

在全面抗战前,中国教育学会已建立了上海分会、南京分会、无锡分会、杭州分会、广州分会、北平分会、天津分会等,后因战争的爆发,这些城市都沦陷了,加上学校及人员的西迁,这些分会也无法进行研究活动。一定意义上也属于因祸得福吧,西南、西北各地,原本教育研究比较落后的地区,在战时出现了教育学会的新分会,如重庆分会、沙磁分会、青木关分会、广东分会、湖南分会、江西分会、桂林分会、四川分会、遵义分会等。抗战结束,各大中等学校纷纷复员,返回原址办学,教育学会亦回迁至南京。时局稍稳定之后,理事会便敦促各地积极筹备分会。此后,上海分会,北平分会等相继复会,又建立了长春分会等新分会。

---

① 据中华教育改进社1922年的统计,该社共有社员479人,除2名美国人外,余下477人分布于67个城市中,如吉林、北京、天津、保定、太原、开封、济南、南京、上海、杭州、安庆、福州、广州、南昌、武昌、长沙、重庆、成都等,全国主要城市均有分布。(朱有瓛、戚名琇、钱曼倩、霍益萍编《中国近代教育史资料汇编·教育行政机构及教育团体》,上海教育出版社,2007,第571-572页)

(三)学会与分委员会

教育学会除了运用"总会—分会"的形式推动研究之外,还使用国际通行的"总会—分委员会"的形式。体现在1933年的会章第9条,该条规定:"为研究工作进行之便利,得设各种委员会,由理事斟酌情形组织之,其细则另订之。"

这种研究方式在教育会、教育社的发展进程中也有痕迹可寻,但教育学会与它们不同之处在于,一开始就将其细化为两种:常设委员会和临时委员会。这是在第一届理事会第一次会议上做出的决议,当时商定常设委员会共有7个,即高等教育研究委员会、中等教育研究委员会、初等教育研究委员会、师范教育研究委员会、职业教育研究委员会、民众教育研究委员会、教育行政研究委员会,同时还推定了各分委员会的负责人。[1]另外,还设了2个临时委员会,即教育名词审订委员会和出版委员会。第二次理事会议上又增加了教育书报提要编制委员会、中小学教科书研究委员会、调查委员会和教育图书馆筹备委员会等4个临时委员会。

这样设计的好处在于,可以根据事情的性质和任务的范畴灵活地调整分委员会的增与减。不像某些教育会的分委员会本属临时性质,事情完成之后仍一直保持着,导致有名无实之讥。这主要是就临时委员会而言的,至于常设委员会,教育学会所列出的7个系根据教育制度的要素进行的划分,这7个方面是各国发展教育不得不面对和需要主要解决的问题,似乎具有永恒的价值。

从上可见,教育学会既有"总会—分会"的研究模式,也有"总会—委员会"的研究模式。这两种模式,一是就地缘考虑的,交通的方便是主要的因素;另一是就学缘考虑的,学术的兴趣是主要的因素,各有所长,都能发挥会员的特长。

随着组织机构的进一步扩充,特别是各地分会建立之后,分会之下亦可设立各种常设委员会与临时委员会,形成"总会—分会—委员会"的新模式,其委员会的组建与总会既可相同,也可相异,全凭所研究问题的性质而定,更能综合两种模式的长处。

---

[1] 中国教育学会编《中国教育学会会章、会员录、成立会纪录》,编者刊,1933,第92页。

三、经费的难题

有道是"一分钱难倒英雄汉",钱不是万能的,没有钱是万万不能的,新式教育是一件非常费钱的事情,正如蒋梦麟所言:"一个学生出外求学,要备书费、旅费、学费、膳费等,处处要用钱。"[①]接受新教育需要用钱,研究新教育也需要用钱,特别是到了教育科学的时代,教育问题已经不再是哲学概念之演绎或历史规律之重现,而需要大样本的调查或进行实际的试验,中国教育学会所定七大任务,即研究教育问题、搜集教育资料、调查教育实况、提倡教育实验、贡献教育主张、促进教育改革、发刊教育书报,多数都需要一定的经费作为支撑才能进行。

然而中国教育学会缺的就是经费,它既没有遗产可以继承,也没有拨款可以使用,更没有外钞可以汇入,全靠会员们的"入会费"和"常年费"之累积。前者是一次性的,当时需缴纳5元,后者是按年的,每年需缴纳2元,就靠这些涓涓细流汇集而成。学会方面也需要一定的经费,用以维持日常的运作,如《会友通讯》的印刷、给各分委员会的干事及成员寄发邮件等,还有年会的筹备等,所以会中的事务,如文书、会计等几乎都是"荣誉职",通俗地讲,就是只干活、不拿钱。

因为学会的会员少、规模小、又没有其他开源的途径,造成基数小、底子薄、经费少的窘况,不少研究计划无法展开,比如古楳拟具的"调查市乡民众经济状况及其所需要之教育计划纲要",在最小的范围内执行一次调查,初步预算需要35500元,学会扣除固定支出后,所剩经费只有523.50元,勉强算得上调查花费的零头而已。后来依靠团体会员的加入,才稍有所缓解,但教育学会对于团体成员的加入比较慎重,接纳的团体较少,且都是实体单位,如教育厅局或大中小学校,不接纳挂牌的组织或单位。

战前,也未听闻国民政府或教育部对教育学会有所补助,只有在战时,一方面确实是经费困难,另一方面是政府有求于学会,才得到一点研究补助。来自社会或其他渠道的补助也是没有,当时中国的经济不发达,没有企业以基金会的形式反哺社会,用以鼓励学术研究,这与美国不同,什么洛克菲勒基金会、什

[①] 沈宗瀚:《沈宗瀚自述》,黄山书社,2011,蒋序,第3页。

么福特基金会了,没有相似的组织。

就是在这样的窘境下,教育学会始终坚持学术的操守,守着金字招牌却没有想着法子去创收,自始至终,所筹划的只是"研究和改进教育"。

第二节 中国教育学会的关系网络

事实上,中国教育学会并不像传统社会固有的秘密组织那样,不与外界保持一定联络,而是反其道而行之。就其所联络的机关及机构的性质而言,似可分为两类,一是教育行政机构,另一是其他社团。前者主要是国民政府教育部,后者主要是同时期的其他教育学术团体。

一、教育学会与教育部

民国前期的全国教育会联合会与北京政府教育部也曾有过"蜜月期",然而随着社会形势的变化却逐渐恶化,甚至在会场上形成相争的局面,双方一方面是忘记了精诚团结的重要,另一方面则是缺少一定的联络机制,官自官,绅自绅,尽管全国教育会联合会也将部分重要议案送交教育部,但前者只负责集会讨论,后者只负责采择施行,两者关联较少;民国后期的中国教育学会与南京国民政府教育部之间未曾出现如此明显的裂缝,可能主要得益于双方的成员并不那么泾渭分明。

(一)会员与部员

据中国教育学会所编"成立会纪念册",学会创会会员共156名[1],来自教育行政机构者共11人,即上海工部局华人教育处处长陈鹤琴,副处长陈选善;湖南省政府教育厅厅长朱经农,江西省教育厅厅长程时煃,河南省教育厅科长郑

---

[1] 中国教育学会编《中国教育学会会章、会员录、成立会纪录》,编者刊,1933,第3—16页。

若谷;余下6人,均来自国民政府教育部,即普通教育司司长顾树森、科长吴研因、督学周邦道和钟道赞、专员程其保和万家祥。此外,还有会员彭百川为金陵大学教授兼教育部科长。前两人的情况较为特殊外,后9人均为教育行政系统中的重要力量。

此后,中国教育学会的会员也有不少进入了中央教育行政的系统。如黄建中于1934年2月调任教育部秘书,同年12月至1938年6月一直担任教育部高等教育司司长。吴俊升于1938年9月至1944年12月任高等教育司司长。章益于1938年9月至1941年6月任教育部总务司司长,同年6月调任中等教育司司长,服务至1943年4月方调任复旦大学校长。陈礼江从1936年8月至1941年5月一直担任教育部社会教育司司长,其后调任教育部参事。马宗荣于1935年9月至次年9月为教育部试署秘书,随后为秘书,至1938年6月调任。后入会的刘季洪于1942年8月至1944年9月任教育部社会教育司司长。常道直于1944年2月至9月任教育部中等教育司司长,后调任教育部附属教育研究委员会主任。曹刍于1945年5月至1948年2月任教育部中等教育司司长,后调任教育研究委员会委员。朱经农于1944年8月至1946年10月任教育部政务次长。[1]还有会员李蒸,创会时为北平师范大学校长,此前从1931年1月15日至1933年1月23日,一直担任教育部社会教育司司长。[2]还有一些会员服务于地方教育行政系统,甚至掌握一省的教育行政,如湖北教育厅程其保、江西教育厅程时煃、宁夏教育厅郑通和等。

由上可见,许多教育学者在为学、为政之间,界限并不明显,此种状况对于学会而言,自然比较有利,使学会的工作便于与最高教育行政沟通。只是对于个人而言,难免得失参半了,对此有喜有忧,如朱经农在晚年时回顾自己弃学从政的经历,不胜感慨:"倘以二十余年光阴,从事学术研究,埋头著述,则今日成就决不止此。"[3]

---

[1] 张朋园、沈怀玉编《国民政府职官年表》(1925—1949),台湾"中研院"近代史研究所,1987,第187-194页。

[2] 张朋园、沈怀玉编《国民政府职官年表》(1925—1949),台湾"中研院"近代史研究所,1987,第186-187页。

[3] 王云五:《我所认识的朱经农先生》,载《王云五全集·谈往事》,传记文学出版社,1970,第133页。

(二)咨议者与建议者

正因为教育部与教育学会成员之间有如此密集的相互覆盖,因此,它与一般学术团体有所不同,同教育部的工作有着更高的相关和交集,所以两者之间有着不同于其他团体的"亲密关系"。但这种"亲密"并不表示可以获得什么"私利",实际上,从事中央教育行政的会员并未给学会任何"红利"。比如,一直困扰学会发展的经费问题,学会曾多次向教育部申请补助,却每每被婉拒、遭遇失败。

对于中国教育学会,教育部希望它能够承担咨议者的角色。在1933年的学会成立大会上,作为特邀来宾的上海市教育局长潘公展表态,希望学会"得有一具体而切于实行之教育改革方案……,以供行政当局之采纳"①。1934年在南京开第二届年会,代表中央党部出席的张兹范也说:"两年来,国内教育界发表许多关于教育改革计划,……诸位可看到有许多地方,如教育行政、教育制度、教育设备等等,感觉不满意。……中国教育学会为教界知名之士所组织,将来研究很好办法和计划,对于政府有所帮助。"②

相比这些笼统的客套话而言,供职于教育部的顾树森,就直抒胸臆了。在成立会上他就说:"教育行政方面所定之法令规章,往往不能适合意志,此于身历其境者,尤感此情;今教育学会成立,则行政方面,多一咨询之机关,实为欣幸。"③在第二届年会上他说得更坦诚了:"中国自国难发生以来,教育行政方面,对于民族复兴与生产教育两事,特别注意……,部方拟订规章,主观态度居多,客观意见太少,因国内教育界,自身无学术研究团体之组织,故所征求意见,仅就私人所知者征求,未尽集思广益之效,以致试行之时,尚不尽满意推行,难免闭门造车出不合辙之感想。"如今,中国教育学会稳步前进了,"诚可为行政方面最大帮助之咨询机关,此后应与行政方面切实合作"。④

不久,这样的机会便来了。1934年12月,中国国民党第四届中央执行委员会召开第五次全体会议,立法院长孙科及于右任、马超俊、梁寒操、陈庆云五人

---

① 《纪第一二日中国教育学会》,《申报》1933年1月30日第15版。
② 《中国教育学会年会开幕》,《申报》1934年1月26日第14版。
③ 中国教育学会编《中国教育学会会章、会员录、成立会纪录》,编者刊,1933,第22页。
④ 《中国教育学会年会开幕》,《申报》1934年1月26日第14版。

提出"学校减少假期缩短学年案",主张"各级学校,每年放暑假三十日,年假三日,国庆纪念假一日,每两星期放假一日,其余各日不得放假停课,而大学及高中修业年限,比现行者各缩短一年"。后经大会议决:"学校减少假期缩短学年,尚有他种复杂关系,交政治会议核议。"再经中央执行委员会政治会议第四四零次会议,议决:"先交行政院核议,侯复到再提会讨论。"再经行政院第一九六次会议决议:"交教育部审议具复。"教育部奉行政院第四一一号训令后,以"事关变更学校学年学期及休假日期,应先由各大学教育院系及研究教育社团,详细研究"为由,于1935年2月12日抄发原附件,以第一六一九号训令令中国教育学会"于文到一个月内,将研究结果,具报候核"。①

中国教育学会接到部令后,在其内部通讯上特发出启事一则,称:"本会前奉部令关于学校减少假期缩短学年一案,本会为集思广益起见,特将原文刊入本期,凡我会员对于此案,务请详加研究,并请尽春假前将研究结果函寄本会,以凭汇集讨论呈复教部,毋任盼切。"②后据媒体报道称:"中国教育学会正在研究中,俟汇案讨论后,即呈复教育部。"③抗战全面爆发后,教育学会在南京的所有文件、案卷等物件尽毁于炮火之下④,故而其后的进展情况不详。

1948年1月初,中国教育学会在南京举行第九届年会,讨论中心议题为"如何改进现行教育以配合行宪需要",议决了多件教育提案。是月中旬,学会常务理事朱经农、程时煃、章益、陈东原、常道直、罗廷光、袁伯樵等联名,电请行政院、教育部及财政部推进教育工作。电文曰:"值此行宪伊始,庶政革新之时,教育为立国之本,百年大计之所系,亟宜检讨过去成绩,确定今后设施方针。"那么,今后设施方针究竟该怎样呢？教育学会指出有五大问题是当前教育行政迫切需要解决的。问题为:(1)建议并督促政府依照宪法规定之教育经费百分比至少额,自1948年起切实执行;(2)建议政府切实增筹国民教育经费,除将国民学校经费列入县(市)预算外,乡镇自治经费中应以70%作为国民教育经费,并不得与县教育经费占县预算内所占之百分比混合计算;(3)中央应以其教育经

---

① 中国教育学会编《中国教育学会会友通讯》,编者刊,1935年第5期,第2页。
② 中国教育学会编《中国教育学会会友通讯》,编者刊,1935年第5期,第34页。
③ 《缩短学年案中国教育学会研究中》,《新闻报》1935年2月11日,第15版。
④ 中国第二历史档案馆编《中华民国史档案资料汇编·第五辑第二编·教育(二)》,江苏古籍出版社,1997,第828—829页。

费总额20%补助地方国民教育；(4)请政府厉行提高小学教员待遇之法令，其每月俸额为当地个人生活之三倍，底薪不得少于一百元；(5)请政府从速恢复县市教育局，并令各地方以推进教育为首要工作。①这些都切中了当时教育行政的弊病。

教育事业不是某个宗教团体的事业，也不是一些慈善机构的事业，而是国家的事业。中国幅员辽阔，情况复杂，一项教育政策的出台难免会有这样或那样的不足，加之这套外来的制度总有那般或这般的不适。所以需要民间的学术机构分担一些研究的事务，以便上下协调。中国教育学会之所以能够做出一定的贡献，主要得益于"教育学术团体是全国教育行政人员和各级学校教师的共同组织，天然是最适宜担负这一伟大任务的"②。但受制于时代，受制于社会，中国教育学会的咨议及建议作用没有能够得到充分的发挥，这是历史的遗憾。

二、教育学会与其他教育学术团体

中国教育学会除了与官方的教育行政机构以及学术机构产生联系外，与同时代的其他教育社团也有一定的联系及合作，这同样得益于其成员的多重角色。

中国教育学会的创会会员中，江恒源是中华职业教育社总干事，杨卫玉也是该社的成员，这二人是职教社的重要骨干；汤茂如是河北定县平民教育促进会的主任，也是该会的骨干之一；海慕华是上海青年会副总干事，沈嗣庄也是青年会的，是该会智育部部长，这5名主要服务于其他教育社团中，几乎是专职；学会会员中还有一些是兼职的，既是大学的教师，同时还参加了同时期的其他教育学术团体，如俞庆棠、高阳、雷沛鸿、赵冕、童润之、傅葆琛等是中国社会教育社的重要成员；董任坚是中华儿童教育社的骨干，学会筹备委员会六委员之一的陈鹤琴也是该社的，并且是主要的创立者，他后来还参加了陶行知创立的生活教育社；再如郭有守是中国教育电影协会的骨干，他们都是教育学会的成员。

---

①《推进教育工作教育学会建议五事》，《中央日报》1948年1月20日第4版。
② 常道直：《教育风气与教育团体》，《教育杂志》1948年第32卷第1期，第10页。

这种成员格局有利于消息的传递、资源的共享。如1937年7月,中国教育学会便与中华儿童教育社在北京合并举行年会。具体的协商进程已经无法复原了,但能促成两大教育社团的合作,陈鹤琴、董任坚等人于其中应该起了不小的作用,乃是无疑的。巧合的是,10年后,美国全国教育协会(NEA)召开世界教育专业会议,中国众多教育团体中得到美方认可为教育专业组织可以派代表参会的,只有两个,一个就是中华儿童教育社,另一个便是中国教育学会。[①]

不可否认的是,中国教育学会与同时期的其他教育社团存在着一定的竞争关系,但这种互相穿插、相互包容的成员格局,决定了这种竞争是良性的,既竞争又合作,在竞争中求合作,在合作中求竞争,如此,教育学术自然能够稳定向前。教育学会在教育研究方面能够取得一定的成绩,想来与这种成员格局也不无关系。这种格局也促使学术性的教育社团在特殊的因缘下产生了大联合,由此迎来了近代教育社团的第三次高峰。

第三节 中国教育学会与中国教育研究

社团最重要的部分应该在宗旨,宗旨纯正,自可发展起来并进行下去。传统社会包括现代社会的秘密社团之所以被诟病,主要的问题就是宗旨不纯或不正,只是为了其团体及其成员的私利,有时甚至以不合法的方式去攫取,遭到行政的打击也就在所难免了。教育学会不是这样的社团,其宗旨在于"研究和改进教育"。

一、教育研究的进阶

说起"研究和改进教育",也非教育学会所独有,连地方性的教育会也是如此定位的,除了1906年的《奏定教育会章程》定其宗旨为"补助教育行政,图教育之普及"外,此后的章程大都定其为"研究教育事项",如1912年教育部颁布

[①] 李清悚:《回忆"中华儿童教育社"》,载《江苏教育史志资料》1989年4期,第55页。

的《教育会章程》为"研究教育事项,力图教育发达"。1919年的修订版变更为"研究教育事项,发展地方教育",1927年的教育行政委员会的《教育会规程》、1928年大学院的《教育会条例》和1929年教育部的《教育会规程》也都定其宗旨为"研究教育事项,发展地方教育",包括1931年的《教育会法》也是如此规定——"教育会遵照中华民国教育宗旨及其实施方针,以研究教育事业发展地方教育为目的"。教育社方面更是如此了,如中华教育改进社以"调查教育实况,研究教育学术,力谋教育进行"为宗旨,中华儿童教育社以"研究儿童教育,推进儿童福利事业,提倡教师专业精神"为宗旨,中国社会教育社以"研究社会教育学术,促进社会教育事业"为宗旨,但教育学会的教育研究与之有明显的不同。

近代先贤严复有"治事与治学宜分二途"之论,其用意在批评学校教育不良,学生志在猎官,指出"治学之才与治事之才,恒不能相兼"。[①]今借用其词,而赋予新意,概言之,教育会、教育社与教育学会之间存在着"治事之会"与"治学之会"的差别。

教育会立足于地方,服务于地方,既是地方自治制的重要体现之一,又以其行为促进地方自治事业的开展,不过其范围、其任务、其宗旨决定了它们主要为"治事之会"。

教育社与教育会不同,没有"地方"的限制,其范围可以从南至北、由东到西,不过却有"事业"的限制,其目的比较单一,或为职业教育、或为儿童教育、或为社会教育、或为新式教育。

教育学会与之不同,主要为治学之会,直接指向教育学术研究,中国教育学会一度立志成为中国的"美国教育研究会"(NNSE of China)。这并不是说教育学会只从事学术的研究,而没有实践的探索,学会方面倒也希望能有自己的实验中心,怎奈经费实在有限,只能一直计划,不能付诸实施。

其实,"事"与"学"并不对立,"事"依"学"才会更有进步,"学"靠"事"更能体现其价值。三类社团各有偏重,教育会偏重于"事","学"的部分较少,最多也就是起了传播的作用,创造与发明较少;教育社则"事""学"兼顾,以"学"促"事",以"事"显"学";教育学会偏重于"学","事"只是用来发现问题或检验理论的。

[①] 严复:《论治事与治学宜分二途》,载王栻主编《严复集》(1),中华书局,1986,第88—90页。

二、始于模仿、渐入规范、终成典范

众所周知,学术研究是一种需要长期累积、很多知识分子投身其中并做集体努力的工作,作为古老的、落后的国度与欧美列强相比,"我国各门学术研究之基础大多较差"[1],教育学也是归属在落后的分子之列,这也是教育学者之所以成立中国教育学会的重要缘由之一。然而究竟该怎样发展教育学术呢?

大学里开设一个教育学的讲座,自然有作用,康德的教育学、赫尔巴特的教育学正是这种途径产生;或者设置一个系科,编制几门课程,撰写一些教科书,既可发展学术,还能培养出几个后继之才,这正是美国教育学的途径。中国学习了这些,尤其是第二种路径,但只做到这一层是不足的,不能真正体现"学"之于"事"的指导意义。且当时教授口中所说、教科书中所言、学生笔端所记的教育学,是外来的,甚至是杂糅的,美、英、德、法、日等国的结论随处可见,这些难以指导中国的教育实践——既要解决中国传统教育的弊端,又要防止新式教育的痼疾,实践照着经验的办法去解决,理论照着学术的腔调去宣传,两者不仅不能形成合力,甚至有时会互相牵制。

不过,实践毕竟是丰富的,先贤也摸索出一些办法,过程之中也促进了他们教育研究意识的觉醒,也逐渐开始追求教育研究的规范。如依据一定规模的教育调查得出结论,而不再是只依靠个人片面的所见所闻所历,但这还不足以解决全中国的问题,特别是地方军阀林立、中央政权式微的年代里,如何保持全国一盘棋,以免教育及文化上的分裂,全国教育会联合会的诞生及作为可谓恰逢其时,然而仅依靠各省区教育会派出的二三位"全权代表",指望他们对于教育行政、学校系统、课程、教授法、训育等各项"无所不知,无所不精"[2],似乎太困难了,何况是教育事业日渐发达的当时。所以这种研究及交换的方式难称"典范"。

教育社也有成绩,然受其宗旨所限,所努力的不过是教育事业的一个方面,未免偏于一隅,当然中华教育改进社要另当别论,它是明确提出要"研究教育学

---

[1] 国史馆:《中国民国史教育志》(初稿),编者刊,1990,第199页。
[2] 导之:《译竟〈美国全国教育联合会纪事〉之余谈》,《教育杂志》1922年第14卷第10号,第1页。

术"的，既有研究也总结出了它对教育科学化的贡献[1]，还有研究称其为近代中国模仿美国的主要推动者[2]，这些已经摸到了边缘，但离实质还有一些距离，该社所议所论系以"如何促进中国教育"[3]为中心，难免面面俱到，且全国教育联合会的"教育提案制"深入人心，改进社的年会上也免不了这部分，然其会期甚短，如1922年7月初在山东济南召开的第一次年会，一周的时间，就通过了120件教育提案，效率远超同年的全国教育会联合会，后者只有32件而已，但用时近10天，"时间匆促，难免草率"之评价，其实是比较公允的。由于改进社没有像全国教育会联合会那样要求教育提案必须先经当地省教育会的认可，再加上不限制参加年会的人数，故而免不了一多就泛、一泛就滥的问题。概观这些提案更多的是表态，表明教育者对当时教育问题的看法。

教育学会方面有鉴于此，既没有实行像全国教育会联合会那样的"限制提案制"，更没有实行教育改进社那样的"全员提案制"，而是确定三个中心问题，这些问题都是困扰中国教育且亟须予以解决的，这样虽然限制了部分会员的个人兴趣，但也免除了东一榔头西一棒槌的弊端。至于个人兴趣的尊重方面，学会在后期的年会上设计了论文宣读的环节，这是一种荣耀，也是一种肯定，当然有时也能形成学术的争鸣。至于教育提案制，教育学会也不是完全拒绝的，它为参加第三次全国教育会议曾精心准备了一些提案，但大都被作为"建议案"，不予参考，官方更愿意用"教育部交议案"，缘由不详，或许官方更自信自己站得高、看得远，那只能是学者及社团的悲哀了。

另外，教育学会集合全国教育学者、专家之力，对于教育中的重要问题，展开学术性的研讨，并将其成果合订为一册，以年鉴的形式予以发布，也是一种极有价值的研究方式。如此，经行有年，相信可以取得一个较为牢固的学术基础，

---

[1] 涂怀京的研究认为中华教育改进社对当时教育科学化的贡献，包括：(1)开展教育调查、教育统计；(2)进行教育测验、心理测验；(3)编制科学课程，培训科学教师；(4)延师传授西方教学法；(5)主导修订壬戌学制。(涂怀京：《中华教育改进社对20年代教育科学化的贡献》，《福建师范大学学报》(哲学社会科学版)1999年第3期，第138-141页。)

[2] 美国的影响包括：该社机关刊物《新教育》上大量发表介绍美国教育的文章，邀请美国教育专家来华讲学及指导，倡导美国式的科学教育，提倡和推广教育测验，以及实验和推广美国教学法。(卢浩：《中华教育改进社——中国近代教育模仿美国的主要推动者》，硕士学位论文，华东师范大学，2003，第15-35页。)

[3] 教育部编《第一次中国教育年鉴·戊编》，开明书店，1934，第164页。

基于此自然能够推陈出新。当然,这种方式并不是学会中人自己创造出来的,而是以美国的教育学会为模板学来的;这种方式也可能不是美国人独创的,他们也可能是以德国人为榜样学来的,只不过加以了美国式改造。既然"德为美用",那"美为中用"亦无不可。可惜受限于经济及其他问题没有能够如人所愿。

三、"教育科学的殖民地"之陷入及摆脱

或许有谓,"殖民地"是特定名词,表征着西方的罪恶时代,但未曾听说过"科学的殖民地"以及"教育科学的殖民地"等说。"科学的殖民地"一词,见于日本学者杉本勋的《日本科学史》一书。他发现近代日本创设了各种学会,"作为学问专门化的必然结果则是一件值得可喜的事",但是各种学会一旦行会化,其专业的领导人就想同专业的外国同行密切结合,而不与日本相近的科学接近。于是乎,"在欧美发源地本来是相互联系的诸学问,待传到日本时就各自分散了",这种状态下,尽管建立了新的大学,但是"理论和应用,理学系统和工学系统之间没有联系"①,他把这种情况叫作"科学的殖民地"。今略仿其意,提出"教育科学的殖民地"一词,对西学东渐以来的教育学之路略作总结及反思。

梁启超所讲的道理是对的——"道莫善于群,……群之道,群形质为下,群心智为上"。无论是教育会,还是教育社,抑或教育学会,都是"合群"思想在教育上的表现,它们之所以与教育中的其他组织不同,在于它们实现了"群心智为上",它们都对教育展开研究的工作。只不过研究的程度有别,而中国教育学会又被誉为"全国唯一教育研究之中心"。②或许有疑这样的评价是不是太高了,其实教育学会本没有机会担任这样的美名,然而计划中的中央教育研究所一直在"无何有之乡"。1928年的《中央研究院组织法》里本有教育研究所的设置③,但迟迟不见落实;教育部在1930年曾计划设置附属于部的"中央教育研究所",

---

① 杉本勋编《日本科学史》,郑彭年译,商务印书馆,1999,第356页。
② 程其保:《举三事与中国教育学会同人共勉》,《中央日报》1948年1月3日第4版。
③ 1928年11月,南京国民政府公布《国立中央研究院组织法》11条。规定:研究院直隶于国民政府,为全国最高学术研究机构,其任务为实行科学研究,以及指导联络奖励学术之研究。并设物理、化学、工程、地质、天文、气象、历史、语言、国文学、考古学、心理、教育、社会科学、动物、植物各研究所。

并拟具了简章,却被抵制[①];教育学会成立时对此也做过建言[②],但都没有成功;教育部附属的研究机构直到1945年《教育部教育研究委员会组织条例》[③]的颁布才算落实。在这样的情况下,全国教育系统中没有哪一家单位能有如此之多的教育学者,能集合如此之多的智慧,从中国教育学会诞生以来,便是如此,所以"唯一教育研究之中心"并不过誉。

名誉如此之好、地位如此之高,想来创会者也颇感欣慰,只是这样也产生副作用,"不怕别人骂我们模仿美国性太深,我们希望该会能成为如美国全国教育研究会(National Society for The Study of Education)一类的组织"。[④]这是中国教育学会成立会,负责主编《教育与职业》的陈选善在一篇评论中着重提出的观点,尽管是个人的看法,但学会内部不少人也是认同这种主张的。他们留学于美国、成长于美国,对实用主义教育学比较熟悉,相信教育调查、迷恋教育实验,建立中国的教育专业道德规约都要以美国的做法为蓝本,"国际化"有余,"本土化"不足,对中国教育问题缺少哲学的、文化的思考。当然,在抗战全面爆发时,因极端情况之刺激,也有一些思考,留下了《抗战建国时期中之教育学》,不足之处在于将三民主义奉为圭臬,将教育理解为政治的演绎,而三民主义是救不了中国的,这样的教育学说自然是要走向失败的。当时也还没有意识到学科体系、学术体系和话语体系需要建设和创新的课题。

教育学会尽管最终走向了失败,但其中也有一些可贵的东西——这是"一个真正的学会",是"一个真正的研究团体,不是一个社交团体,更不是一个政治团体"。[⑤]这是学会成立之初,社会对它的期盼,十几年的光景之后,学会没有辜负这一期盼。抚今追昔,令人不胜感慨。

---

① 第二历史档案馆"国民政府档案",全宗号一,案卷号:2359。

② 1933年,教育学会成立时,会上就有"请中央研究院设教育研究所案"提案,议决:"呈请国民政府令中央研究院并径函中央研究院速行设立教育研究所。"此后理事会对此也有所推进,但没有成功。

③ 中国第二历史档案馆编《中华民国史档案资料汇编·第五辑第二编·教育(一)》,江苏古籍出版社,1997,第89-91页。

④ 青士:《全国教育学会成立》,《教育与职业》1933年第143期,第167页。

⑤ 青士:《全国教育学会成立》,《教育与职业》1933年第143期,第167页。

附录

附录一　中国教育学会总会章程

中国教育学会总章[①]

1933年1月31日成立会订立

第一章　定名及宗旨

第一条　本会定名为中国教育学会。

第二条　本会以研究及改进教育为宗旨。

第二章　会务

第三条　本会任务如左[下]：

(一)研究教育问题；

(二)搜集教育资料；

(三)调查教育实况；

(四)提倡教育实验；

(五)贡献教育主张；

(六)促进教育改革；

(七)发刊教育书报。

---

① 本文及后面的附录内容，照录原文，不做修改，对明显排版错误、文字差错及个别异形词等进行修改。原文为竖排的，"列左""如左"等改为"列下""如下"。原文无标点的，依据句意加了标点，原文标点与现代使用习惯明显不符的，依据现行标准进行了调整。本书正文中的引用，也以此为原则。

第三章 会员

第四条 凡对于教育有专门研究或从事教育工作有贡献者,由本会会员二人以上之介绍,经本会理事会之通过,得为本会会员。

第五条 会员入会时纳入会费五元,每年纳常年费二元。

第四章 组织

第六条 本会设理事会,由会员公选理事十五人组织之,计划本会进行事宜。任期一年,连选得连任。

第七条 本会理事由年会开会时选出,不能到会之会员得用书面题名签名盖章寄交本会。

第八条 本会设常务理事五人,由理事互选之,处理本会日常事务。

第九条 本会为研究工作进行之便利,得设各种委员会,由理事斟酌情形组织之,其细则另订之。

第十条 本会总会设于首都,各省市有会员五人以上,得组织分会,公推干事若干人处理该地会务,其细则另订之。

第五章 会期

第十一条 本会每年举行大会一次,开会时间及地点由前届年会议定之。

第六章 经费

第十二条 本会经费除会员会费外,遇有特别需要时,得随时募集之。

第七章 附则

第十三条 本章程如有未尽事宜,由会员十人以上之提议,经年会议决修正之。

(《中国教育学会会章、会员录、成立会纪录》)

中国教育学会总章

1934年1月26日第二届年会修订

第一条　本会定名中国教育学会。

第二条　本会以研究和改进教育为宗旨。

第三条　本会任务如左[下]：

(一)研究教育问题；

(二)搜集教育资料；

(三)调查教育实况；

(四)提倡教育实验；

(五)贡献教育主张；

(六)发刊教育书报；

(七)促进教育改革。

第四条　本会会员分个人会员、团体会员两种。

第五条　凡对于教育有专门研究或从事教育有贡献者，由本会会员二人以上之介绍，经本会理事会之通过，得为本会个人会员。

第六条　凡教育团体或机关赞助本会工作，由本会会员二人以上之提议，经本会理事会之通过，函请加入者得为本会团体会员。

第七条　个人会员入会时纳入会费五元，每年纳常年费二元，但除入会费五元外，一次缴纳二十五元者，得为永久会员，免纳常年费。

第八条　团体会员入会时，纳入会费二百元以上，并每年纳常年费五十元。

第九条　本会设理事会，由个人会员及团体会员之代表——公选理事十五人组织之，计划本会进行事宜，任期一年，连选得连任。

第十条　本会理事会由年会开会时选出，不能到会之会员得用书面题名签字盖章寄交本会。

第十一条　本会设常务理事五人，由理事互选之，处理本会日常事务。

第十二条　本会为研究工作进行之便利，得设各种委员会，由理事斟酌情形组织之，其细则另订之。

第十三条　本会总会设于首都,各省市有会员五人以上,得组织分会,公推干事若干人处理该地会务,其细则另订之。

第十四条　本会每年举行大会一次,开会时间及地点,由前届年会议定之。

第十五条　本会经费除会员会费外,遇有特别需要时,得随时募集之。

第十六条　本章程如有未尽事宜,由会员十人以上之提议,经年会议决修正之。

(《大公报·明日之教育》1934年2月12日)

中国教育学会总章

1944 年 5 月 5 日第七届年会修订

第一条　本会定名为中国教育学会。

第二条　本会以研究和改进教育为宗旨。

第三条　本会任务如左[下]：

(一)研究教育问题；

(二)搜集教育资料；

(三)调查教育实况；

(四)提倡教育实验；

(五)贡献教育主张；

(六)发刊教育书报；

(七)促进教育改革。

第四条　本会会员分个人会员、团体会员两种。

第五条　凡对于教育有专门研究或从事教育有贡献者,由本会会员二人以上之介绍,经本会理事会之通过,得为本会个人会员。

第六条　凡教育团体或机关赞助本会工作,由本会会员二人以上之提议,经本会理事会之通过,函请加入者,得为本会团体会员。

第七条　个人会员入会时,缴纳入会费国币五十元,每年纳常年费国币二十元,但除入会费外一次缴纳二百五十元者,得为永久会员,免纳常年费。

第八条　团体会员每年缴纳常年会费国币一千元。

第九条　本会设理事会,由个人会员及团体会员之代表(每团体一人)公选理事十五人组织之,计划本会进行事宜,任期分为三年、二年、一年三种,由每届理事会第一次会议时自行抽签定之。

第十条　本会设监事会,由个人会员及团体会员之代表(每团体一人)公选监事五人组织之,任期一年,连选得连任。

第十一条　本会理监事均由年会开会时选出之。

第十二条　本会设常务理事五人,由理事互选之,处理本会日常事务。

第十三条　本会设常务监事一人,由监事互选之。

第十四条　本会为研究工作进行之便利,得设各种委员会,由理事会斟酌情形组织之,其细则另定之。

第十五条　本会总会设于首都,各省市有会员五人以上,得组织分会,推干事若干人,处理该地会务,其细则另订之。

第十六条　本会每年举行大会一次,开会时间及地点,由前届年会议定之。

第十七条　本会经费除会员会费外,遇有特别需要时,得随时募集之。

第十八条　本章程如有未尽事宜,由会员十人以上之提议,经年会议决修正之。

(《三十三年中国教育学会年报》附录)

中国教育学会章程

1945年8月19日第八届年会修订

第一条　本会定名为中国教育学会。

第二条　本会以研究和改进教育为宗旨。

第三条　本会任务如左[下]：

(一)研究教育问题；

(二)搜集教育资料；

(三)调查教育实况；

(四)提倡教育实验；

(五)贡献教育主张；

(六)发刊教育书报；

(七)促进教育改革。

第四条　本会会员分个人会员、团体会员两种。

第五条　凡对于教育有专门研究、或从事教育有贡献者,由本会会员二人以上之介绍,经本会理事会之通过,得为本会会员。

第六条　凡教育团体或机关赞助本会工作,由本会会员二人以上之提议,经本会理事会通过,函请加入者,得为本会团体会员。

第七条　个人会员入会时,缴纳入会费国币五十元,每年纳常年费国币二十元,但除入会费外一次缴纳二百五十元者,得为永久会员,免纳常年费。(三十六年八届四次理监事联席会议议决入会费及年费均暂五千元,永久会员改收五万元)

第八条　团体会员每年缴纳常年会费国币一千元。(同上议,改为十万元)

第九条　本会设理事会,由个人会员及团体会员之代表(每团体一人)公选理事十五人组织之,计划本会进行事宜,任期分为三年、二年、一年三种,由每届理事会第一次会议时自行抽签定之。

第十条　本会设监事会,由个人会员及团体会员之代表(每团体一人)公选监事五人组织之,任期一年,连选得连任。

第十一条　本会理监事均由年会开会时选出之。

第十二条　本会设常务理事五人,由理事互选之,处理本会日常事务。

第十三条　本会设常务监事一人,由监事互选之。

第十四条　本会为研究工作进行之便利,得设各种委员会,由理事会斟酌情形组织之,其细则另定之。

第十五条　本会总会设于首都,各省市有会员五人以上,得组织分会,推干事若干人,处理该地会务,其细则另订之。

第十六条　本会每年举行大会一次,开会时间及地点,由前届年会议定之。

第十七条　本会经费除会员会费外,遇有特别需要时,得随时募集之。

第十八条　本章程如有未尽事宜,由会员十人以上之提议,经年会议决修正之。

(《教育通讯》复刊第4卷第9期)

附录二　中国教育学会分会章程

中国教育学会上海分会简章

1933年2月19日分会成立会订立

一、定名

本分会定名为中国教育学会上海分会。

二、宗旨

本分会以研究及改进教育并协助总会进行为宗旨。

三、会务

本分会会务如左[下]：

(一)研究教育问题；

(二)搜集教育资料；

(三)调查教育实况；

(四)提倡教育实验；

(五)贡献教育主张；

(六)促进教育改革；

(七)发刊教育书报。

四、会员

由中国教育学会上海会员组织之。

五、组织

本分会设干事三人，由会员公选之，执行本会一切事宜，任期一年，连选得连任，本分会遇必要时，得酌设各种委员会，其细则另订之。

六、会期

本分会每季举行常会一次,遇必要时开临时会。

七、会费

会员每人每年纳会费二元,遇有特别需要时得随时募集临时费。

八、附则

本简章如有未尽事宜,得由三人之提议,经常会出席会员三分之二以上通过修正之。

(《中国教育学会会友通讯》第1期)

中国教育学会厦门分会简章

1933年3月24日分会成立会订立

第一条　宗旨

本分会宗旨系遵照中国教育学会总章第二条办理之。

第二条　定名

本分会定名为中国教育学会厦门分会。

第三条　会址

本分会暂设在厦门大学教育学院。

第四条　会员

凡在闽南之中国教育学会会员均为本分会会员。

第五条　组织

本分会暂设干事三人,分担文牍庶务会计交际等事宜。所有干事,由各会员用记名投票互选之。任期半年,得连任之,但不得连任两次。遇有特别事情,按其性质得设临时委员会。

第六条　会期

本分会每学期开常会三次;遇有特别事情,得开临时会。所有会议由干事轮流召集并为主席。

第七条　工作

本分会暂社研究讲演两股,由各会员任择一股加入,其详细办法另订之。

第八条　经费

本分会经费系由各会员应缴纳总会常年会费数目中抽十分之五元充用之;遇有特别支出,得向各会员征收特别费,其征收数目由常务会议通过。

第九条　附则

附则一:本简章有未尽事宜,得随时由各会员提交常会修正或增减之。

附则二:本简章函请总会核准后施行。

(《中国教育学会会友通讯》第1期)

中国教育学会四川分会章程

1943年12月19日分会成立会订立

第一条　本会依据中国教育学会总章第十三条之规定组织成立,定名为中国教育学会四川分会(以下简称本分会)。

第二条　本分会以研究及改进教育为宗旨。

第三条　本分会会所设于省府所在地。

第四条　本分会任务如左[下]：

(一)研究教育问题；

(二)收集教育资料；

(三)调查教育实况；

(四)提倡教育实验；

(五)贡献教育主张；

(六)促进教育改革；

(七)发刊教育书报。

第五条　本分会会员分个人会员、团体会员两种。

第六条　凡对于教育有专门研究或从事教育工作有贡献者,由本分会会员二人以上之介绍,经本分会理事会之通过,得为个人会员,并报请总会备查。

第七条　凡教育团体或机关赞助本会工作,由本分会会员二人以上之提议,经本分会理事会之通过,得为本会团体会员,并报请总会备查。

第八条　个人会员及团体会员入会时应纳之入会费及每年应纳之常年费金额均概照总会之规定。

第九条　本分会设理事会,由个人会员及团体会员之代表(每团体一人)公选理事十五人,候补理事七人,办理本分会一切进行事宜,任期一年,连选得连任。

第十条　本分会设监事会,由全体会员公选监事五人、候补监事二人,监察会务进行,任期一年,连选得连任。

第十一条　本分会设常务理事五人、常务监事一人,各由理监事会互选,处理本分会日常事务。

第十二条　本分会理事会为工作进行便利起见,得分组办事,其细则另定之。

第十三条　本分会于必要时得设各种委员会。

第十四条　本分会得在各县市设立支会,其办法另定之。

第十五条　本分会每年举行会员大会一次,开会日期及地点有理事会决定公告之,遇必要时得召开会员临时大会。

第十六条　本分会经费除会员会费外,遇有特别需要时得临时募集或请由政府补助之。

第十七条　本章程如有未尽事宜,得由会员三分之一以上之提议,经会员大会议决修正之。

第十八条　本章程经会员大会通过,呈经主管机关核准施行,并报请总会备查。

(《中国教育学会四川分会报告》)

中国教育学会南京分会简章

1947年5月18日成立大会修正通过

第一条　本分会依中国教育学会总章第十五条之规定组织之(以下简称本会)。

第二条　本会设干事七人至九人,办理经常会务,由会员大会选举之,任期一年。

第三条　本会事务、文书、会计、交际、设计等事项,由干事分别担任之。

第四条　本会对教育问题得分组研究,其研究方式由各组自定。

第五条　本会每两月开会一次,讨论教育问题或报告研究心得,遇必要时得开临时会,均由干事会召集之,并由干事轮任主席,干事会每月开会一次。

第六条　本会开会时,会员如因事不能出席,应先函通知。

第七条　本会经常费由会员每年缴交两万元,事业费由会募集。

第八条　本会会址暂设于中央大学师范学院。

第九条　本会重要进行事项随时函报总会备查。

第十条　本简章如有未尽事宜得由会员大会决议修改之。

(《教育通讯》复刊第4卷第9期)

附录三 中国教育学术团体联合会章程

中国教育学术团体联合办事处组织章程

1938年12月4日，第一次理事会订定

并奉社会部渝字第151号批令修正

第一条 中国教育学术团体联合办事处（以下简称本办事处）组织章程，依据中国教育学术团体第一届联合年会通过"加强组织决议案"订定之。

第二条 本办事处设立之主旨，在促进各教育学术团体之密切合作，并发挥互相精神，共谋教育事业之建设。

第三条 本办事处设在国民政府所在地。

第四条 本办事处设理事会，由参加工作之团体，各推派代表二人至四人组织之，并各就推派代表中指定一人为常务理事，组织常务理事会，任期均为一年。

第五条 本办事处设主任一人，商承理事会处理一切事务，由全体理事推选之，任期一年。

第六条 本办事处暂设总务、编辑、研究三组，各组各设主任一人、副主任二人，由办事处主任推荐任用之。

第七条 本办事处得视事实需要，设置各种专门委员会。

第八条 本办事处常务理事会议每一个月举行之，全体理事会议每三个月举行之，遇必要时，举行临时会议。

第九条 本办事处经费，除由各团体分担外，得请求中央党部及政府酌予补助。

第十条 本章程未尽事宜，由理事四人以上之连署，得提请理事会修正之。

第十一条 本章程经全体理事会议通过后，分呈中央党部教育部备案。

（《建国教育》第1卷第2期）

中国教育学术团体联合会组织章程

1944年7月16日

第一条　本会定名为中国教育学术团体联合会。

第二条　本会设立之宗旨在促进各教育学术团体之密切合作,协助推行国家教育政策,沟通国际文化,共谋教育事业之建设。

第三条　本会设立在国民政府所在地。

第四条　凡有全国性之教育学术团体,经本会理事会之通过,均得加入为本会会员,各推一人至四人为代表。

第五条　本会设理事二十五人至三十一人,监事七人至九人,分别组织理事会及监事会,均由会员代表互选之,任期均为一年,连选得连任。

第六条　本会理事互选常务理事五人,组织常务理事会,监事互选常务监事三人,组织常务监事会,常务理事中并互推理事长一人,负对内对外一切责任。

第七条　本会设总干事一人,由常务理事会聘任之,承理事长之命,综理本会日常会务,干事若干人,助理干事若干人,均由总干事任免之。

第八条　本会得视事实需要,设置各种委员会及调查研究机构。

第九条　本会常务理事会及常务监事会每三个月举行一次,全体理事会及全体监事会每六个月举行一次,遇必要时均得举行临时会议。

第十条　本会经费,除由各会员按年缴纳会费外,得呈请政府拨款补助之。

第十一条　本章程未尽事宜,由理事四人、监事二人以上之连署,得提请全体理监事联席会议修正之。

第十二条　本章程经全体理监事联席会议通过后,分呈社会部、教育部备案。

(《中华民国史档案资料汇编·第五辑第二编·教育(二)》)

附录四 中国教育学会历届理监事名录

第一届(上海,1933年1月30日选定)

理　　事:刘廷芳　庄泽宣　常道直　郑西谷　邰爽秋
　　　　　郑晓沧　孟宪承　刘湛恩　欧元怀　汪懋祖
　　　　　许恪士　陈鹤琴　陈礼江　杨亮功　陶知行
候补理事:张伯苓　廖茂如　罗季林　谢循初　高君珊
　　　　　李　蒸　罗廷光　彭百川　俞庆棠
常务理事:常道直(驻会理事兼文书)　许恪士(会计)　陈礼江
　　　　　郑晓沧　郑西谷

第二届(南京,1934年1月26日选定)

理　　事:张伯苓　杜佐周　郑晓沧　陶知行　孟宪承(抽定任期三年)
　　　　　刘廷芳　陈礼江　杨亮功　郑西谷　许恪士(抽定任期二年)
　　　　　邰爽秋　陈剑翛　常道直　欧元怀　庄泽宣(抽定任期一年)
候补理事:谢循初　艾　伟　程其保　陈鹤琴　郭一岑
常务理事:陈剑翛(驻会兼文书)　许恪士(会计)　陈礼江
　　　　　杨亮功　郑西谷

第三届(武昌,1936年2月3日改选,就上届改选三分之一)

理　　事:邰爽秋　程其保　陈剑翛　谢循初　庄泽宣(任期三年)
　　　　　张伯苓　杜佐周　郑晓沧　陶知行　孟宪承(任期仍有二年)
　　　　　刘廷芳　陈礼江　杨亮功　郑西谷　许恪士(任期仍有一年)
候补理事:艾　伟　江问渔　黄任之　常道直　胡　毅　姜　琦　陈　时
常务理事:陈剑翛(驻会理事兼文书)　许恪士(会计)　杨亮功
　　　　　郑西谷　陈礼江

第四届(北平,1937年7月7日)
恰逢卢沟桥事变,未及改选,由第三届顺延。

第五届(重庆,1938年11月30日选定,就上届改选三分之一)
理　　　事:陈礼江　许恪士　常道直　江问渔　姜　琦(任期三年)
　　　　　　邰爽秋　程其保　陈剑翛　谢循初　庄泽宣(任期二年)
　　　　　　张伯苓　杜佐周　郑晓沧　陶知行　孟宪承(任期一年)
候补理事:艾　伟　黄任之　胡　毅　陈　时
常务理事:常道直(驻会兼文书)　许恪士(会计)　陈礼江
　　　　　　程其保　姜　琦
出席联合办事处代表:张伯苓　常道直　许恪士　程其保

第六届(重庆,1942年2月8日选定)
理　　　事:张伯苓　常道直　章　益　程其保　郑西谷
　　　　　　许恪士　吴俊升　陈剑翛　欧元怀　吴南轩
　　　　　　李　蒸　艾　伟　黄炎培　高　阳　萧孝嵘
候补理事:顾树森　郭有守　邱　椿　杨卫玉　庄泽宣
常务理事:常道直(驻会兼文书)　许恪士(会计)　张伯苓
　　　　　　吴俊升　艾　伟
出席联合办事处代表:张伯苓　许恪士　程其保

第七届(重庆,1944年5月5日选定)
理　　　事:常道直　许恪士　李　蒸　艾　伟　吴俊升
　　　　　　陈礼江　王凤喈　张伯苓　钟道赞　罗廷光
　　　　　　马客淡　邵鹤亭　杜元载　曹　刍　谢循初
候补理事:邰爽秋　程其保　陆殿扬　林　本　邱　椿　周邦道　陈　时
常务理事:张伯苓　常道直　许恪士　艾　伟　陈礼江
候补监事:朱经农　顾树森
常务监事:赵迺传
出席联合办事处代表:张伯苓　朱经农　邵鹤亭　常道直

第八届(重庆,1945年8月19日选定)[1]

理　　事:常道直　李　蒸　朱经农　张伯苓　许恪士　陈礼江　庄泽宣（另有12人姓名不详）

候补理事:(不详)

常务理事:(不详)

监　　事:黄任之　蒋梦麟　黄敬思(另有4人姓名不详)

出席联合办事处代表:(不详)

第九届(南京,1948年1月4日选定)

理　　事:张伯苓　朱经农　程其保　廖世承　吴俊升　章　益
　　　　　程时煃　欧元怀　常道直　陈东原　罗廷光　许恪士
　　　　　李　蒸　邰爽秋　杜佐周　庄泽宣　钟道赞　沈亦珍
　　　　　郑晓沧　刘薰静　邵鹤亭　瞿菊农　曹　刍　陈礼江　袁伯樵

候补理事:王镜清　舒新城　童润之　谢循初　王慕尊　马客谈　袁敦礼

常务理事:朱经农　常道直　罗廷光　程时煃　陈东原　章　益　袁伯樵

监　　事:陈鹤琴　艾　伟　顾毓琇　郑通和　郝更生　俞庆棠　刘季洪
　　　　　胡定安　赵　冕

候补监事:崔载阳　陈友松　王凤岗

常务监事:陈鹤琴　刘季洪　胡定安

---

[1]《教育学会八届会员大会》,《中央日报》1945年8月21日第3版。

附录五　中国教育学会大事记

附录六　中国教育学会首届十五名理事之信息说明

参考文献

一、档案及史料

[一]原始档案

第二历史档案馆"国民政府档案",全宗号一,案卷号:2359。

上海档案馆"上海社会局"档案,卷宗号:Q6-18-298。

[二]原始资料

中国教育学会编《中国教育学会会章、会员录、成立会纪录》,编者刊,1933。

中国教育学会编《中国教育学会第三届年会报告》,编者刊,1936。

中国教育学会编《今后三年教育建设之建议:中国教育学术团体第二届联合年会本会提案》,编者刊,1942。

中国教育学会编《三十三年中国教育学会年报》,中华书局,1944。

中国教育学会编《中国教育学会年报(三十六年)》,中华书局,1947。

中国教育学会四川分会编《中国教育学会四川分会报告》,编者刊,1943。

陈鹤琴:《中国教育学术七团体联合年会缘起》,铅印本,1950(由陈一飞先生提供)。

[三]出版档案

中国第二历史档案馆编《中华民国史档案资料汇编·第五辑第一编·教育(一)》,江苏古籍出版社,1994。

中国第二历史档案馆编《中华民国史档案资料汇编·第五辑第二编·教育(二)》,江苏古籍出版社,1997。

[四]出版史料

教育部编《教育法令汇编》(第5辑),正中书局,1940。

朱有瓛、戚名琇、钱曼倩、霍益萍编《中国近代教育史资料汇编·教育行政机构及教育团体》,上海教育出版社,2007。

璩鑫圭、唐良炎编《中国近代教育史资料汇编·学制演变》,上海教育出版社,2007。

李桂林、戚名琇、钱曼倩编《中国近代教育史资料汇编·普通教育》,上海教育出版社,2007。

中国教育工会全国委员会编《中国教育工会文献资料汇编》(1950—1990),群众出版社,1992。

何东昌主编《中华人民共和国重要教育文献》(1949-1975),海南出版社,1998。

二、报纸

[一]民国报纸

《大公报》
《申报》
《新闻报》
《中央日报》

[二]现代报纸

《人民日报》
《光明日报》

三、期刊

[一]民国教育期刊

《建国教育》

《教与学》
《教育杂志》
《民众教育季刊》
《明日之教育》
《青岛教育》
《师大月刊》
《中华教育界》
《中国教育学会会务通讯》
《中国教育学会会友通讯》

[二]民国其他期刊

《出版周刊》
《独立评论》
《国立编译馆馆刊》
《甲寅》
《立法院公报》
《时代公论》
《探讨兼批判》

[三]外文教育期刊

《帝国教育》

[四]现代期刊

《江苏教育史志资料》
《当代教师教育》
《河北科技大学学报》（社会科学版）
《教师发展研究》
《自然辩证法研究》

四、论著

[一]古籍

《论语》

《孟子》

《吕氏春秋》

[二]文集

王栻主编《严复集》(1),中华书局,1986。

梁启超:《饮冰室合集》(1),中华书局,1989。

陈秀云、陈一飞编《陈鹤琴全集》(第六卷),江苏教育出版社,2008。

中共四川省委党史工作委员会《吴玉章传》编写组:《吴玉章文集》(上),重庆出版社,1987。

白吉庵、刘燕云编《胡适教育论著选》,人民教育出版社,1994。

许椿生、陈侠、蔡春编《李建勋教育论著选》,人民教育出版社,1993。

高平叔编《蔡元培教育论著选》,人民教育出版社,1991。

董乃强编《董渭川教育文存》,人民教育出版社,2007。

周谷平、赵卫平编《孟宪承教育论著选》,人民教育出版社,1996。

中国教育学会:《教育组织与专业精神》,华欣文化事业中心,1982。

[三]教育论著

王卓然编纂《中国教育一瞥录》,商务印书馆,1923。

国联教育考察团:《中国教育之改进》,国立编译馆译,国立编译馆,1932。

舒新城、孙承光:《中华民国二十年之教育》,中华书局,1931。

李华兴主编《民国教育史》,上海教育出版社,1997。

黄炳煌:《教育与训练》(修订版),文景出版社,1983。

[四]教育社团史

张伟平:《教育会社与中国教育近代化》,浙江大学出版社,2002。

谷秀青:《清末民初江苏省教育会研究》,广西师范大学出版社,2009。

周慧梅:《中国社会教育社研究》,北京师范大学出版社,2019。

[五]科学社团史

《中国物理学会六十年》编写组编《中国物理学会六十年》,湖南教育出版社,1992。

《中国物理学会七十年》编写组编《中国物理学会七十年》,中国物理学会,2002。

张剑:《科学社团在近代中国的命运——以中国科学社为中心》,山东教育出版社,2005。

范铁权:《近代中国科学社团研究》,人民出版社,2011。

[六]志书

国史馆《中国民国史教育志》(初稿),编者刊,1990。

[七]纪事

桂林市文化研究中心,广西桂林图书馆编《桂林文化大事记》(1937—1949),漓江出版社,1987。

[八]年鉴

教育部教育年鉴编辑委员会编《第一次中国教育年鉴》,开明书店,1934。

《中国教育年鉴》编辑部编《中国教育年鉴》(1949—1981),中国大百科全书出版社,1984。

[九]年表

张朋园、沈怀玉编《国民政府职官年表》(1925-1949),台湾"中研院"近代史研究所,1987。

[十]年谱

蒋永敬、李云汉、许师慎编《杨亮功先生年谱》,联经出版事业公司,1988。

[十一]图表

学部总务司编《第一次教育统计图表》,天一出版社,1980。

[十二]日记

曹伯言整理《胡适日记全集》(第7册),联经出版事业股份有限公司,2004。

经亨颐记《经亨颐日记》,姚辉、黄建国整理,浙江古籍出版社,1984。

[十三]回忆

毛彦文:《往事》,百花文艺出版社,2007。

毛健全口述、林家品撰写:《洗马塘:毛家一百年的故事》,二十一世纪出版社,2013。

王云五:《谈往事》,传记文学出版社,1970。

吴俊升:《教育生涯一周甲》,传记文学出版社,1976。

李溪桥主编《李蒸纪念文集》,中国社会科学出版社,1996。

齐白石:《齐白石自述:画出苦滋味》,天津人民出版社,2015。

沈宗瀚:《沈宗瀚克(上)克难苦学记》,黄山书社,2011。

[十四]小说

曹雪芹、高鹗:《红楼梦》,人民文学出版社,2005。

[十五]译著

亚·沃尔夫:《十六、十七世纪科学技术和哲学史》,周昌忠、苗以顺、毛荣运、傅学恒、朱水林译,傅学恒、朱水林、周昌忠校,商务印书馆,1985。

杉本勋编《日本科学史》,郑彭年译,商务印书馆,1999。

培根:《新大西岛》,何新译,商务印书馆,2012。

约翰·杜威:《学校与社会·明日之学校》,赵祥麟、任钟印、吴志宏译,人民教育出版社,2005。

亚里士多德:《政治学》,吴寿彭译,商务印书馆,1981。

五、辞典

[一]综合辞典

辞海编辑委员会编《辞海》(第六版),上海辞书出版社,2009。

罗竹风主编《汉语大辞典》(第4卷),汉语大词典出版社,1989。

[二]中文教育辞典

唐钺、朱经农、高觉敷主编《教育大辞书》,商务印书馆,1930。

国立编译馆编订、教育部公布:《教育学名词》,正中书局,1947。

中国大百科全书总编辑委员会《教育》编辑委员会、中国大百科全书出版社编辑部编《中国大百科全书·教育》,中国大百科全书出版社,1985。

教育大辞典编纂委员会编《教育大辞典·外国教育史》,上海:上海教育出版社1991年。

[三]英译汉教育辞典

德·朗特里编《西方教育辞典》,陈建平、杨立义、邵霞君、杨寿宁、杜维坤译,上海译文出版社,1988。

[四]英文教育辞典

Harlow G. Unger, Encyclopedia of American Education(New York: Facts on File, Inc.1996)

Edward L. Dejnozka & David E. Kapel, American Educators' Encyclopedia. (Westport Connecticut: Green wood, 1991)

六、学位论文

刘登秀:《清末教育会研究》,硕士学位论文,四川大学,2005。

卢浩:《中华教育改进社——中国近代教育模仿美国的主要推动者》,硕士学位论文,华东师范大学,2003。

赵洁:《中华教育改进社与近代中国教育》,硕士学位论文,北京师范大学,2005

郑新华:《近代中国教育何以可能——以江苏省教育会为例(1905-1927)》,博士学位论文,华东师范大学,2006。

周宁:《地缘与学缘:一九二〇年代安徽教育界(1920—1926)》,博士学位论文,复旦大学,2007。

梁尔铭:《全国教育会联合会研究》,博士学位论文,华南师范大学,2008。

何树远:《中华教育改进社与民国教育界(1919-1928)》,博士学位论文,中山大学,2008。

后记

中国教育学会本是我博士论文的首选对象,但杜师成宪以为刚从原理方向转投教育史的我难以把握,容易就事论事,很难立论,经过软磨硬泡才勉强同意我的"扩大版"研究计划,即将其他教育社团一并纳入考察的范围。像江苏省教育会、全国教育会联合会、中华教育改进社等,前人已经做了资料收集与整理的工作,虽不周全,但有底稿在,做好查缺补漏就行了;而中国教育学会的资料散失严重,整理得也少,其他要么沉睡在旧报纸、老杂志中,要么"养在深闺人未识"——如学会编辑的各种小册子,如"成立会记录""第二届年会报告""第三届年会报告"之类,藏在各地图书馆的"特藏库"中,所以在资料收集上对于学会下的功夫也最多。然至今仍留有遗憾。

当我着手整理资料时,《申报》全文数据库好像还未开发出来,抑或已开发但未购入,所以只好用笨功夫去找。当然也尝试用过巧劲,前辈们按年整理出了"《申报》主题索引",即按学科领域分类的,我将每年的"教育类"影印出来并汇编在一起,重点查询里面的教育社团信息,有收获,也有失望。因为这份索引编制得有点儿粗糙,我不知其他类怎样,单就教育类而言,特别是教育社团,召开年会时,有时只有中间的信息,之前及之后的日子则缺失,不过既然提供了一个大概的日子,往前翻、往后翻、认真找、耐心查,总归能找到。

华东师大图书馆保存本书库有《申报》的整套影印本,我一坐就是半天或全天,与负责老师也结下了友谊,开始是我填调书单、她再帮我搬出来,后来单子还是要填,但我已经可以进去自搬了,这本不符合书库的管理规定,主要是因为我不想劳烦她跑多趟,一次就要个10本、20本的样子,且影印本太沉了,她搬不动,只好叫我帮忙;加上我翻完之后会放回原位,不会乱放,她也省了上架整理的功夫,所以招呼一声便可自由出入。当然,我们之间的相处也留了一个遗憾,在查阅接近尾声时,负责老师来上班的路上被小车刮伤了,当天我也纳闷,到点了,老师怎么还没有来开门,其他老师见状拿来备用钥匙先放我进去,坐了好久、已经翻完了几本,负责老师才来,一进门就告诉我路上的事故,我的嘴太笨,不知如何安慰对方,只会说"您没事吧?"。说完之后就后悔了,空气也有点儿凝固,阅览室里一老一少不知如何进行下一步的对话,好在这时领导走进来了,了解情况、慰问下属,我没有认真听他们的对话,也没有去学一下说话的艺术,转头又埋进了"故纸堆"。后来,我们再也没有遇到过,她到了退休年龄,颐养天年去了,这里祝她健康长寿。

《申报》在抗战中后期,受种种的限制,对大后方的报道较少,关于中国教育学会以及中国教育学术团体联合会的信息太少,造成大事记空缺太多,我便将目光瞄向了国民党的机关报《中央日报》,它从1928年创刊,一直到1949年都有出版,在时间上与中国教育学会完全吻合。再有前辈做了一个《中央日报》标题检索系统,并且是网络版,就是免费的意思,比"《申报》主题索引"还要精确一些,做好了摘录,我便转战上海图书馆的近代书库阅览室,那里有《中央日报》的全套影印本,一边翻、一边补,有时教育学会或教育学术团体联合会既没有出现在正标题、也没有出现在副标题中,依靠标题自然检索不到,所以需要补充一些,然后便是拍照,回来再转录。当时拍这些影印本是容许的,不知后来为什么就不行了。

我也去过上海档案馆和中国第二历史档案馆搜集材料,但所获有限,倒是南京师范大学图书馆里有意外之喜,在那里找到3本教育学会编辑出版的小册子,特别是"成立会记录",出于保护的目的,不能复印;出于同情,同意让我拍照。更没有想到,多年后,在复核文献的过程中,又受到"南师人"的帮助,任小燕老师帮我找到了汪懋祖后人写的回忆,刘齐老师为我解答了邰爽秋生年的争议。

去北京也有收获,在国家图书馆里见到了中国教育学会的《会友通讯》及《会务通讯》,而且可以申请打印出来,就是需要等待一段时间。再有就是,我见《陈鹤琴全集》第六卷所附年表中提到1949年秋陈进京开会,得到筹备中国教育学术七团体联合年会的委托,此事其他文件从未提过,便问在京工作的好友汪明帅有没有办法能够联系上陈鹤琴的后人,他说不久前他们的杂志发了一篇文章,作者就是跟陈的后人有亲戚关系的,中间牵线搭桥的详情他也没有告诉我,反正最终联系上了陈鹤琴的二公子陈一飞先生。老先生很爱护后进,记得去拜访时他说"你很幸运",因为《中国教育学术七团体联合年会缘起》是一本薄薄的小册子,他也是翻了好久才找到的。小册子虽薄,但却是世间不传、馆里未收的独家材料,且能完整交待学会的结局。论文完成后,我在后记里表示了对他的感激,并寄了一本过去,他来电表示谢意。毕业后,我漂泊了几年,我们也失掉了联系,再然后就是在网上见到先生驾鹤西去的消息。

或许有谓,不是穷学生吗,怎么能去南京、上北京的,主要是因为当时获得了学校优秀博士培养基金和首届校级"博士研究生学术新人奖"的资助,差不多够我去这两地查找资料了。当然获得资助的过程也充满了故事,将来有机会再表吧。我也没有想到几年后,申请学校教育学部中文学术专著出版也能够获得资助。不过也给我出了难题,博士论文修订稿正式出版后,对于单出《中国教育学会史》我有点儿动力不足,最主要的原因是怕重复,但丛书主编储老师一直鼓励我,容忍我的拖沓;再有《民国教育社团研究》的"中国教育学会章",经田正平老师的妙手已经删除了很多,所以两者一是简稿,一为详稿且有一些新的思考,思来想去还是拿出来接受批评,特此说明,愿诸君谅之。

张礼永

丛书跋

2012年完成自己主编的2012年度国家出版基金资助项目"20世纪中国教育家画传"后，就策划启动新的研究项目，于是决定为曾在中国教育现代化过程中发挥巨大作用而又少有人知的教育社团写史，并在2013年3月拿出第一个包含8本书的编撰方案。当初怎么也没想到这一工作一再积累后延，几乎占用了我8年的主要时间，列入写作的社团一个个增加，参加写作的专家团队、支持者和志愿者不断扩大，最终汇成30本书和由50多位专家组成的团队，并在西南大学出版社鼎力支持下如愿以偿地获得2019年度国家出版基金资助。

1895年中日甲午海战中国战败后，中国社会受到强烈震动，有识之士勇敢地站出来组建各种教育社团，发展现代教育。1895年到1949年，在中国传统教育向现代教育转化、嬗变的过程中，产生了数以百计的教育社团。中华教育改进社等众多的民间教育社团在中国教育现代化进程中都曾发挥过重要的、甚至是无可替代的作用，到处留下了这些社团组织的深深印记，它们有的至今还在发挥着潜移默化的作用，它们是中国教育智库的先声。

但随着时间的推移，知道这段历史的人越来越少。教育社团组织与中国教育早期现代化既是一个有丰富内涵的历史课题，更是一个极具现实意义的实践课题。挑选"中国现代教育社团史"这一极为重大的选题，联合国内这一领域有专深研究的专家进行研究，系统编撰教育社团史，既是为了更好地存史，也是为了有效地资政，为当今及此后教育专业社团的建立、发展和教育改进与发展提供借鉴，为教育智库发展提供独具价值的参考，为解决当下中国教育管理问题提供借鉴，从而间接促进当下教育质量的提升和《中国教育现代化2035》目标的实现。简言之,为中国现代教育社团修史是一项十分有意义的工作。

在存史方面,抢救并如实地为这些社团写史显得十分必要、紧迫。依据修史的惯例,经过70多年的沉淀,人们已能依据事实较为客观地看待一些观点,为这些教育社团修史,恰逢其时;依据信息随时间衰减的规律,当下还有极少数人对70多年前的那段历史有较充分的知晓,错过这个时期,则知道的人越来越少,能准确保留的信息也会越来越少,为这些社团治史时不我待。因此,本套丛书担当着关键时段、恰当时机、以专业方式进行存史的重要责任。

在资政方面,为中国现代教育社团修史是一项十分有现实意义的工作。中国教育改革除了依靠政府,更需要更多的专业教育社团发展起来,建立良性的教育评价和管理体系,并在社会中发挥更大的作用。社团是一个社会中多种活力的凝结和显示,一个保存了多样性社团的社会才是组织性良好的社会,才是活力充足的社会。当时的各个教育社团定位于各自不同的职能,如专业咨询、管理、评价等,在社会和教育变革中以协同、博弈等方式发挥出巨大的作用。它们的建立和发展,既受到中国现代新式教育发展的制约,又影响了中国现代新式教育发展的进程。研究它们无疑会加深我们对那个时期中国新式教育发展过程中各种得失的宏观认识,有助于从宏观层面认识整个新式教育的得失,进而促进教育质量和品质的提升。现今的教育社团发展不是在一张白纸上画画,1900年后在中国产生的各种教育社团是它们的先声。为中国现代教育社团修史将会为当下及未来各个社团的建立发展和教育智库建设提供真实可信而又准确细致的历史镜鉴。

做好这项研究需要有独特的史识和对教育发展与改革实践的深刻洞察,本丛书充分运用主编及团队三十余年来从事历史、实地调查与教育改革实践研究的专业积累。在启动本研究之前,丛书主编就从事与教育社团相关的研究,又曾做过一定范围的资料查找,征集国内各地教育史专业工作者意见,依据当时各社团的重要性和历史影响,以及历史资料的可获取性,采用既选好合适的主题,又选好有较长时期专业研究的作者的"双选"程序,以保障研究的总体质量,使这套丛书不仅分量厚重,质量优秀,还有自己的特色。

本丛书的"现代"主要指社团具有的现代性,这样的界定与中国教育现代化进程相吻合。以历史和教育双重视角,对中华教育改进社等具有现代性的30余个教育社团的历史资料进行系统的查找、梳理和分析。对各社团发展的整体形态做全面的描述,在细节基础上构建完整面貌,对其中有歧义的观点依据史实客观论述,尽可能显示当时全国教育社团发展的原貌和全貌,也尽可能为当下教育社团与教育智库的建立和发展提供有益的历史镜鉴。

为此,我们明确了这套丛书的以下撰写要求:

全套丛书明确史是公器,是资料性著述的定位,严格遵循史的写作规范,以史料为依据,遵守求真、客观、公正、无偏见的原则,处理编撰中的各类问题。

力求实现四种境界:信,所写的内容是真实可靠的,保证资料来源的多样性;简,表述的方式是简明的,抓住关键和本质特征经过由博返约的多次反复,宁可少一字,不要多一字;实,记述的内容是有实际意义和价值的,主要体现为内容和文风两个方面,要求多写事实,少发议论,少写口号,少做判断,少用不恰当的形容词,让事实本身表达观点;雅,尽可能体现出艺术品位和教育特性,表现为所体现的精神、风骨之雅,也表现为结构的独具匠心,表达手法的多样和谐、图文并茂。

对内容选取的基本标准和具体要求如下:

(1)对社团的理念做准确、完整的表述,社团理念在其存续期有变化的要准确写出变化的节点,要通过史料说明该社团的活动是如何在其理念引导下开展的。

(2)完整地写出社团的产生、存续、发展过程,完整地陈述社团的组织结构、活动规模、活动方式、社会影响,准确完整地体现社团成员在社团中的作用、教育思想、教育实践,尽可能做到"横不缺项,纵不断线"。

(3)以史料为依据,实事求是,还原历史,避免主观。客观评价所写社团对社会和教育的贡献,不有意拔高,也不压低同时期其他教育社团。关键性的评价及所有叙述要有多方面的史料支撑,用词尽可能准确无歧义。

(4)凸显各单册所写社团的独特性,注意铺垫该社团所在时代的社会与教育背景,避免出现违背历史事实的表述。

(5)根据隔代修史的原则,只记述中华人民共和国成立之前的历史。对后期延续,以大事记、附录的方式处理,不急于做结论式的历史判定。

(6)各书之间不越界,例如江苏教育会与全国教育会联合会之间,江苏教育会与中华教育改进社之间,详略避让,避免重复。

写法要求为:立意写史,但又不写成干巴、抽象、概念化的历史,而是在掌握大量资料的基础上,全面、深刻理解所写社团的历史细节和深度,写出人物的个性和业绩,写出事件的情节和奥秘,尽可能写出有血有肉、有精气神的历史,增强可读性。写法上具体要求如下:

(1)在全面了解所写社团基础上,按照史的体例,设计好篇目、取舍资料、安排内容、确定写法。在整体准确把握的基础上,直叙历史,不写成专题或论文,语言平和,逻辑清晰。

(2)把社团史写得有教育性。主要通过记叙社团发展过程中的人和事展示其具有的教育功能;通过社团具有的专业性对现实的教育实践发生正向影响,力求在不影响科学性、准确性的前提下尽量写得通俗。

(3)能够收集到的各社团的活动图片尽可能都收集起来,用好可用的图,以文带图,图文互补,疏密均匀。图片尽可能用原始的、清晰的,图片说明文字(图题)应尽量简短;如遇特殊情况,例如在正文中未能充分展开的重要事件,可在图题下加叙述性文字做进一步介绍,作为一个独立的知识点。

(4)关键的史实、引文必须加注出处。

据统计,清末至民国时期教育社团或具有教育属性的社团有一百多个,但很多社团因活动时间不长、影响不大,或因资料不足等,难以写成一本史书。本丛书对曾建立的教育社团进行比较全面的梳理,从中精心选择一批存续时间长、影响显著、组织相对健全、在某一专业领域或某一地区具有代表性、典型性的教育社团进行深入研究,在此基础上做出尽可能符合当时历史原貌和全貌的整体设计,整体上能够充分完整地呈现所在时代教育社团的整体性和多样性特征,依据在中国教育现代化进程中所发挥的作用大小选择确定总体和各部分的研究内容，依据史实客观论述，准确保留历史信息。本丛书的基本框架为一项总体研究和若干项社团历史个案研究。以总体研究统领各个案研究，为个案研究确定原则、方法、背景和思路；个案研究为总体研究提供史实和论证依据，各个案研究要有全面性、系统性、真实性、准确性、权威性、实用性，尽量写出历史的原貌和全貌，以及其背后盘根错节的关系。

入选丛书的选题几经增减，最终完稿的共30册：

《中国现代教育社团发展史论》《中华教育改进社史》《中华平民教育促进会史》《生活教育社史》《中华职业教育社史》《江苏教育会史》《全国教育会联合会史》《中国教育学会史》《无锡教育会史》《中国社会教育社史》《中国民生教育学会史》《中国教育电影协会史》《中国科学社史》《通俗教育研究会史》《国家教育协会史》《中华图书馆协会史》《少年中国学会史》《中华儿童教育社史》《新安旅行团史》《留美中国学生联合会史》《中华学艺社史》《道德学社史》《中华教育文化基金会史》《中华基督教教育会史》《华法教育会史》《中华自然科学社史》《寰球中国学生会史》《华美协进社史》《中国数学会史》《澳门中华教育会史》。

本丛书力求还原并留存中国各现代教育社团的历史原貌和全貌，对当时各教育社团的发展历程、重要事件、关键人物进行系统考察，厘清各社团真实的运作情况，从而解决各社团历史上一些有争议的问题，为教育学和历史学相关领域的发展提供一定的帮助，拓展出新的领域，从而传承、传播教育先驱的精神，为当今教育改革和发展提供历史借鉴和智慧资源，为今后教育智库的发展提供有中国实践基础的历史参考，在拓展教育发展的历史文化空间上发挥其他著述不可替代的作用。在写作过程中严格遵守史的写作规范，以史料为依据，遵守求真、客观、公正、无偏见的原则，处理编撰中的各类问题。

这是一项填补学术空白的研究。这个研究领域在过去70多年仅有零星个别社团的研究，在史学研究领域对社团的研究较多，但对教育社团的研究严重不足；长期以来，在教育史研究领域没有对教育社团系统的研究；对民国教育的研究多集中于一些教育人物、制度，对曾发挥不可替代作用的教育社团的研究长期处于不被重视状态。因此，中国没有教育社团史的系列图书出版，只有与新安旅行团、中华职业教育社相关的专著，其他教育社团则无专门图书出版，只是在个别教育人物的传记等文献中出现某个教育社团的部分史实，浮光掠影，难以窥其全貌。但是教育社团对当时教育的发展发挥了倡导、引领、组织、管理、评价等多重功能，确实影响深远，系统研究中国现代教育社团是此前学术界所未有过的。该研究可以为洞察民国教育提供新的视角，在今后一段时期内具有标志性意义，发挥其他著述不可替代的作用。

这是一项高难度的创新研究。它需要从70多年历史沉淀中钩沉，需要在教育学和史学领域跨越，在教育历史与现实中穿梭，难度系数很高、角度比较独特，20多年前就有人因其难度高攻而未克。研究过程中我们将比较厚实的历史积累和对当下教育问题比较深入的洞见相结合，以史为据，以长期未能引起足够重视的教育社团为研究对象，梳理出每个社团的产生、发展、作用、地位。

这是一项促进教育品质提升的研究。中国当下众多教育问题都与管理和评价体制相关。因此，我们决定研究中国现代教育社团史，对中国教育现代化进程中发挥过重要作用的诸多教育社团的历史进行抢救性记述、研究，对中国教育体系形成的脉络进行详尽的梳理，记录百年中国教育现代化进程中教育社团所起的重大作用，体现教育现代化过程中的"中国智慧"，为构建中国教育科学话语体系铺垫史料、理论基础，探明1898到1949年间教育社团在中国教育现代化发展中的作用，为改善中国教育提供组织性资源。

这是一项未能引起足够重视的公益性研究。本研究旨在还原并留存各教育社团的历史原貌和全貌，传承、传播教育先驱的精神，为当今教育改革和发展提供历史借鉴和智慧资源，拓展教育发展的历史文化空间，需要比较厚实的历史积累和对当下教育问题比较深入的洞见。本研究长期处于不被重视状态，但是其对教育的发展确实影响深远，需要研究的参与者具有对历史和现实的使命感。

这个研究项目在设计、论证和实施过程中得到业内专家的大力支持、高度关注和评价。中国教育学会教育史分会原会长田正平先生热心为丛书写了推荐信，又拨冗写了总序，认为："说到底，这是当代中国教育改革的需要和呼唤。教育是中华民族振兴的根基和依托，改革和发展中国教育，让中国教育努力赶上世界先进水平,既是中央政府和地方各级政府义不容辞的职责,也必须依靠广大教育工作者的自觉参与和担当。从这个意义上讲,中国近代教育会社团体与中国教育早期现代化研究,既是一个有丰富内涵的历史课题,更是一个极具现实意义的重大问题。"中国现代教育社团史的课题,"从近代以来数十上百个教育社团中精心选择一批有代表性、典型性、产生过重大影响的教育社团,列为专题,分头进行了深入的研究。我相信,读者诸君在阅读这些成果后所收获的不仅仅是对教育社团的深入理解和崇高敬意,也可能从中引发出一些关于当代中国教育改革的更深层次的思考"。

北京师范大学教育学部原部长、清华大学教育学院院长石中英教授在推荐中道:"对那些历史上有重要影响的教育社团进行研究,既具有非常重要的学术价值,也具有非常强烈的现实意义。""当前,我国改革开放正在逐步地深入和扩大,激发社会组织活力,在整个社会治理体系建设中具有重要作用。现代教育治理体系的建设,也迫切需要发挥专业的教育社团的积极作用。在这个大背景下,依据可靠的历史资料,回溯和评价历史上著名教育社团的产生、发展、组织方式和活动方式等,具有现实意义和社会价值。""总的来说,这个项目设计视角独特,基础良好,具有较高的学术价值、实践价值和出版价值。"

1990年代,中央教育科学研究所张兰馨等多位前辈学者就意识到这一选题的重要性,曾试图做这一研究并组织编撰工作,终因撰写团队难以组建、资料难以查找搜集等各种条件限制而未完成。当我们拜访80多岁的张兰馨先生时,他很高兴地拿出了当年复印收藏的一些资料,还答应将当年他请周谷城先生题写的书名给我们使用,既显示这一研究实现了学者们近30年未竟的愿望,也使这套书更具历史文化内涵。

西南大学出版社是全国百佳图书出版单位、国家一级出版社、全国先进出版单位,承担了多项国家重大文化出版工程项目、国家出版基金资助项目、重庆市出版专项资金资助项目,具有丰富的国家、省市重点项目出版与管理经验。该社出版的多项国家级项目受到各级主管部门、学界、业内的一致好评。另外,西南大学的学术优势为本书的出版提供了学术支撑。

丛书跋

本项目30余位作者奉献太多。他们分别来自中国人民大学、北京师范大学、华东师范大学、中山大学、首都师范大学、浙江师范大学等多所高校和研究机构,他们长期从事相关领域的研究,具有极强的学术责任感,具备了较好的专业基础,研究成果丰硕,有丰富的写作经验。在没有启动经费的情况下,他们以社会效益为主,把这项研究既当成一项工作任务,又当成一项对精湛技术、高雅艺术和完美人生的追求,以高度的历史使命感和现实的使命感投入研究,确保研究过程和成果具有较高的严谨性。他们旨在记录中国教育现代化过程中教育社团所起的重大作用,体现教育现代化过程中的"中国智慧",写出理论观点正确、资料翔实准确、体例完备、文风朴实、语言流畅,具有资料性、科学性、思想性,经得起历史检验的,有灵魂、有生命、能传神的现代教育社团史。

这套丛书邀约的审读委员主要为该领域的专家,他们大多在主题确定环节就参与讨论,提供资料线索,审读环节严格把关,有效提高了丛书的品质。

本人为负起丛书主编职责,采用选题与作者"双选"机制确定了撰写社团和作者,实行严格的丛书主编定稿制,每本书都经过作者拟提纲—主编提修改意见—确定提纲—作者提交初稿—主编审阅,提出修改意见—作者修改—定稿的过程,有些书稿从初稿到定稿经过了七到八次的修改,这些措施有效地保障了这套丛书的编撰质量。尽管做了这些努力,仍难免有错,敬希各位不吝赐正。

十分感谢国家出版基金资助。本丛书有重大的出版价值,投入也巨大,但市场相对狭窄。前期在项目论证、项目启动、资料收集、组织编写书稿中投入了大量的人力、物力。多位教育专家和史学专家经过八年的努力,收集了大量的资料,研究的深度和广度都大大超出此前这一领域的研究。各位作者收集了大量的历史资料,走访了全国各大图书馆、资料室,完成了约一千万字、数百幅图片的巨著。前期的资料收集、研讨成本甚高,而使用该书的主要为教育研究者、教育社团和教育行政人员。即便丛书主编与作者是国内教育学、教育史学领域的权威专家,即便丛书经过精心整理、撰写而成,出版后全国各地图书馆、研究院所会有一定的购买,有一定的经济效益,但因发行总数量有限,很难通过少量的销售收入实现对大量经费投入的弥补,国家出版基金资助是保障该套丛书顺利出版的关键。

教育在实现中华民族伟大复兴中发挥着不可替代的作用。完整、准确、精细地回顾过去方能高瞻远瞩而又脚踏实地地展望未来,将优秀传统充分挖掘展现、利用方能有效创造未来,开创教育发展新时代。在中国教育现代化进程中众多现代教育社团是促进者。中国人坚定的自信是建立在5000多年文明传承基础上的文化自信。中国现代教育社团的发起者心怀中华,在中华民族处于危亡之际奔走呼号,立足弘扬中华优秀文化传统提倡革新。本丛书深层次反映了当时中国仁人志士组织起来,试图以教育救国的真实面貌,其中涉及几乎全部的教育界知名人物,对当年历史的还原有利于挖掘中华优秀传统文化的强大生命力和在民族危亡关头的强大凝聚力,弘扬中华优秀传统文化,为构建中华优秀传统文化传承发展体系添砖加瓦。研究这段历史,对于推动中华优秀传统文化创造性转化、创新性发展,对于促进教育智库建设,发展中国教育事业,发挥教育在促进中华民族伟大复兴中的作用具有重要意义。

愿我们所有人为此的努力在中国教育现代化进程中生根、发芽、开花、结果。